本书受到国家自然科学基金"领导—追随行为互动对新员工追随力的作用机制：对偶心理定位的视角"（71472140）、国家自然科学基金"差序式领导对员工和社会组织行为的影响机理：Trickle-down模式的跨层次研究"（71402192）、教育部人文社会科学研究专项任务项目（工程科技人才培养研究）"移动互联时代工程科技人才的开发机制研究：产学研联动的视角"（15JDGC016）；武汉大学"湖北研究"专项"幸福湖北战略构想及其实施路径研究"（20130308）和2015年度武汉大学自主科研（人文社会科学）青年项目资助

员工关系对组织行为影响研究

陶厚永　著

中国社会科学出版社

图书在版编目（CIP）数据

员工关系对组织行为影响研究/陶厚永著 . —北京：中国社会科学出版社，2016.5

ISBN 978 - 7 - 5161 - 8209 - 3

Ⅰ.①员…　Ⅱ.①陶…　Ⅲ.①企业管理—人事管理—影响—组织行为—研究　Ⅳ.①F272.9

中国版本图书馆 CIP 数据核字（2016）第 109519 号

出 版 人	赵剑英
责任编辑	卢小生
特约编辑	林　木
责任校对	周晓东
责任印制	王　超

出　　版	中国社会科学出版社
社　　址	北京鼓楼西大街甲 158 号
邮　　编	100720
网　　址	http：//www.csspw.cn
发 行 部	010 - 84083685
门 市 部	010 - 84029450
经　　销	新华书店及其他书店

印　　刷	北京明恒达印务有限公司
装　　订	廊坊市广阳区广增装订厂
版　　次	2016 年 5 月第 1 版
印　　次	2016 年 5 月第 1 次印刷

开　　本	710×1000　1/16
印　　张	16.5
插　　页	2
字　　数	278 千字
定　　价	60.00 元

凡购买中国社会科学出版社图书，如有质量问题请与本社营销中心联系调换
电话：010 - 84083683

摘　　要

　　在知识经济时代背景下，市场竞争环境越发复杂多变，企业赖以生存和发展的优势资源也在悄然变化。以往基于财力、物力资源构建的企业核心竞争力逐渐弱化，而企业的人力、知识和信息等无形资源渐成塑造企业竞争优势的关键因素。充分发挥人力资源潜力以获取持续竞争优势，离不开良好的员工关系管理。

　　近年来，员工关系管理的重要性逐渐得到认可，企业开始尝试建立和谐的员工关系管理体系，然而在具体的管理实践中依然问题重重。国内也有很多学者对员工关系问题展开了研究，但是，国内对于员工关系的研究时间短，研究还处于简单的理论分析阶段，缺乏实证研究。随着时代环境的变化，组织行为、管理环境和对象等都变得越来越复杂，原有的管理理论与方法已经难以满足新形势下组织管理研究和实践发展需要，将复杂性科学引入组织管理已经成为组织管理理论和实践发展的必然趋势。目前，将企业组织作为复杂系统来考察和研究，应用复杂性科学研究成果加以类比、推理，从中提炼出新的企业管理思想、原理，已经得到管理学界越来越多认同。然而，以复杂适应系统理论为基础，构建组织的多主体模型来探讨员工关系对组织影响的文献并不多见。此外，员工关系有着十分丰富的内涵，存在着不同的层次，因此研究的内容和方式也需要有所区分。针对员工关系管理中亟待解决的问题，本书将员工关系分为个体层次、群体层次和组织层次，并选取了不同层次中的领导员工互动、知识共享关系、员工权力配置关系、群体互动关系、员工竞合关系以及用工关系与制度的适应性效率等方面展开研究。在进行实证研究时，本书针对不同种类关系设计了不同关系模式，在此基础上构建出符合组织实际情况的多主体模型，然后编写计算机源程序，模拟不同关系模式对组织行为的影响。

　　本书从员工关系视角出发，以复杂适应系统理论和员工关系主要理论为基础，克服以往仅从单一层面考察员工关系对于组织影响的问题，从个体层次、群体层次再到组织层次深化研究，理论分析与实证研究相结合，全面探讨不同层面员工关系对于组织行为产生的影响，对员工关系管理提出创造性见解，从而促进组织行为的改善。

结合组织经营管理中迫切需要处理的员工关系，针对目前员工关系研究现状，本书主要做了以下工作：

绪论部分对本书研究背景、目的和意义，研究的主要内容和方法，本书的框架结构，本书的创新之处进行了较细致的阐述。

文献回顾与研究构想部分首先对员工关系内涵以及相关理论进行综述，介绍和评述了员工关系研究的各个理论流派，分析了研究员工关系的动因，论述了员工关系与组织有效性之间的联系以及员工关系与组织行为研究现状。然后，阐述了员工关系对组织行为影响的理论基础，深入探讨员工关系影响组织行为的机理，并在此基础上探讨员工关系影响组织行为的多主体模型的构建。

个体层次员工关系对组织行为的影响部分：（1）知识分享关系对组织学习的影响。对于知识分享关系而言，组织中的知识共享会直接影响群体绩效水平的高低，然而对于拥有不同知识位势的个体而言，其绩效水平高低取决于知识共享的机制。本书通过分析影响知识共享的相关因素，并建立多主体模型，动态模拟了不同知识共享机制对群体绩效以及对个体加入群体的影响。研究发现，知识共享行为主要受个体预期的成本收益等因素影响，构建科学合理的知识共享机制可以降低知识共享成本，维持个体之间的利益平衡，提高群体绩效。

（2）领导—员工行为互动对下属追随力的影响。在组织的管理活动中追随与领导是共生的，在一定情境下相互影响，二者之间的互动及其对追随力的影响不可忽视。从领导和员工互动的对偶心理定位视角出发，以社会认同理论和有意义学习理论为基础，经过理论分析和逻辑推理，探讨了两者之间的互动对于追随力的作用机理，并建构了追随力形成路径的理论框架，揭示了追随力的形成过程。

群体层次员工关系对组织行为的影响部分：（1）员工权力配置关系对组织适应度的影响。组织管理采取集权还是分权，传统理论认为应该随着组织由小到大的发展而交替选择。笔者依据组织中权力的集中程度由强到弱，将组织管理划分为四种集权—分权模式，借助构建多主体模型和计算机仿真模拟，通过对模拟结果的比较分析发现，无论组织规模大小，过度集权和过度分权的组织绩效水平都是低的，适度的集权或分权的组织绩效水平是高的；无论采取集权还是分权，组织规模越小，组织绩效水平波动频率越高、幅度越大。这个研究结论对于现实中企业的权力配置模式选择、分析企业绩效水平的波动有重要的理论指导价值。

（2）群体互动关系对组织学习的影响。知识经济时代，组织学习是获取和维持竞争优势的重要方式，如何推进组织学习，促进组织发展值得深入探讨。本部分从个体与群体、内部张力与外部动力视角，论述了个体推动式、群体驱动式、内部张力拉动式和外部环境带动式的组织学习机制，探讨了不同方式、不同层次的动力对组织学习实践管理和理论研究的意义，在分析四者之间内在逻辑联系后可知，组织学习是建立在个体学习基础上，在组织内部张力和外部环境影响下，通过群体间互动而不断促进。为建立学习型组织，尝试构建了一个"四位一体"的动力学机制。

组织层次员工关系对组织行为的影响部分：（1）组织用工关系对员工及组织的影响。在现代市场经济发展的过程中，组织的用工关系出现了新的变化，劳务派遣制作为一种新型的用工形式在我国企业中已被广泛采用，已成为传统用工形式的有效替代方式。笔者对劳务派遣的含义、对员工身份差序格局形成的作用、身份差序格局对劳务派遣员工工作投入的影响进行探讨。此外，两种用工制度在我国企事业单位中广泛存在，出现了极具特色的"双轨制"，对双轨制的用工关系对组织适应性效率的影响进行了探讨。研究发现，身份"差序格局"通过影响劳务派遣员工的相关心理状态、自我效能感等个体因素，以及工作安全感、组织支持感、组织公平感以及归属感等工作情境因素而对其工作投入产生重要影响；用工"双轨制"的适应性效率要明显低于用工"单轨制"。

（2）员工竞合关系对组织关系边界的影响，具体到组织边界问题，传统的组织边界理论研究往往关注组织的行政边界或物理边界，但是随着组织网络化，经营虚拟化、全球化，传统的组织边界理论已经逐渐不合时宜，而复杂性科学的兴起为新形势下组织边界理论的发展提供了新的思路和视角。复杂适应系统理论认为，企业是由投资者、经营管理者、员工以及供应商、消费者、规制者等利益相关者（主体）组成的关系网络，因此，企业的边界取决于不同利益相关者共同构成的关系网络。然而，关系网络的限度与范围又取决于利益相关者之间的关系模式。本部分通过动态模拟主体关系模式对组织关系边界的影响，得到的研究结果表明，主体之间的竞争与合作关系对企业的关系边界有着重要影响：合作依赖模式下，企业关系边界有缩小的趋势；竞争对抗模式下，企业关系边界有增长的趋势，但是增速缓慢；竞合互动模式下，企业关系边界有快速扩张的趋势。

结论与展望部分对本书主要研究结论做出系统阐述和总结，说明本书研究的关键理论进展，同时指出本书研究不足，对于未来研究方向做了进一步展望。

本书全面系统地阐释了不同层面的员工关系对于组织行为产生的重要影响，为调节员工关系和改善组织行为提供了见解。本书不仅能够丰富现有的员工关系管理的理论，还为改进员工关系管理方式提供了有关建议，以促进员工关系管理在企业中的发展。

关键词：员工关系　组织行为　多主体模型　多层次　互动

Abstract

In the age of the knowledge economy, market environment is becoming more and more complicated and changeable, sources of competitive advantage on which enterprises' survival and development is also quietly changing. The core competence of corporations which was based on financial and material resources is gradually weakening, human resources, knowledge, information and other intangible resources have become the key factors shaping the competitive advantage of enterprises. However, employee relations management is needed to reach the full potential of human resources and obtain sustainable competitive advantage.

In recent years, the importance of employee relationship management has been recognized gradually, enterprises try to set up a harmonious employee relations management system. However, managers are still faced with serious problems in the practice of management. Many domestic scholars have carried out researches on employee relations issues, however, the domestic research on the employee relations, still in the stage of simple theoretical analysis, lacks of empirical study. With the changes of social environment, organizational behavior, management environment and objects are becoming more and more complex, previous management theory has difficulties to meet the needs of organization management theory and practice of in this new era, the introduction of complexity science into organization management has become an inevitable trend of organization management development in theory and practice. At present, the research mothod which views enterprises as a complex system, applies complexity science research results as a reference, and extracts new principles and theories for enterprise management, has received more and more attention and recognition. However, there is only few organizational research which uses the complex adaptive system theory to build multi – agent models to explore employee relations. In addition, employee relations has a very rich content, which can be researched in several different levels. Therefore, different research methods should be chosen according to research contents. To tackle urgent problems in the employee relations management, this research investigates employee relations in the following three levels: group level, organizational level and individual level, specifically, employee relations, leader – follower interaction, knowledge – sharing relation, competition – cooperation relation, group interaction relation, centralization – decentralization relation, recruitment relation and other aspects in different levels are chosen to carry out the research. Employee relations management style should differ when dealing with different relations, so in empirical research, this book design different relation modes for different level of employee relations, and build multi – agent models, then write the computer program simulation in line with the actual situation of organization, and then we write the computer codes to simulate the impact of the individual relationship pattern on organization behavior.

From the perspective of employee relations, this research is based on complex adaptive system theory and the main theory of employee relations. This research is not like any researches in the past which only explore the effects of employee relations on organizations from a single level, it explores employee relations from the individual level, group level to organization level, which is a perfect combination of theoretical analysis and empirical research. This study explores the important effects of different level of employee relations on organization behavior, tries to put forward creative ideas about employee relations management, thus promoting the continuous improvement of organizational behavior.

With the urgent need to address employee relations in organizations, according to the research status of employee relations at present, this book mainly do the following several aspects of the work:

Part one, introduction. In this part, the research background, purpose and significance of this book, the main contents and research methods and the frame structure of the book is briefly discussed, a more detailed elaboration of the innovations of this study is also given.

Part two, theory review and research idea. Firstly this part gives a review of connotation of employee relations and related theories, introduces and comments on the various genres of employee relations theories, and then analyzes the motivation of employee relations researches, discusses the impact of employee relations on organizations and status – quo of employee relation and organization behavior research. Then, theoretical basis of employee relations and organization behavior study, and the mechanism of employee relations affect organizational behavior is described, and on this basis, this study explores the construction of multi – agent model of employee relations affect organizational behavior.

Part three, the impact of individual – level employee relations on organizational behavior. (1) The impact of knowledge – sharing relationship on organizational learning. Specific to the knowledge – sharing relationship, knowledge – sharing in the organization will directly affects the level of group performance. However, to the individuals who possess different knowledge potential, their own performance relies on knowledge – sharing mechanism. In this part, we firstly analyze the related factors which have influence on knowledge – sharing. Then a model is built to simulate the impact of knowledge – sharing mechanism on group performance and on individual's joining the organization in dynamic scene. The result implies that, behavior of knowledge sharing is mainly under the influence of the balance between anticipated benefit and cost of individuals, and so on. The construction of more scientific and proper knowledge – sharing mechanism can decrease the cost of knowledge sharing, keep the balance between the interests of individuals, and improve group performance.

(2) The impact of Leader – follower behavior interaction on followship. Following and leading are intertwined in organization management activities, and under certain circumstances they can exert effect on each other, the interaction between the two and their influence on the followship can't be ignored. Based on dual psychological – positioning perspective, the author uses social identity theory and meaningful learning theory as theory foundation, discusses the mechanism of leader – follower behavior interaction affecting followship through theoretical analysis and logical reasoning, and construct the theoretical framework of the forming path followship in leading – following behavior interaction process.

Part four, the impact of group – level employee relations on organizational behavior. (1) The impact of centralization – decentralization relation on organization fitness. Encircling centralization and decentralization of enterprise management, traditional theories assume that enterprise should select alternatively from small to big. In this part, we divide the organization management into four centralization – decentralization patterns according to the descending order of degree of power distribution. By constructing multi – agent model and depending on computer simulation, we draw the conclusion which implies that no matter what scale is, the performance is low in the over – centralized organization and in over – decentralized organization; the performance is high in the moderate centralized organization and in the moderate decentralized organization. No matter whether the organization adopts centralization or decentralization, the performance fluctuates more violently and frequently when the organizational scale is smaller. The conclusion of this research has great theoretical value to guide the realistic enterprises to choose the correct power allocation model and to teach the manager how to analyze the fluctuation of performance.

(2) Effects of group interaction on organizational learning. In the era of knowledge economy, organizational learning is of great importance to obtain and maintain competitive advantages, how to promote organizational learning and the development of the organization is worth discussing. From the perspective of individual and group, internal tension power and external driving force, this part discusses individual – driven organization learning, group – pushing organization learning, internal tension power lifting organization learning and the external environment pulling organizational learning, and explored the significance of different driving force to organizational learning practice and theoretical researches. After the analysis of connection between the four kinds of organizational learning, it is suggested that, under the influence of internal tension power and the external environment, through individual learning and group learning, organizational learning can be achieved. Therefore, a "four in one" dynamical mechanism is constructed to establish a learning organization.

Part five, the impact of organization – level employee relations on organizational behavior. (1) The influence of organizational labor relations on employee and organization. In the development of modern market economy, labor relations in organizations has changed, labor dispatch has been widely adopted as a new form of employment in the enterprises of our country, and it has become an effective alternative to the traditional form of employment. In this part, we explore the meaning of labor dispatch, and its impact on the formation of identity of the pattern of difference sequence, the effect of the identity of the pattern of difference sequence for the labor dispatching employee's job engagement. As a result, the "double track system" then occurred, the authors investigated the influence of the "double track system" on organization adaptability efficiency. The result shows that, "the pattern of different identity" affect labor dispatching employee's job engagement through their psychological state, self – efficacy and other individual factors, ant through job security, perceived organizational support, organizational justice, sense of belonging and other situational factors; compared to organizations using the "double – track system", organizations using a "single track system" has a significantly lower adaptive efficiency.

(2) The impact of competition – cooperation relation on organizational boundaries. As to organizational boundaries, the traditional organizational boundary theory is often concerned about the administrative organization boundary or physical boundary, but with trend of organization networking, virtualization and globalization of management, the traditional organizational boundary theory has become out of date. However, the rise of the complexity science provides a new way and perspective to develop organizational boundary theory under the new situation. Complex adaptive system theory thinks that the enterprise is the relation network that is comprised of stakeholders (agents), such as investors, managers, employees and suppliers, consumers, regulators, etc. So enterprise boundary is determined by the relation network composed of the different stakeholders. However, the limit and the scope of the relation network depend on the stakeholders' relationship pattern. In this book, a multi – agent model is built, and then we rely on special computer software NetLogo to simulate the dynamic impact of agent's relationship pattern on relationship boundary. The result implies that, competition and cooperation between the agents have great impact on relationship boundary. Under cooperation and interdependence pattern, relation-

ship boundary is becoming smaller and smaller; under competition and counter-work pattern, relationship boundary is becoming larger and larger, but it grows very slowly; under interactive co – opetition pattern, relationship boundary expands its scale rapidly.

Part six, conclusion and outlook. In this part, we make a systematic description and summary of the main research findings, the key theory development of this research is also discussed. At the same time, we pointed out the shortcomings of this book, and envision future research directions.

This book comprehensively and systematically explains the important effects of different levels of employee relations on organization behavior, provides creative insights into the regulation of employee relations and improvement of organizational behavior. This research can not only enrich the existing theories of employee relations management, but also can provide creative ideas and suggestions for improvement of employee relations management, promote the sustainable development of the employee relations management in enterprises.

Keywords: employee relations; organizational behavior; multi – agent model; multi – level; interaction

目　　录

第一编　文献回顾与研究构想

第二编 个体层次员工关系对组织行为的影响

第三编 群体层次员工关系对组织行为的影响

第四编　组织层次员工关系对组织行为的影响

绪　　论

美国著名管理学家哈罗德·孔茨等（1993）认为，"管理就是设计和保持一种良好环境，使人在群体中高效率地完成既定目标。"具体而言，管理目标和计划的实施，组织结构的设计与运作，人力、物力资源的调配和安置，以及对管理全过程的控制和调整，都离不开人的参与。现代管理既然以人为中心，而人又是世界上最复杂的动物（复杂主要来源于人与人之间相互联系的复杂性），因此在其理论与实践研究过程中不可避免地要涉及员工关系问题。

在知识经济时代，人才资源是企业核心竞争力，如何管理这些人才并充分发挥其才智为企业创造价值，就需要企业做好员工关系管理工作。在市场经济竞争中，员工关系在很大程度上决定了企业的经营效益，因此，员工关系依然是管理者和学者需要继续探讨和研究的重要问题。本书将围绕员工关系这一主题，探讨在如今经济发展环境下，员工关系对于组织行为产生的重要影响，如何更好地管理员工关系，吸纳和培养更多的优秀人才，提高企业的经营管理水平，从而促进企业的持续稳定发展。

本章将对本书研究的内容进行简要介绍并明确本书的行文结构，主要包含以下四个方面的内容：

一　选题背景、目的和意义

本节首先阐述研究员工关系背景，尝试说明研究选题的重要原因；其次提出进行员工关系研究的目的，概括说明研究目标；最后交代进行员工关系研究的理论和实践意义，以引起更多学者的兴趣并促使其致力于深入开展相关学术研究。

（一）研究背景

员工关系是指由企业管理方和员工之间利益引起的权利和义务、管理和被管理的关系，具体表现为合作、冲突、沟通、激励的权利和义务关系的总和（徐晓珍，2008）。从理论上讲，员工关系属于人力资源管理的一部分，但是过去学者对于这一领域的研究相对较少，发展也非常缓慢，研究的重点主要是企业对人力资源的管理都着重于人才的招聘、培训及薪酬福利的设计等，而忽略了对员工关系与组织及其组织行为绩效的影响进行研究。

近年来，员工关系管理日渐受到管理者和学者的关注和重视，研究重要性不断得到认同。员工关系管理之所以受到广泛关注，其原因主要有三个方面：

（1）2008 年的金融危机，对于世界各国的经济产生了巨大而深刻的影响，大多数公司都遭受销售额下降、贷款受阻以及股价低迷的打击。经济危机过后，人们纷纷开始反思这次次贷危机，学者们普遍认为华尔街特有的"激进的、高风险高收益的"薪酬体制是酿造苦果的种子，而风险控制以及政府监管的缺失则更进一步催生了这次危机的爆发。因此，重新审阅和设计薪酬机制特别是高管薪酬机制，重新界定员工之间的利益分配关系已被认为是改善和加强公司治理以及政府监管的一项重要措施，进而有可能帮助组织（甚至全球经济）恢复到正常发展的轨道上。

（2）在从工业经济向知识经济转型的过程中，企业竞争优势的获得越来越倚重人的主观能动性的发挥。然而，以往管理研究的主要关注对象是有形资产，主要包括企业的物业、工厂、设备，手中的现金，应收款以及库存，对无形资产的关注也仅仅局限于专利、商标、专有原材料来源、品牌、信誉等，往往忽略最关键的人的因素。综观无形资产和有形资产的具体内容可以发现，有形资产和无形资产无一不是依靠人发挥作用的。因而韬睿咨询公司董事合伙人、大中华地区总经理迈克尔·凯普勒（Michael Keppler）指出，"也许是时候把注意力从财务报表上适当地转移了。财务方面的信息是滞后性或者说过去式的，因为它只能告诉你过去发生了什么，而不能告诉你往哪里去。"而决定企业未来发展最关键的是人、是如何提高员工绩效，这个思想也顺应了从"以物为本"思想向"以人为本"思想转变的时代要求。如果我们关注过去 20 多年企业中有形资产和无形资产的比率，我们会发现一个十分有趣的现象。根据调查（数据来源于 Baruch Lev 对 S&P 500 公司的分析），企业有形资产 1982 年时平均占公司总资产的 68% 到 1998 年戏剧性地下降到了 15%，今后这个有形资产所占的比率还将进一步下降。

（3）伴随经济全球化和信息技术革命，人与人之间联系日益变得复杂和动态，当今管理者们面对的一个重要难题，就是如何在复杂多变的环境下进行员工关系管理，进而提高企业对环境的适应能力和生存能力，特别是在经济危机的今天。美国《幸福》杂志刊登的有关数据显示，中小企业平均寿命不到 7 年，大企业平均寿命不足 40 年；一般跨国公司平均寿命 10—12 年；世界 500 强企业平均寿命 40—42 年，1000 强平均寿命 30 年。而我国集团公司平均寿命 7—8 年，小企业平均寿命 2.9 年（王立志、韩福荣，2002）。企业的寿命是如此短暂，"昙花一现"几乎成为企业的宿命，特别是在经济大萧条的今天。但是，企业的外部生存环境却随着组织的相互依赖性、边界模糊与参与主体（Agent）及其行为方式的多样性的不断增强和快速变化，变得空前的复杂和多变（Stegler et al.，2007）；外部冲击对企业的作用强度也随着组织虚拟化、信息网络化、企业经营活动全球化以及全球经济一体化的逐步深入变得日益明显（例如由美国次贷危机而引发的全球性金融危机正在向全球实体经济蔓延，已经给企业的生存和发展造成了严重的负面影响）。外部环境的动态性、复杂性在扩展企业生产运营空间的同时，也提高了企业适应环境的难度和生存风险。对于企业来说，组织的价值创造越来越倚重员工积极性和创造性的发挥，只有理顺员工关系、留住核心员工并充分发挥员工的潜能，组织才能生存与发展。但是，在员工关系管理的实际工作中，由于员工需求的多样化、个性化（员工希望实现个体差异的价值），员工权利观念的日益增强以及员工对成长的渴求，过去集权的、专制的层级体制、具有歧视性的"双轨制"用工方式以及倚重行政手段进行员工关系管理已经受到了越来越多的质疑，平等对话、自由互动、相互学习、自我参与式管理已成为和谐员工关系的内在要求。新形势、新情况必然要求我们进行思想观念和员工关系管理方式的转变，因而对员工关系进行规范和引导，吸引、留住并激励员工，使员工保持良好的工作状态是提高组织行为有效性的必然途径。

现实生活中，由于员工关系管理不力而导致灾难性后果的事例不胜枚举。例如，2004 年，盖洛普公司针对新加坡员工生产力进行一项调查。结果显示，因对公司不满而处于"脱离状态"的员工每年使新加坡经济蒙受高达 50 亿新元的损失；2002 年，由于劳资关系纠纷而导致的美国西海岸码头工人罢工，致使美国每天损失近 10 亿美元；同样在 2002 年，员工持股多达 55% 的美国联合航空公司居然会因为员工反对以减薪渡过难关方案而被迫申请破产保护……与此相反，另外一些企业却因为员工关系处理得当而提高了自身的能力并赢得了竞争优势。例如，星巴克的成功主要得益于对关系资本的重视，它们将本来用于广告的支出用于员工的福利和培训，通过权力下放和有效的奖励政策，鼓励员工参与决策、互相交流和合作，使星巴克获得了竞争力并得到了丰厚利润；沃尔玛公司不把员工当作"雇员"看待，而是视为"合伙人"和"同事"，对于不同员工而言，虽然存在职位上的差异，但是没有上下级之分，最终在平等祥和的气氛中创造了非凡；三星公司在"企业即人"的创业精神指引下，彻底贯彻了"能力主义"、"适才适用"、"赏罚分明"等原则，在这些原则指导下最终实现员工和企业的"共赢"，等等。显然，员工关系管理方式的不同，最终结果截然不同。劳动保障部的统计数据显示，1995—2006 年的12 年中，劳动争议案件数量增加 13.5 倍；集体劳动争议也大幅度增长，12 年中集体劳动争议案件数量增加 5.4 倍，与员工关系相关的问题已成为人力资源管理中的突出问题（杨景宇，2007）。为了解决这些问题，除了在总结经验的基础上制定劳动合同法，完善劳动合同制度外，企业自身也必须有所作为，因而企业有必要对员工关系进行培养、维护和疏导（杨景宇，2007）。

（二）研究目的与意义

员工关系管理的重要性毋庸置疑，已有很多文献对这一问题进行了研究；但是，运用组织的多主体模型探讨员工关系对组织影响的文献还不多见。本书从员工关系视角出发，试图利用复杂性科学的最新研究成果以及复杂适应系统理论（CAS）来研究不同员工关系约束条件下组织行为的差异以及员工关系对组织行为结果的影响，力图找到符合组织经营管理实际的权变的员工关系管理模式。本着这个初衷，本书主要针对个体、群体和组织层次之间的员工关系及员工之间知识共享关系、领导与员工之间的互动关系、员工集权—分权关系、群体互动与组织学习、员工之间的竞合关系和组织用工关系等问题展开研究，尝试着调节员工之间的关系来干预个体与群体互动，从而达到影响组织行为结果涌现的目的。通过对比不同关系模式下组织行为结果的优劣，来拓宽和改进员工关系管理的方法和手段。

本书将从个体层次、群体层次到组织层次，从员工个体追随力、群体绩效到组织边界，探讨员工关系对组织行为产生的不同层面影响，克服以往仅从单一层面考察员工关系对组织影响的问题，体现了一个从微观运到宏观系统研究的不断深化过程。本书揭示了不同层面员工关系对于组织行为产生的重要影响，提出了更好地进行员工关系管理的方法的创造性见解，达到员工关系管理的理论性突破，从而丰富员工关系管理的思想和理论。笔者认为，这些研究不仅能够从理论上更加深入系统地探讨员工关系类型和影响结果，还能够在实践方面极大地推动人力资源管理从业者更加全面系统地了解组织中的员工关系，了解员工关系在组织的发展中所扮演的重要角色，为其改进员工关系管理的方式提供创造性的意见和建议，促进员工关系管理在企业中的持续发展和完善。

二　研究内容

本书把组织看成是由主体构成的复杂适应系统（CAS），对于复杂适应系统而言，其组织行为有三个重要特征：（1）复杂适应系统的组织行为是由单元（员工）相互作用的性质决定的，而不是由单元所包含的内容所决定的。由于复杂适应系统中单元的相互作用是充分的、动态的、非线性的、反馈的，所以系统整体行为不能够从系统的单元来考察，复杂系统具有单元不具有的"涌现"出来的新奇特性（刘洪，2002）。系统整体行为不是部分行为的叠加，而是部分相互作用的结果。（2）复杂适应系统行为具有一定的情景模式。尽管复杂适应系统在不同环境下所导致的系统未来行为不同，但是，这些行为会被约束在一定的区间范围内——奇怪吸引子，在状态空间中相互接近后又分离，永不重复。奇怪吸引子有着内在的精细结构，典型的例子就是在不同尺度或层次上拥有某种相似的特性即分形（Priesmeger and Bail，1989）。复杂适应系统也会有固定点、有限周期等平庸吸引子。由于奇怪吸引子的存在，从而导致复杂适应系统的组织行为最终呈现出一定的目的性。（3）复杂适应系统行为的研究需要借助计算机模拟工具。因为复杂适应系统的固有特征，要在自然界观察和实验是非常困难的，更难以用数学分析的方法求解。正是这种原因，很多科学家使用计算机构建复杂系统的模型，模拟实际情景条件下系统的行为和可能的未来，探索获得理想未来的可能干预途径与政策。

现实生活中，从个体角度出发，思想往往可以看成是行为的先导；但如果从组织角度出发，由于组织行为是受个体之间相互作用的性质决定的，而个体之间相互作用的性质又是受个体与个体之间关系的调节和限制，因而对于组织而言，关系可以看成是行为的先导。组织的优劣在很大程度上取决于组织内部关系、组织与外部环境之间的关系，因此为了使组织行为的结果能够达到混沌边缘，必须对员工关系进行有效管理。本书针对个体层次、群体层次和组织层次的员工关系展开研究，内容包括：

（1）个体层次：知识分享关系与群体绩效。构建科学合理的知识共享机制对于理顺个体关系，促进个体之间相互学习，提高组织的创新能力与组织绩效具有极其重要的价值。那么知识共享机制影响因素究竟有哪些？如何构建科学合理的知识共享机制来降低知识共享机制成本？知识共享机制是如何影响组织绩效的？这些问题的解决对于组织知识管理与创新能力培养具有重要理论指导价值。

个体层次：领导员工互动关系与员工追随力。现阶段我国组织中员工追随力欠缺已成为"木桶的最短板"，严重限制组织的经营发展。员工个体追随力对组织整体的运营水平的重要影响力长期没有得到学者和管理者足够的关注。组织的管理活动是由领导者和追随者在一定的情境下共同完成的，领导—追随行为互动对于追随力的培养与开发起到了举足轻重的作用。领导与员工的行为互动如何影响员工追随力？探讨这种影响机理对于员工个体追随力的培养与组织的经营水平的提高具有重要的指导作用。

（2）群体层次：集权—分权关系与组织的适应度。大量研究表明，权力配置与组织生存能力直接相关。考夫曼（Kauffman，1993）指出，在复杂环境下，组织的生存能力可用适应度指标去衡量。对于 CAS 的组织来说，何种权力配置模式有利于组织生存能力的提高是关系企业组织生死存亡的大问题。

群体层次：群体互动关系与组织学习。组织学习是其竞争优势的重要来源，如何促进组织学习已成为组织日常管理的核心话题。虽然组织由个体组成，没有个体学习就不可能有组织学习，但是个体学习只是组织学习的起点，个体知识具有一定局限性。要克服这种局限性，必须通过群体互动（"集体学习"）把片面的、局部的知识（个体知识）转化为全面的、整体的知识（集体知识），从而促进组织学习；为了使整个组织都能得到个体知识，群体互动在个体知识转化为组织知识的过程中起到了重要作用。

（3）组织层次：组织用工关系与员工及组织适应性效率。随着经济体制改革的深入和企业的快速发展，劳务派遣制作为一种新型的用工形式在我国企业已被广泛采用，已成为传统用工形式的有效替代方式。在这种用工制度下，企业员工被强制划分为两类：一类是正式员工；另一类是非正式员工，如劳务派遣员工。在我国国企、事业单位中，也存在着类似的形式，被称为用工"双轨制"，即同时存在有"编制"的正式员工（以下简称"正式工"）和没有"编制"的劳务合同员工（以下简称"合同工"）两种不同的用工形式。这种组织用工形式存在曾经对于我国企业发展起到了一定推动作用，但是，劳务派遣所造成的员工之间各方面的不平等究竟对员工个体和组织发展起到什么作用？笔者将对劳务派遣形成的员工间的身份差序对员工个体工作投入影响做进一步探讨。此外，还会对组织用工"双轨制"对组织适应性效率的影响进行深入研究。

组织层次：竞合关系与组织的关系边界。任何组织是由相互作用并形成某种模式的不同单元构成的。而作为复杂环境下具有适应能力的组织其构成的内外单元都是以行为"主体"形式呈现，那么，这样组织的内部主体有哪些？外部相关主体有哪些？如何区分或界定它们的边界，各具有什么特性？回答这些问题是研究复杂适应性组织构建的基础性工作。

三　研究方法

基于本书研究对象与研究内容，在研究中遵照规范研究与实证研究相结合的方式。在规范研究方面，主要通过查阅大量中外相关文献资料，对其进行整理、总结、逻辑推理和理论分析，进行研究理论框架的建构；实证方面，笔者采用了问卷调查、访谈、仿真模拟实验等多种方法，并使用了多种数理统计方法进行数据处理。具体来说，主要使用以下几种研究方法：

（一）文献研究法

文献研究法是依据研究目的和主题，搜集相关文献作为研究的基础资料，广泛阅读大量相关文献，系统而全面地熟悉了解研究课题，得出一般性研究结论或者发现新的有意义的研究问题，寻找新的研究思路的一种方法。文献研究法是进行理论和实证研究的基础，是一种广泛使用的研究方法。文献研究法的作用主要在于：能够使学者们了解研究问题的研究发展历程和发展现状，确定有创新意义的研究主题；形成对研究主题的总体认知，有比较全面系统的了解，从而进行进一步深入研究。文献研究法在本书中有着比较广泛的运用，在系统探讨员工关系对于组织行为影响之前，笔者从国内外数据库（中国知网和维普中文科技期刊全文数据库以及

Elsevier、Wiley、Kluwer Online Journals、SpringerLink、EBSCO 等外文数据库）下载了大量员工关系与组织行为相关文献，重点分析研究员工关系理论、员工关系对组织影响方面的专著和论文，总结前人学者如何进行员工关系与组织行为的研究，在前人学者研究的基础上，引用经典文献来进行理论推导，提出新的研究观点和理论框架。通过大量文献资料的阅读和分析整合，旨在保证本书研究资料的全面系统和内容的新颖充实。

（二）理论分析法

理论分析法是指在确定研究内容和对象基础上，查阅大量理论相关文献，以合适的理论为基础，从理论出发探讨研究问题。这种研究方法通常应用于将理论用于对现实中实际问题研究的方法。理论分析法以理论为依据进行分析和研究，有利于形成科学合理的理论假设、判断和解决问题的方案。以理论根基为支撑，根据理论所具有的独特的思维角度和方式，进行理论分析，建立思维模型来阐释研究的问题，形成科学的理论假设和判断。本书在进行系统深入的文献研究基础上，基于前人理论的成果，以理论分析为依据，提出了多个理论研究构想和模型，并对其进行了理论阐述和实证检验。此外，笔者还对员工关系的内涵、理论发展及其对组织行为作用机理进行理论阐述。

（三）实地调研

实地调研是指针对本书理论观点所涉及的实际现象，与实践工作者围绕相关主题进行考察、访谈、交流与讨论。实地调研是收集一手资料，进行科学研究最常用的方法之一，调研方法多种多样，主要包括观察法、访谈、问卷、个案研究和测验等形式。通过各种形式进行信息搜集后，对资料数据进行系统科学的分析，从而得出相应的研究结论。本书采用了多种形式的调查方法，主要包括：（1）问卷调查法。这是一种以书面形式就调查项目提出问题来向有关人员进行分发，来收集资料的一种研究方法，并对填写完的问卷进行回收，对答案数据进行统计分析和研究。笔者通过进行较大规模的样本调查来进行定量研究，对数据进行分析来验证研究假设。（2）访谈法。针对研究项目拟定基本问题，围绕这些问题对有关人员进行深入谈话，对访谈内容进行记录，在后续研究中进行资料的整理分析，这种方法相对于问卷调查来说更为深入和细致。

文献研究与实地调研并重，二者相辅相成。已有相关的 CAS 理论、员工关系管理理论与方法以及多主体模型在组织行为领域应用研究的相关文献为本书提供了理论借鉴与支撑，企事业单位的员工关系的管理为验证与修正本书的理论观点提供了实践基础。本书从开始选题到观点形成以及理论模型的构建，从模型检验到基于模拟结果的对策建议的提出，无不体现出文献研究与实地调研方法的紧密结合。知识经济的到来，知识已成为组织赖以生存和发展的重要资源，知识共享机制会影响主体的知识分享行为，学术界对此基本达成共识。但是如何构建科学合理的知识共享机制，知识共享机制如何调节个体之间的利益平衡，至今很少有相关的理论研究成果。本书在构建对主体模型基础，分析和探讨了知识分享关系对群体绩效的影响，试图为知识分享关系的管理提供理论指导。集权—分权已经成为组织管理的永恒话题，但是至今的理论研究大多停留在定性分析的层面上，很难进行实际操作。本书针对这一现状，设计出四种集权—分权模式，有针对性地解决集权—分权管理的这一难题。随着组织网络化以及利益相关者理论的发展，组织的发展越来越倚重由投资者、经营管理者、员工以及供应商、消费者、规制者等利益相关者组成的复杂关系网络，此时员工之间、员工与组织外部个体之间的竞争与合作关系就成为影响组织生存和发展的重要因素，基于此，本书也构建多主体模型（Multi – Agent Model）来分析和研究竞合关系对组织关系边界的影响。

（四）仿真模拟

进入现代文明以来，人类社会和人类生存环境日趋复杂。长期以来人们所追求的对自然的简约化理解已经无法适应当今时代发展需要。因此，人们急需一种新的思维方式、一种有效的辅助思维工具，帮助人类系统理解和把握这个复杂的世界，因而计算建模与方针模拟应运而生。

利用复杂系统理论研究最新成果，采用 CAS 理论，结合员工关系管理已有成果，分析和描述员工关系与组织行为及组织行为结果之间的内在联系，剖析组织内外个体之间的相互渗透的原因和机理，探讨关系视角下组织边界确定问题；员工关系中知识分享关系、集权—分权关系和竞合关系不可避免地会与利益分配关系相互交织，共同地对群体行为产生作用，因此本书在考察现实生活中员工关系基础上，概括和抽象出组织的多主体模型，模拟不同个体关系约束条件下群体行为，分析群体行为结果差异背后的本质原因，提炼出员工关系管理的指导思想和工作方针。在运用理论分析的基础上，运用仿真模拟分析来促使研究结果更具说服力。在研究知识分享关系对群体绩效的影响时，本书首先讨论知识共享机制的影响因素，然后分析内部机制与主体的选择、外部机制与主体的选择，从而构建知识共享机制对群体绩效影响的多主体模型，分析和研究知识共享机制对群体绩效的影响；在研究集权—分权关系对组织适应度影响时，首先依据集权度将从完全集权到完全分权划分为四个区间，针对四个区间的实际情况本书分别提出四种集权—分权模式，构建集权—分权模式对企业适应度影响的多主体模型，通过计算机模拟，分析集权—分权模式对企业适应性的影响。在讨论竞合关系对组织关系边界影响时，首先从员工人际关系中提炼出竞争关系、合作关系和竞合关系三种关系模式，然后构建主体关系模式对企业关系边界影响的多主体模型，再模拟和分析竞争关系、合作关系和竞合关系对企业的关系边界影响，从而得出结论。

四　本书结构与创新

（一）本书结构

1. 绪论

旨在为整个研究的展开奠定基础。首先阐述本书缘起，进行本书研究的目的和意义，提出本书所要研究的问题，引出本书所要研究的主要内容，并简要介绍了本书的研究方法，最后对本书的创新点进行归纳和总结。

2. 理论回顾与研究构想

（1）对关系、关系的分类、员工关系内涵以及相关理论进行综述，重点对国内外员工关系的现状和新进展进行梳理和评述。

（2）归纳和总结出员工关系研究的理论流派，重点分析各个流派的主要的观点，指出各流派认识上的不足。

（3）指出员工关系研究的主要内容，本书研究员工关系的原因，论述员工关系与组织有效性之间的联系以及员工关系与组织行为研究现状。

（4）阐述员工关系对组织行为影响的理论基础，并分析和讨论员工关系的内在本质，找到影响员工关系的关键因素，深入分析员工关系是如何影响组织行为的，在此基础上探讨如何构建员工关系影响组织行为的多主体模型，找到构建组织的多主体模型的一般方法和流程。为以后各章构建具体的多主体模型提供理论和方法上的指导。

（5）详细评述多主体模型在组织行为领域中的应用。

3. 个体层次员工关系对组织行为的影响

知识共享有助于群体绩效水平的提高，而对于拥有不同知识位势的个体而言，其绩效水平的高低却取决于知识共享的机制。本章分析了影响群体知识共享的相关因素，并建立多主体模型，动态模拟不同的知识共享机制对群体绩效以及对个体加入群体的影响，并从物质激励和非物质激励两个方面探讨如何促进知识共享机制的建立。

领导—员工行为互动对下属追随力的形成会产生重要影响。本章从领导和员工选择行为互动方式原因出发，构建了领导与员工互动对追随力作用机制的模型框架。该模型分析了领导者和下属会依据"专业能力"和"信任关系"，对彼此进行心理定位，进而产生相应的领导行为和追随行为；两者的行为互动会影响彼此之间的认同，这种认同会进一步影响领导和员工的行为，影响员工追随力的形成和提高。

4. 群体层次员工关系对于组织行为的影响

传统理论认为，小企业应该选择集权管理模式，大企业应该选择分权管理模式。现实情况并非如此。为探明这一问题，本章依据组织中权力的集中程度由强到弱，将组织管理划分为四种权力配置模式，借助构建多主体模型和计算机仿真模拟，分析在不同组织规模条件下，探讨权力配置模式对组织适应度的影响以及组织适应度稳定性之间的关系。本书结论能够帮助管理者从组织演化的视角理解组织集权—分权模式的合理选择，对于现实中企业的权力配置模式选择、分析企业绩效水平的波动有重要的理论指导价值。

组织学习是其竞争优势的重要来源，组织学习的动力机制值得深入探讨。本章从个体与群体、内部张力与外部动力的视角，论述了个体推动式、群体驱动式、内部张力拉动式和外部环境带动式的组织学习，探讨了不同方式、不同层次的动力对组织学习实践管理和理论研究的意义，在分析了四者之间内在逻辑联系后，试图构建"四位一体"式组织学习的动力学机制。

5. 组织层次员工关系对组织行为的影响

现代市场经济发展过程中，组织的用工关系出现了新的变化，劳务派遣制作为一种新型的用工形式在我国企业中已被广泛采用，已成为传统用工形式的有效替代方式。本章将对劳务派遣的含义、对员工身份差序格局形成的作用，身份差序格局对于劳务派遣员工工作投入的影响进行探讨。此外，两种用工制度在我国企事业单位中广泛存在，出现了极具特色的"双轨制"，笔者也会对双轨制的用工关系对组织适应性效率的影响做出进一步的探讨。

在复杂适应系统理论视角下，企业是由投资者、经营管理者、员工以及供应商、消费者、规制者等利益相关者组成的关系网络，因此，企业的边界取决于不同利益相关者共同构成的关系网络。然而，关系网络的限度与范围又取决于利益相关者之间的关系模式。本章通过构建企业的多主体模型，借助计算机仿真软件 Netlogo，动态模拟不同主体的关系模式对企业的关系边界的影响。在此基础上提出组织的关系边界的管理方案。

6. 结论和展望

对本书主要结论作一阐述和总结，同时指出本书不足以及有待改进和进一步研究的方向。

（二）创新之处

1. 理论创新

（1）复杂适应系统理论。本书的一项特色和创新工作是把研究放在复杂适应系统理论背景下，运用复杂性科学的最新研究成果解决企业管理实际问题；把组织看成是由规则导致的复杂适应系统，因而个体、群体及组织行为管理的重点应该落实在组织规则设计上。创新之处具体表现为：

第一，在组织中，由于个体的"异质性"，因而个体所拥有知识的种类、质量以及数量不同，然而随着知识经济时代的到来，组织的生存和发展越来越依赖知识资源的生产和利用，因此知识共享就成为组织日常管理的重要话题。笔者分析了影响群体知识共享的相关因素，并建立了多主体模型，动态模拟了不同的知识共享机制对群体绩效以及对个体加入群体的影响。研究表明，知识共享行为主要受个体预期的成本收益等因素的影响，构建科学合理的知识共享机制可以降低知识共享成本，维持个体之间的利益平衡，提高群体绩效。

第二，集权—分权体现了组织中权利分配关系，本书依据集权度大小提出四种权利配置模式（中心追随模式、最优接受模式、渐进逼近模式和局部自治模式），模拟并讨论了不同权利配置模式下组织适应度大小及其稳定性差异。我们发现，在适度集权的最优接受模式和适度分权的渐进逼近模式下组织适应度高，而过度集权的中心追随模式和过度分权的局部自治模式下组织适应度低；无论采取集权还是分权，组织规模越小，组织适应度水平波动频率越高、幅度越大。这些研究结论丰富了组织的集权—分权管理理论。

　　第三，"合同工"用工关系在我国的国有企业、事业单位普遍存在并区别于组织中的"正式工"，二者在组织中的地位和福利待遇存在着差别。在市场经济发展过程中，这种用工"双轨制"曾起到过一定作用，那么，从组织层面讲，用工"单轨制"真的比用工"双轨制"好吗？笔者从制度适应性效率的视角出发，将组织看成是由多主体组成的复杂适应系统，通过构建抽象的组织多主体模型，借助计算机仿真软件 Netlogo，动态模拟实行不同用工制度情况下组织绩效的演化规律，对比和分析用工"双轨制"与用工"单轨制"的优劣及其效率的高低，从而进一步探讨问题的解决方案。

　　最后，现实中，由于现代企业生存和发展越来越倚重那些与企业活动有关的所有信息单元之间的互动关系及其所组成的 n 维向量空间，因此理论界必须从热衷于"行政边界"的研究转到由投资者、经营管理者、员工以及供应商、消费者、规制者等利益相关者组成的关系网络——企业的关系边界及其变动规律的研究。而关系边界的变动又主要受组织内个体之间关系模式的影响，依据现实中企业内个体之间的关系，笔者设计出三种关系模式，讨论不同关系模式下企业关系边界的变动规律。研究时发现，合作依赖模式下，企业关系边界有缩小的趋势；竞争对抗模式下，企业关系边界有增长的趋势，但是增速缓慢；竞合互动模式下，企业关系边界有快速扩张的趋势。

　　（2）新的研究构想。本书的另一种理论创新体现在基于前人理论研究而提出的新的研究构想，以前人理论为先导，经过系统科学的理论分析和严谨推导，提出具有创新性的研究构想。具体体现在：

　　由于过度迷恋并夸大领导影响力，学者们一直将注意力聚焦在对领导力的研究上，忽视了组织中普通员工所拥有的巨大潜能。哈佛大学凯勒曼（Kellerman，2008）指出，"追随者决定企业成败"。百思买（Best Buy Co.，Inc.）的零售渠道执行副总裁巴拉德（Ballard）指出，领导—下属之间不良的行为互动，不仅会导致新员工的追随乏力，甚至可能会诱发大公司的消亡。追随力在组织发展中起到举足轻重的作用，因此，如何激励下属内心的主观能动性，从而提高追随力至关重要。组织的管理活动是由领导者和追随者在一定的情境下共同完成的，两者之间的行为互动对于追随力的塑造产生极其重要的影响。然而，以往的研究一般都是从单一视角出发，甚少学者将追随力的相关议题分化在领导者和追随者互动的历程中去进行考察。所以，本书从互动视角出发，探索了领导—追随行为互动的过程中下属追随力的形成路径，领导—追随行为互动直接决定了双向认同的产生，进而影响下属的追随意愿（行为意向），以及下属执行领导者的指令、支持领导者工作的能力（能力塑造）。

2. 方法创新

本书在研究的过程中主要运用实验组织行为学研究方法，首先构建组织的多主体模型，然后编写程序，运用计算机仿真手段去模拟组织规则对组织行为及行为结果的影响。本书在进行研究时，依据复杂适应系统理论（CAS），将组织视为由智能主体所组成的系统。当研究个体关系模式对组织边界的影响时，首先提炼出员工之间的竞争、合作以及竞合三种关系模式，然后根据三种关系模式设计出不同的主体交互规则，借此来规制主体的行为，借助于 Netlogo 4.0.2 平台模拟在不同关系模式下组织边界的演化趋势；当研究知识共享机制对群体绩效的影响时，首先分析内外部机制是如何调节主体的成本—收益平衡的，在此基础上构建组织的多主体模型，仿真和模拟主体加入和离开组织对群体绩效的影响；当研究集权—分权关系时，把组织看成是联邦制的，在中心追随模式下，中心团队和边缘团队之间是完全的追随关系。在最优接受模式下，最优团队和边缘团队之间是完全命令与接受关系。在渐进接受模式下，最优团队和边缘团队之间是选择性接受的关系。在局部自治模式下，各团队之间是互不干涉的关系。依据这四种模式设计出主体的运行规则，借此来规制主体的行为，找到不同集权—分权关系下主体行为规律性。

第 一 编

文献回顾与研究构想

第一章　员工关系研究文献回顾

员工关系最早是在 20 世纪初由西方学者从人力资源管理角度提出的一个取代劳资关系的概念。当初由于劳资矛盾激烈、对抗严重，给企业正常发展带来不稳定因素。在劳资双方力量博弈中，管理方逐渐认识到缓和劳资冲突、让员工参与企业经营的正面作用。随着管理理论的发展，人们对人性本质认识的不断进步，以及国家劳动法律体系的完善，企业越来越注重改善员工关系，加强内部沟通，协调员工关系。

本书将从员工关系的视角出发，拟对组织中不同层次的员工关系对组织行为的影响进行研究。围绕这一研究主题，根据拟定的研究内容框架，笔者将首先对相关的理论文献进行回顾，从而为本书的研究内容奠定理论基础和文献基础。本章首先对于员工关系内涵的相关概念进行梳理和界定，然后对以往员工关系研究的理论流派进行简要评述，并分析了管理学界开始重视并研究员工关系的主要动因，最后对现今员工关系对组织行为影响的相关研究进行了梳理，为本书的研究提供了相应的研究依据。

第一节　员工关系内涵

一　相关概念的界定

"关系"包含着丰富内涵，"关系"几乎渗透于社会生活的方方面面，并且关系结构总是随着社会发展而处于不断演变之中，因而关于什么是"关系"有着不同的定义。麦克尼尔认为，关系就是一个人与另一个人通过社会的或其他相互的连接发生作用的处境；或通过情景、感情等的关联；Xin 和 Pearce（1996）认为，商业发展中所需要的人际联系就是关系，并且认为关系是对正式制度的一种补充；Luo（1997）将关系界定为利用联系以便在人际交往中确保得到人情；Yang（1994）对关系的认识和分析引起学术界普遍关注，她认为，从字面上看，关系就是指存在于物体或人们之间的某种联系。当人们用其来描述彼此之间存在的一种联系时，不仅仅包括常见的联系，如夫妻、血亲、朋友，还可以表示含有隐性互惠互利的广泛的社会联系。在我国，当谈及"关系"时，人们往往会联想利用人际关系做一些违法乱纪的事情，因此人们经常把"关系"和不正当行为联系在一起。但是，本书将关系界定为隐含有情感性、工具性与互惠性的一种合法性社会联系（姚小涛、张田、席酉民，2008）。

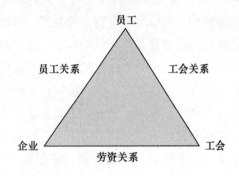

图 1-1 员工与企业之间关系

资料来源：根据徐晓珍（2008）整理。

当把"关系"限定在组织内员工之间时，便产生了员工关系和员工关系管理。员工关系的基本含义，是指管理方与员工及团体之间产生的，由双方利益引起的表现为合作、冲突、力量和权力关系的总和，并受一定社会中经济、技术、政策、法律制度和社会文化背景的影响。员工关系的本质是双方合作、冲突、力量和权力的相互交织。管理方与员工要共同合作，进行生产，遵守一套既定的制度规则，双方以集体协议或劳动合同形式，甚至以一种心理契约形式，规定相互之间的权利义务，是非曲直。同时，由于双方的利益、目标和期望常常会出现分歧，产生冲突，甚至彼此背道而驰，因而冲突也在所难免。冲突的形式对员工来说，有罢工、旷工、怠工、抵制、辞职等；对管理方而言，有关闭工厂、惩罚或解雇等。双方选择合作，还是冲突，取决于双方的力量对比。力量是影响员工关系结果的能力，是相互冲突的利益、目标和期望以何种形式表现出来的决定因素。力量分为劳动力市场的力量和双方对比关系的力量。

布鲁斯（Brewster，1989）将员工关系定义为员工与组织、管理者以及组织与相关政府机构之间的关系。他认为，不良的员工关系会对一个国家的经济不利。工作环境对于员工关系的好坏有一定的影响，比如产业、工作场所和职业的不同。然而，即便在相类似的环境当中，有些组织仍比其他的组织具有更好的员工关系，导致这种差异的原因在于组织经营管理的不同。要健全员工关系主要在于管理层有意识地结合劳资关系和企业目标并把员工关系优先纳入组织的日常管理之中。罗林森（Rollinson，1993）认为，员工关系就是组织与员工之间的关系，包括雇主或管理者跟员工间全面性的沟通和互动，以及彼此调整相互需求的过程。员工关系过程和结果主要受企业内员工是否为了影响员工关系而组织团体的情况、雇主或管理者对于企业内人力资源管理的态度及所运用的技巧，及普遍存在于组织中的气氛及特质等影响。这些因素除了相互影响外，外界环境也都是潜在的影响力。Blyton 和 Tnrnbnll（1998）则主张每一种员工关系都是利润的交易，是雇主跟员工之间订定员工能力范围许可内的工作协议，且员工关系对员工也是一种权力关系，因为相对于雇主的地位员工很容易屈服于雇主的权威和指挥，故而这种劳动能力的交易不同于其他的商品交易。同时他们也认为，员工关系是因为外部的经济活动影响了经营目标之后而引发的劳资双方的斗争与和解的过程，企业中的各种员工关系形态是如此演变而来的。我国学者徐晓珍（2008）认为，员工关系是指由企业管理方和员工之间的利益引起的权利和义务、管理和被管理的关系，具体表现为合作、冲突、沟通、激励的权利和义务关系的总和。员工关系可以分为广义的员工关系和狭义的员工关系两个层次。广义员工关系是指在企业内部以及与企业经营有密切关联的集体或个人之间的关系，包括企业内群体间关系、个体间关系、个体与群体间关系，甚至包含与企业外特定团体（供货商、会员等）或个体的某种关联。后者被称为外延的员工关系。狭义员工关系是指企业和员工、员工与员工之间的相互关系和影响。它与企业的目标、战略、实际的管理过程相联系（张丽梅，2006）。本书研究的员工关系属于狭义的员工关系，主要从组织管理层面去研究如何管理员工与员工之间的关系，从而激发员工的积极性和创造性。从上述的几种说法，大致可以归纳为员工关系是由外部环境及其整体的经济或法律层面影响了企业政策的走向，进而带动劳资双方彼此争取权益所形成的互动关系。因此，员工关系是一种动态关系，无时无刻不受当时环境、组织、劳方和资方实际情况改变而改变。

如果拿员工关系和劳资关系来做比较的话，一者在劳资协商和法律议题上确实有重叠之处，但员工关系的意义又广泛许多，它强调组织的重要性，无论员工与员工的关系、员工与组织关系、组织的氛围与特质等都是员工关系的重要内涵。因此，本书所基于的员工关系视角比较偏向于此类型的员工关系。

员工关系与劳动关系、劳资关系非常相近，但是员工关系不像劳资关系的特定于劳资双方权益和劳动保护等范围，它是在对组织中人的管理问题进行更深层次的研究。虽然从理论上讲，员工关系属于人力资源管理的一部分，但在过去这一领域的发展非常缓慢，主要是企业对于人力资源的管理都着重于人才的招聘、培训及薪酬福利的设计等，而忽略了员工关系对于组织及其组织行为绩效的影响。

表 1-1 劳资关系和员工关系比较

	劳资关系	员工关系
产生时间	18 世纪 40 年代西方资本主义工业时期	19 世纪末 20 世纪初垄断资本主义时期
关系主体	劳动者个人或组织与雇主个人或组织	管理方（企业所有者、各级管理人员）与员工个体
解决方式	政府的法律法规和工会的集体谈判	企业内部是显性的规章制度和隐性的企业文化、心理契约等
实现目标	缓和劳资矛盾	实现企业内部和谐以及企业与员工的"双赢"
研究内容	劳资冲突及其解决办法	协调和解决企业与员工之间的内部关系
涉及学科	经济学、政治学、社会学、管理学、法学等	人力资源管理
发展趋势	劳资关系与员工关系的融洽	劳资关系与员工关系的融洽

资料来源：程延园，2004 年。

二 员工关系的主要内容

员工关系涉及组织管理的方方面面，从人力资源部门管理职能看，员工关系管理主要有如下几方面内容：

（1）劳动关系管理，主要包括用工制度公平问题，员工离职面谈及手续办理，员工申诉、人事纠纷和意外事件的处理。

（2）员工人际关系管理，引导员工建立良好的工作关系，创建有利于员工建立正式人际关系的环境。

（3）沟通管理，保证沟通渠道的畅通，引导企业与员工之间进行及时双向沟通，完善员工建议制度。

（4）员工情绪管理，组织员工心态、满意度调查，谣言、怠工的预防、监测及处理，解决员工关心的问题。

（5）企业文化建设，建设企业文化、引导员工价值观，维护企业良好形象。

（6）服务与支持，为员工提供有关国家法律、企业政策、个人身心等方面的咨询服务，协助员工平衡工作与生活的关系。

（7）员工关系管理培训，组织员工进行人际交往、沟通技巧等方面的培训。调研数据充分表明，"劳动关系管理"、"员工（内部）沟通"、"员工活动"、"员工激励"、"企业文化"和"员工关怀"（"工作—生活平衡计划项目"）是大多数企业员工关系管理涵盖的主要职能，也有企业将"员工福利"和"离职管理"归类于员工关系管理职能，如图1-2所示。

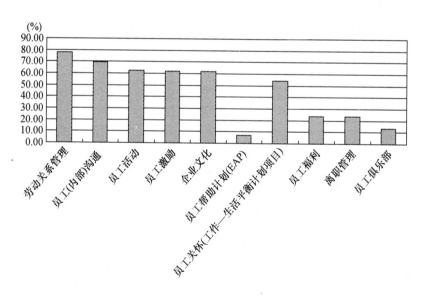

图1-2　员工关系管理范畴

资料来源：邓婷，2008年。

　　上述员工关系管理职能不是孤立的，而是相互重合、相互影响的。比如劳动关系管理与员工激励、离职管理等紧密关联；员工内部沟通与员工关怀计划、企业文化、知识共享等相互促进；当然，其他员工关系的管理职能也是如此。另外，这些员工关系管理范畴有着极其广泛的内涵与外延，这里我们也不可能进行严格的划分，比如知识共享关系，它应该属于员工沟通的范畴，这一点早已被理论研究所证实。以往的很多研究认为，员工关系是解决知识共享问题的一个关键所在（姜定宇，2005）。史江涛从实证角度证实了这一研究结论，他在对关系理论和沟通理论进行回顾和梳理的基础上，将关系划分为义务性关系、情感性关系和工具性关系；将沟通划分为合作性沟通、竞争性沟通和回避性沟通。从作用方向看，义务性关系和情感性关系对员工知识共享意愿有着明显的正向影响，而工具性关系却不利于知识共享意愿的提升；从员工关系对知识共享意愿的促进力度上看，义务性关系对知识共享意愿的影响较强，而情感性关系的作用相对较弱；从作用路径上看，不同维度的关系对知识共享的作用路径不同，义务性关系和工具性关系分别影响合作性沟通、竞争性沟通和回避性沟通，进而影响员工的知识共享意愿。而情感性关系则是部分地通过合作性沟通和竞争性沟通对员工知识共享意愿产生影响，没有通过回避性沟通对知识共享意愿产生影响（史江涛，2007）。另外，合作性沟通对于知识共享意愿又正向影响，而竞争性沟通和回避性沟通不利于促进知识共享意愿。虽然员工关系相互影响、相互渗透，有着极其广泛的内涵与外延，但是实际管理时不能"眉毛胡子一把抓"，要各有侧重，于是本书提出了以下研究思路。

　　从关系发生涉及的个体数目多少，可把个体关系分为对偶关系、星系关系和网络关系三种基本结构形式（罗珉，2008）。这三种基本结构形式与数据交换中的一对一关系（对偶关系）、一对多关系（星系关系）和多对多关系（网络关系）是一致的，如图1-3所示。

对偶关系　　　　星系关系　　　　　网络关系

图1-3　员工关系结构

对偶关系（dyadic relationship）是个体间关系最简单、最基本的结构形式，也是个体间关系结构形式理论的基础。对偶关系的研究可以进行两个员工间关系的适应性、相似性和歧异性分析，因而可以有效地解释个体与个体之间的双边互动行为（罗珉，2008）；星系关系是对偶关系的升华，星系关系的研究可以进行员工的群体性和团队意识等方面的分析以及群体的凝聚力和有效性分析，因而可以有效地解释个体与群体的互动行为；网络关系是员工关系的最高形式，对网络关系的研究可以进行群体结构与功能的差异化、互补性和融合性分析，因而可以有效地解释群体间的互动行为。学者们提出个体关系的分类结构就是为了说明，个体间关系既是一种关系，又是一种资源和能力，它是由节点之间的联结所生成的资源，是一种无形的关系资源，而正是这种无形的关系资源能够揭示资源基础观对资源认识的不足（罗珉，2008）。

当把个体关系放到组织情境中考察时，个体关系就变成员工与员工之间的关系。当考虑员工个体与个体之间关系时，本书研究的员工关系就演变为个体层次的员工关系；当考虑团队与团队关系时（多个个体组合之间关系），本书所研究的员工关系就演变为群体层次的员工关系；当考虑员工个体与其他所有员工之间的关系时，本书所研究的员工关系就演变为组织层次的员工关系（见图1-4）。以上三个层次是一种递进的员工关系，本书就个体层次的员工关系——知识分享关系、领导—员工互动关系，群体层次的员工关系——集权—分权关系、群体互动关系问题，组织层次的员工关系——竞争与合作关系、组织用工关系问题进行研究，以期为组织的员工关系管理实际提供理论指导。

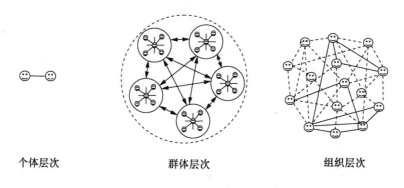

个体层次　　　　　　群体层次　　　　　　组织层次

图1-4　员工关系层次划分

三 员工关系的内在本质

对于个体而言，思想决定行为，行为决定结果；对于组织而言，关系决定行为，行为决定结果。为了提高组织自身行为的有效性，必须先了解员工关系的影响因素。按照西方人力资源管理理论，员工关系的本质表现为员工之间的合作、冲突、力量和权力的相互交织。员工与员工要共同合作，进行生产，须遵守一套既定的制度规则，员工往往以集体协议或劳动合同形式，甚至以一种心理契约形式，规定各自的权利义务，是非曲直。同时，由于不同员工的利益、目标和期望常常出现分歧，甚至彼此背道而驰，因而冲突在所难免。冲突的形式是多种多样的，具体表现为罢工、旷工、怠工、抵制、辞职、惩罚和解雇等。个体选择合作还是冲突，取决于互动过程中各自的力量对比。力量是影响员工关系结果的能力，是相互冲突的利益、目标和期望以何种形式表现出来的决定因素。力量分为劳动力市场的力量和员工对比关系的力量。劳动力市场力量，反映了工作的相对稀缺程度，是由劳动者在劳动力市场供求中的稀缺性决定的。一般而言，员工技能越高，其市场力量越强。员工对比关系的力量，是指劳动者进入组织后对组织产生的影响程度，其中尤以退出、罢工、心理对抗三种力量最为重要："退出"是员工辞职给用人方带来的成本，如寻找和培训顶替辞职员工的费用；"罢工"是员工停止工作给用人方带来的损失；"心理对抗"主要是由于在岗员工不服从、不配合管理方的工作安排而带来的管理成本的增加。在个体的力量对比中，拥有优势的一方会在员工关系中处于主导地位，但这种优势地位也不是无可争议的，在某些时间和场合，可能会发生逆转（程延园，2004）。个体之间的力量对比实质是个体之间相互影响力的对比，但由于个体所拥有的知识和能力是动态变化的，因而个体的地位也是动态变化的，个体之间的力量对比会伴随着个体知识和能力的消长而发生改变，所以，员工关系是一种动态的平衡。虽然从本质上讲，员工关系反映的是个体之间力量的对比，但是，这种力量对比是具体的，不是抽象空洞的，它渗透在员工关系管理实践的方方面面，现实中这种力量具体表现为：

（一）沟通是影响员工关系最重要的因素

如果企业沟通渠道不畅，缺乏必要的反馈，势必会引起很多矛盾，进而导致员工工作热情和积极性下降，影响工作效率。不断进行的双向沟通将会增进员工关系，减少冲突，增加员工对企业的信任，如果员工不信任管理者，上行沟通将会受到阻碍；如果管理者不信任员工，下行沟通将会受到影响。美国通用汽车公司劳茨顿工厂在 1972 年曾发生了一次为期三周的罢工事件。罢工原因是长期缺乏内部沟通而导致高层领导与下级员工之间产生严重隔阂造成的。罢工虽未给公司带来太大损失，却给公司以深刻的教训。复工后，通用公司采取了多种加强沟通的策略，如上级领导亲自到第一线与员工交谈、增设内部广播、强化布告牌、设置"沟通协调员"职位等，通过一系列沟通措施使该厂取得了良好的效益。再如，现实生活中有些企业由于效益不好而不能及时保障员工的物质要求，引发员工静坐、抗议等。这种事件会使外部公众对企业产生不良印象、降低信任度。事实上，这种危机是可以避免的。如果企业加强内部沟通，将企业所面临的困难和问题及时与员工进行沟通，请员工谅解，并希望员工能与企业精诚团结、同舟共济、共渡难关，此时，员工会体谅企业，并能和企业共进共退。因为员工感受到了来自企业的尊重，享受到了信息优先权，参与了企业的管理。以上事例说明，沟通是员工关系中最核心的影响因素，它会直接影响员工之间的知识分享等行为。

（二）企业是否公平对待员工是影响员工关系的关键因素

公平可以简单地认为，在相同的情况下，对所有的员工都一视同仁，不存在厚薄。当然，这并不意味较高的绩效不应当得到较高的报酬。对员工来说，公平感首先来自分配的公平。一个人不仅关心自己的得失，而且还关心自己得失与别人得失之间的比较。他们是以相对付出和相对报酬来全面衡量自己的得失。如果得失比例和他人相比大致相当时，就会心理平静，认为公平合理、心情舒畅；比别人高时则感到兴奋，但有时过高会带来心虚，不安全感激增；低于别人时产生不安全感，心理不平静，甚至满腹怨气，工作不努力、消极怠工。因此，分配公平是组织公平的重要方面。其次来自程序的公平。蒂伯特和沃克（Thibaut and Walker）的研究表明，不管最终分配结果是否公平，只要员工有参与的权利，而且实际参与了，公平感就会显著地提高。员工参与有许多优点：一是可以代表各部门员工的利益，使分配的程序更具公平性；二是可以监督分配制度的执行，即使是暂时不合理的制度，只要严格按制度执行，员工也会具有公平感；三是可以改善上下级关系，增进上下级之间的相互理解。因此企业应该让员工参与组织的发展战略、分配制度、奖励制度、晋升制度和考评制度等的制定和实施，使员工在参与中了解制度制定的原则、利弊，配合企业政策的实施，减少改革阻力，提高员工的积极性。最后来自交互公平。
Bies 和 Moag 认为，在程序执行过程中程序的执行者对待员工的态度、方
式等对员工的公平感也会产生影响。格林伯格（Greenberg）将交互公平
分解成人际公平和信息公平两部分。人际公平是指员工被那些与执行程序
和决定结果有关的当权者以礼相待和尊敬的程度；信息公平是指向员工传
递有关信息。交互公平既体现了员工之间的联系，又表明了员工互动过程
中的感知对员工关系的反作用，因而交互公平对员工关系具有重要影响。
所以，马克思认为：交往所形成的社会联系、社会关系之所以表明了现实
人的本质，就是因为社会关系不仅规定了人是活动的主体，而且规定了它
是什么样的主体，正是人在社会交往和社会关系中的作用和地位制约着主
体的活动方式，决定着主体的社会性质。

（三）管理者的管理理念影响员工对企业信念和管理者的动机，进而
影响员工关系

如果员工不支持或不理解管理者理念，将间接地对管理者的动机产生
疑问。这将使员工产生压力，进而影响员工的工作绩效，同时也影响员工
对企业的信念。员工将根据他们对企业的信念履行工作职责，员工应当被
明确地告知工作的真实情况。良好的沟通将确保员工的信念与企业的现实
相关联。另外，重视和关心与工作问题有关的员工情感是建立员工关系的
重要部分之一。

另外，从利益相关者角度考虑，员工是企业最重要的利益相关者。利
益相关者涉及个人和机构投资者、顾客和员工，以及供应商、联盟伙伴、
行业协会、地方社区、消费者协会、非政府组织、媒体、政府管制者、竞
争对手、外部董事及一般公众等，但是，利益相关者之间的关系是"由
内至外"，管理者必须首先建立公司自己的"人力资源"，这样才有可能
实现公司的其他目标。员工与顾客、供应商以及其他外部利益相关者达成
的合作和支持起始于企业员工和企业内部的合作伙伴。员工是所有利益相
关者的出发点，开展全面利益相关者的管理起始于企业员工，成功的关键
在于企业员工。因而"以员工为中心"的观念应作为公司最重要的理念。

（四）管理者对员工的期望不明确将增加员工的压力，进而影响员工
关系

员工需要知道管理者对他们的期望是什么，知道管理者的期望将极大
减少员工的工作压力。社会心理学认为，企业与员工间除正式合同之外，

还存在一种心理契约，即企业与员工彼此都对对方存在一定的期望，如果个人对工作的期望与工作的实际状况相符，则个人的工作满意度就较高；相反，则其满意度就较低。因此了解员工的期望是提高其满意度的首要条件，管理者对员工期望的了解要保持一种客观的态度，不能主观性太强。许多管理者自以为了解员工的需要。而实际上却与员工的真实需要相去甚远，在美国工业界的一次调查中，要求管理者按自己对工人各种需要的理解对员工的需要进行排序，处在前三位的是高薪、工作稳定性、升迁及企业的成长，而让工人们对自己的需要进行排序，处在前三位的依次是工作所受的赞赏、对事情的投入感及对个人问题的同情与了解，由此可见，一部分管理者根本不了解员工的真实需要。另外，在企业与员工的心理契约中，有些员工的某些期望是不现实的，企业根本无法给予满足，例如有的员工要求的薪酬过高，有的员工嫌房子太小，有的员工要求生二胎，这都超出了企业力所能及的范围。对此企业要与员工进行充分的沟通与交流，解释不能满足其需要的原因，更重要的是，要引导员工形成合理的期望。要让员工意识到什么样的期望是应该有的，什么样的期望是不该有的。了解彼此的期望对于维持员工关系的和谐具有重要的指导意义。

第二节　员工关系研究的五大流派

对相关文献梳理发现，西方学者从不同的立场、理念和对象的认识出发，对员工关系进行研究，得出了不相同的结论，形成有代表性的五大理论流派：新保守派、管理主义学派、正统多元论学派、自由改革主义学派、激进派。这些学派都承认劳动关系双方之间存在目标和利益差异。其主要区别为：（1）对雇员和管理方之间的目标和利益差异的重要程度、认识不同；（2）在市场经济中，对这些差异带来的问题提出了不同的解决方案；（3）对双方的力量分布和冲突的作用持不同看法，尤其是对冲突在劳动关系中的重要程度，以及雇员内在力量相对于管理方是否存在明显劣势上存在明显分歧；（4）在工会的作用，以及当前体系所需的改进等方面各执一词。为了便于研究，表1-2从七个方面比较、归纳了各学派的观点和看法：（1）主要关注；（2）主要研究；（3）对双方力量差异的重要性；（4）内部冲突程度；（5）对在集体谈判中工会的影响和评价；

（6）雇员与管理方关系的解决办法；（7）政治立场（Godard，2000）。

表 1-2　　　　　　　　　　各学派对员工关系的不同看法

学派\特征	新保守派	管理主义	正统多元论	自由改革主义	激进派
主要关注	效率最大化	雇员忠诚度的最大化	均衡效率和公平	减少不公平和不公正	减少体系内的力量不均衡
主要研究	劳动力市场	管理政策和实践	工会、劳动法和集体谈判	雇员的社会问题	冲突和控制
双方力量差异的重要性	不重要——由市场力量救济	若管理方接受进步的管理方法，就不很重要	一般重要	相当重要，不公平的主要来源	非常重要，体系内"劳动"和"资本"之间力量不均衡
内部冲突程度	根本没有——由市场力量弥补	若管理方接受进步的实践，就很少	一般，受公众利益为中心的局限	依情况而定，在"核心"低，在周边高	尽管是依雇员力量而变化，确实基础性的
对集体谈判中工会的影响和评价	对经济和社会产生负面的影响	矛盾心理：取决于双方合作的愿望	正向的"社会"效应，中性或正向的经济效应	在"周边"无效，在"核心"有限效用	在资本主义社会，其效率具有内在局限性
雇员与管理方关系的解决办法	减少工会和政府对市场的干预	推进进步的管理实践，增强劳资双方的合作	保护工人集体谈判的权利，最低劳动标准立法	增加政府干预和增强劳动法改革	激进的制度变化，雇员所有和员工自治
政治立场	右←————————————————————→左				

资料来源：程延园，2004年。

一　新保守主义的主要观点

新保守主义主要关注经济效率的最大化，主要研究和分析市场力量的作用，认为市场力量不仅能使企业追求效率最大化，而且也能确保雇员得到公平合理的待遇。新保守学派一般认为，劳资关系是具有经济理性的劳资双方之间的自由、平等的交换关系，双方具有不同的目标和利益。从长期看，供求双方趋于均衡。雇员根据其技术、能力、努力程度，获得与其最终劳动成果相适应的工作条件和待遇。而且在某些企业，雇员还可能获得超过其他雇主所能提供的工资福利水平。雇主之所以提供高于市场水平的工资，是因为较高的工资水平能够促使雇员更加努力工作，提高效率（Akerlof and Yellon，1987）。雇主也可以采取诸如激励性的奖金分配等方法，达到同样结果。因此，假如市场运行和管理方的策略不受其他因素干扰，那劳资双方都会各自履行自己的权利和义务，从而实现管理效率和生产效率最大化。资方获得高利润，雇员获得高工资、福利和工作保障，形成"双赢"格局。

由于劳动力市场机制可以保证劳资双方利益的实现，因而劳资双方的冲突就显得微不足道，研究双方的力量对比，也就没什么意义。如果雇员不满，可以辞职并寻找新的工作（"用脚投票"）；如果资方不满，也可以自由地替换工人。所以，工会的作用不大，工会开展集体谈判只会对经济和社会起到负面作用，因为工会实际形成了垄断制度，干扰管理方和雇员个人之间的直接联系，阻碍了本来可以自由流动的劳动力市场关系，破坏了市场力量的平衡，也使管理方处于劣势地位。由于工会人为地抬高工资，进而抬高产品的价格，干涉管理方的权力，最终会伤害雇主在市场上的竞争地位，也会削弱对雇员工作保障的能力。因此，要将市场"规律"引入工资和福利的决定过程，采用额外支付计划使雇员的收入和绩效联系得更紧密。应该赋予管理方更大的管理弹性，减少限制管理权利的法律和法规，尤其是减少劳动法对管理方的限制。理想的劳动法应该使工人难以组织工会，或者即使有工会，其权力也很小。这样，劳动和资源的配置才会更加灵活，也才能提高劳动生产率。

在这种思想的指导下，雇员也相信和遵从"意思自制、选择自由"的理念，雇主只要不违反相关法律法规，就可以在任何时候、以任何理由合法地解雇员工，无须提前通知，也无须支付解雇补偿费（如美国、加拿大和爱尔兰）。在这种模式下，雇主与员工的利益一致性很少，雇主很少向雇员提供培训机会，工作保障程度也很低。雇员对企业没有归属感，仅仅是对经济激励做出反应（Cappelli et al.，1997；Cappelli，1999）。在这种情况下，即使罢工率不高，也不能表明雇佣关系的对立程度低。

二 管理主义学派的主要观点

该学派关注就业关系中员工的动机，以及员工对企业的认同、忠诚度问题，主要研究企业对员工的管理政策、策略和实践。

该学派认为，员工与企业的利益基本是一致的，劳资之间存在冲突的原因在于，雇员认为自己始终处于被管理的从属地位，管理与服从的关系是员工产生不满的根源。如果企业能够采用高绩效模式下的"进步的"或"高认同感的"管理策略，冲突就可以避免，并且会使双方保持和谐的关系。这种高绩效模式内容包括：高工资高福利、保证员工得到公平合理的待遇、岗位轮换制度和工作设计等。如果这些政策得到切实实施，生产效率就会提高，员工的辞职率和缺勤率就会降低，工作中存在的其他问题也会迎刃而解。

与新保守学派相比，管理主义学派对"纯市场"经济的局限性认识要深入一些。在劳动关系和人力资源管理方面，管理主义学派主张采用新的、更加弹性化的工作组织形式，更强调员工与管理方之间的相互信任和合作，尤其赞赏高绩效模式中的"高度认同"的内涵，包括工作设计的改革、雇员参与改革以及积极的雇佣政策。

三 正统多元论学派的观点

该学派主要关注经济体系中对效率的需求与雇佣关系中对公平的需求之间的平衡，主要研究劳动法律、工会、集体谈判制度。

该学派认为，雇员对公平和公正待遇的关心，同管理方对经济效率和组织效率的关心是冲突的。同时认为，这种冲突仅仅限于诸如收入和工作保障等问题，而且"这些具体利益上的冲突，是可以通过双方之间存在的共同的根本利益加以解决的"。相对于雇主，雇员个人往往要面对劳动力市场的"机会稀缺"，所以，在劳动力市场上雇员大多处于不利的地位。而工会和集体谈判则有利于弥补这种不平衡，是雇员能够与雇主处于平等地位，并形成"工业明主"的氛围。因此，正统多元论学派的核心假设是，通过劳动法和集体谈判确保公平和效率的和谐发展是建立最有效劳动关系的途径。

四 自由改革主义学派的观点

该学派十分关注如何减少和消灭工人受到的不平等和不公正待遇。认为劳动关系是一种不均衡的关系，管理方凭借其特殊权力处于主导地位（Drache and Glasbeek，1992）。因为现存的劳动法和就业法不能为工人提供足够的权利保护，所以，为了确保工人获得公正平等的待遇，必须加大政府对经济的干预。该学派提出了"解构不公平"理论，将经济部门分成"核心"和"周边"两个部门（Averitt，1968）。"核心"部门是指规模较大、资本密集且在市场上居于主导地位的厂商，而"周边"部门是规模较小、劳动密集且处于竞争性更强的市场上的厂商。由于核心部门经济实力强，更能消化和转移附加成本，并且在核心部门工作的雇员具有更多的关系力量，所以，与周边部门相比，核心部门能够为雇员提供更优厚的劳动条件，采取更进步的管理方式。而周边部门的工作岗位相对"不稳定"，甚至是临时性的、非全日制的，容易受裁员政策的影响。

五　激进派的主要观点

激进派所关注的问题同自由改革主义学派有许多相同的地方，但它更关注劳动关系中双方的冲突以及对冲突过程的控制。该学派认为，自由改革主义所指出的问题，是资本主义经济体系固有的问题，因而其提出的政策主张的作用十分有限。激进派认为，在经济中代表工人的"劳动"的利益，与代表企业所有者和管理者的"资本"的利益，是完全对立的，资本希望用尽可能少的成本获得尽可能多的利益，而工人由于机会有限而处于一种内在的劣势地位，由此，这种对立关系在劳动关系中比在其他地方表现得更明显。激进派认为，其他学派提出的"和谐的劳动关系"只是一种假象，只要资本主义经济体系不发生变化，工人的待遇就不可能得到根本的改善（程延园，2004）。

通过对比可以发现，有的学派认为，通过市场力量就可以实现员工与企业之间的良性互动（新保守主义），而有的学派则认为，必须通过立法和集体谈判才能实现员工关系的和谐发展（正统多元论学派）；有的学派指出，员工和企业的根本利益是一致的（管理主义学派），而有的学派则认为，员工和企业的根本利益是对立的（激进派）；有的学派认为，通过改进工作组织形式可以促进员工和管理者之间的相互信任和合作（管理主义学派）；而有的学派认为，这种和谐只是一种假象（激进派），等等。虽然学者们对员工关系的理解和认识有所差异，但是已有研究的基本思路、基本目标是一致的。都是通过管理者与员工之间有意义的互动，达到理解员工并影响员工行为，最终实现提高员工满意度、员工忠诚度、降低人才流动率等目的，并进而促进企业效率的提高。

第三节 员工关系对组织行为
影响研究的动因分析

在人力资源这个概念刚刚产生的 20 世纪 50 年代，"人"并不是企业最重要的因素，对五六十年代的企业而言，资金才是最值得关注的因素，"人"则被远远抛在后面；到 70 年代中期，企业的关注重点发生了转移，技术开发能力成为新的焦点，一个企业是否有足够的新产品推向市场，便成了这个企业是否具有竞争优势的一个关键因素；到 80 年代中期，技术开发不再是一个严重的问题，重心变成了企业的业务战略、组织流程；信息技术是 90 年代中期企业管理的新重点，如果一个企业有产品、能研发、有很好的业务流程及积极的企业战略，这个企业还需要用一系列信息化的技术来管理这些战略、进行知识管理。可以发现，人们对企业能力构成要素的认识是随着社会发展而不断演进的，员工关系的重要性是逐渐被认识的，如图 1 – 5 所示。

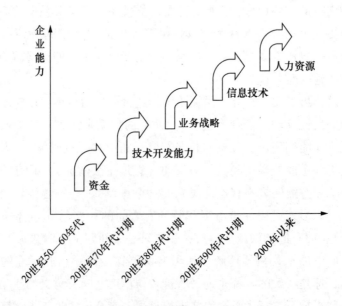

图 1 – 5 20 世纪企业能力的核心驱动要素变化

资料来源：根据陈忠文（2005）整理。

进入 21 世纪，根据"冰山理论"，一个组织中位于海平面以上的内容（诸如一家企业卖什么产品、一年的销售额是多少、有多少人、每个人的专业等）不再是企业真正的重点，真正的重点是位于海平面以下的内容，那就是"人"包括人与人如何交往、人与人如何沟通、员工关系的管理、部门与部门之间如何共同解决问题等。只有将这些内容处理好了，才能保证海平面之上的内容具有真正的生机。所以，对当今企业而言，在其发展各要素的相对重要性方面，员工关系已成为许多企业考虑的首要问题。已有研究结果也表明，企业经济状况与员工关系状况有明显的正相关关系，虽然二者具有互动作用，但起基础作用的首先是员工关系（赵曙明、覃友茂，1998）。理论界和实践界在员工关系重要性的认识上已基本达成共识，并展开了积极探索和研究。在中国知网期刊数据库（1979—2009）上以"员工关系"为题名进行检索，共有相关的学术论文169 篇；在维普资讯中文科技期刊数据库（1989—2009）以"员工关系"为题名进行检索时发现相关的学术论文181 篇。另外，近十年来，研究"员工关系"或"组织行为"的博硕士学位论文为数也不少（在中国知网的博士、硕士学位论文全文数据库中以"员工关系"作为题名进行检索，共有相关博、硕士学位论文共 14 篇；以"组织行为"为题名进行检索，共有博、硕士学位论文 23 篇）。但基本都是运用定性分析方法从组织层面进行研究，充分表明员工关系与组织行为已经引起国内学者的广泛关注，但是研究不够深入。其实，调节员工关系不仅仅是提高组织行为有效性的需要，也是企业经营管理的内在需要，具体原因如下：

（一）个体行为的外部性需要强化员工关系管理

在宏观经济领域，由于边际私人收益与边际社会收益、边际私人成本与边际社会成本经常出现背离，依靠自由竞争无法实现社会福利最大化，因而需要政府通过实施微观规制措施予以矫正（即所谓的"庇古传统"）。当边际私人成本小于边际社会成本时，即存在外部不经济，政府就要强制收税；当边际私人收益小于边际社会收益时，即存在外部经济，政府应给予补贴，从而使社会成本与收益接近或等于私人成本和收益，实现资源的帕累托配置。另外，政府还可以对产生负外部性活动进行直接规制，直接规定组织中产生负外部性的允许数量及其方式，对厂商和消费者确定污染物排放种类、数量、方式以及产品和生产工艺的相关污染指标。

透过复杂的博弈过程可以看出，制度的形成过程其实就是外部性内部化过程。通过制度角度观察效率和"市场失灵"时，所有"市场失灵"现象的出现不过是由于存在一些使得互惠交换行为无法实现的障碍。同样，员工互动过程也同样存在外部性问题。在组织中，由于员工个体的天赋、素质、努力程度、机遇和社会背景的不同，表现为不同知识主体拥有不同的知识和能力。由于协同效应使得合作生产的总产出大于单独生产的个体产出之和，因而有可能提高个体效用水平，所以个体才会聚集起来采用合作生产方式，并进而导致企业组织的产生（Alchian and Demsetz，1972）。但是采用合作生产方式，每一个成员的各自贡献不可能廉价地观测和精确地分解，因此无法做到报酬支付与企业员工的边际产出一致，所以外部性很难避免。甚至有些学者认为，外部性实际是市场过程中人类行动的相互依赖性必然产生的现象，是具有分散知识的行动主体之间相互依赖、相互影响和交互作用的必然结果。

由于外部性是人类行动相互影响、相互作用的市场过程中不可避免的内在必然，因此，如果将外部性理解为一个主体的行动对其他主体所造成的影响，那么外部性无处不在、无时不在（Schmid，1989）。由于社会是由相互依赖的人类行为编织而成的复杂网络，因而每个主体行为引致的成本和收益都有一种潜在的外部性（德姆塞茨，1999）。由于所有的外部性从本质上看都是相互依赖的人类行为，所以，从一定程度上说，外部性内生于个体互动过程之中。米德指出，外部性是指个人未参与某项活动，其利益却受到该项活动的影响。因此他提出了解决外部性的思路，是重组组织制度，使利益受到影响的主体在作出该决定时能够作为参与者发挥作用，即通过组织方面的适当变革实现外部性的内部化。在产权结构不变前提下，组织创新是解决外部性的一种有效方法。

（二）个体信息的不对称性需要强化员工关系管理

传统经济理论把完全竞争模型作为理想模型，因为在这种模型下才能实现帕累托最优，达到最高经济效率。完全竞争模型的一个基本前提假设是：在完全竞争市场上，生产者和消费者都拥有充分信息，所有与产品相关的信息都是完全公开的，生产者和消费者可以据此作出正确决策。但是，在现实世界中，完全竞争模型的这种基本假设条件往往难以得到满足，大量存在的是市场交易之间的信息不对称现象（曲振涛、杨恺钧，2006）。

（1）社会分工和劳动分工造成个体所拥有的知识不对称性。社会分工使每一个个体专门从事某一项特定的业务活动，特定个体比较全面掌握自身业务范围的知识，而对其他业务领域的知识缺乏了解。随着社会专业分工的发展，专业化劳动使得个体之间的知识结构差异性进一步扩大。因此，由于个人知识范围的局限性，他们作为市场交易主体，相互之间必然产生信息不对称问题。

（2）处于信息劣势的市场交易者可以通过搜寻大量的交易信息，以取得比较完全甚至是完全的信息。但是在现实中，搜寻信息是要成本的，一旦收集信息的边际成本超过边际收益，消费者收集信息就无利可图了。因此，如果个体搜寻信息的成本超过收益，个体就会停止信息搜寻活动，从而导致信息不对称。

（3）在互动过程中，个体之间是根据自己所掌握的信息量采取决策的，而决策的正确性在相当程度上取决于所掌握的信息数量和质量。因此，拥有信息优势的个体为了在交互中取得主动权，往往会产生垄断某些真实信息的动机，有时甚至会发出一些虚假信息误导他人，以实现自身利益最大化。所以，信息优势方对信息的垄断也会造成信息的不对称。

（4）在互动过程中，由于免费"搭便车"效应，人们往往等待他人承担提供信息的成本。

信息的不对称会降低市场效率，导致市场失灵，利用市场机制缓解信息不对称过程也会造成市场失灵。这为政府对信息不对称问题实行规制以矫正市场失灵提供了理论基础。政府还可以利用公共权力，采取各种政策措施以缓解信息不对称问题。

信息不对称必然导致信息拥有方（或信息优势方）为牟取自身更大利益使另一方利益受到损害，从而产生两种市场行为，即"逆向选择"和"道德风险"。从发生时间上看，事前信息不对称容易存在"逆向选择"问题，而事后信息不对称则容易产生"道德风险"问题。不管是"逆向选择"还是"道德风险"，都会使组织的运行效率降低，如果信息不对称达到严重地步，而又没有相应的可进行交易的前提条件，即没有对个体行为进行合理预判，那么组织将会有逐步萎缩甚至消亡的危险。要维持组织的持续健康发展，就必须降低组织中的信息不对称程度，强化对员工关系的管理。信息不对称会增加交易成本，降低信息不对称的重要作用在于减少交易费用。交易费用的降低可以使原本不能够发生的交互行为变得有利可图，组织也就可以借此向前发展。而市场信息不对称的增加则会增加交易费用：投机者为防止欺骗行为暴露需要支付"隐藏成本"，诚信者为使其与投机者相区别而需要支付"鉴别成本"，而组织为了惩罚投机者则需要支付"惩戒成本"；这样，不但大大增加了交易成本，而且有可能使得原本可以发生的交易不能维系下去，组织发展也会因此失去应有的动力。因此组织中的信息不对称必然导致机会主义行为的发生，为了克服信息不对称，减少交互过程中的机会主义行为，必须加强对员工关系的管理。

第四节 员工关系与组织行为的有效性

一 组织行为的有效性

在生物界，生物体延续其物种要具备一些能力。首先，生物体要具备基本生存能力，如动物有觅食、繁衍后代、躲避天敌的基本生存能力；其次，生物体要有竞争力。我们经常看到同类动物中有的很强壮，有的很弱小。一般而言，强壮的个体在与其他同类争夺食物时更容易获胜。这往往使它们在食物缺少时不至于饿死，比弱小的个体存活的时间更长；最后，生物体还要有适应生存环境变化的能力。那些不能适应环境变化的物种，不论其是强者还是弱者都将被淘汰。达尔文发现那些繁衍下来的物种往往并不是同类中最好的，而是对环境适应力最强的物种。可见，生物体延续生命的能力有三种，即基本生存能力、竞争力、适应环境变化的能力。企业的生存和发展也具有一般生物体的基本特征，即有一定的寿命，同时要符合生物进化中"适者生存"的基本规律。这里的"适者"就是那些能够满足社会发展和消费者需求，适应环境的变化，比同类企业做得更好的企业。显然，这样的企业必须具有对付环境变化的应变力、生产符合消费者需求的产品或提供服务的基本生存能力，比竞争者做得更加出色的竞争力，只有具备这三种能力的组织才能更好地生存。因此，对于组织而言，有效的组织行为在于提高企业的这三种能力。

由于人的主观能动性使得企业的能力又不完全等同于生物体的三大能力，因而又不能把企业简单地等同于一般的生物体。企业是一个开放性复杂性系统，企业基本生存能力是将一定的输入（如信息、能量、时间、人力、物力、财力）按照预定目的进行一定处理后的产出能力。它是企业进入某一行业服务于特定市场必须具备的基本能力。企业不具备这种能力，就不能在市场立足。可见，企业的基本生存能力是企业进入某一市场所应具备的基本条件。从竞争角度来看，企业的基本生存能力是本行业企业服务于消费者所应具备的共同或相近的能力，主要取决于同行企业所处的历史环境条件。它不直接表现为企业的竞争优势，但它是竞争优势产生的前提条件和基础，故而又可称之为企业的一般能力。企业的基本生存能力具有时间性、地域性和行业性。也就是说，企业的基本生存能力是企业在一定环境下的产物，在很大程度上体现了企业的素质和管理能力。法约尔把企业的全部活动和职能分为：技术职能、商业职能、财务职能、安全职能、会计职能和管理职能六组。同每一组活动或职能相对应的是一种专门的能力。人们将其区分为技术能力、商业能力、财务能力、会计能力、安全能力及管理能力等，这些能力构成了企业基本能力的内容。在没有竞争和环境变化不大的市场中，企业的基本生存能力决定了企业的长期生存能力，是企业战略实现的基础和保证。

企业竞争力是指企业所具有的比竞争者能更好地满足消费者需求、体现企业竞争优势的能力。具有较高竞争力的企业在产品/服务成本、质量等方面比其他企业做得更好，或者在这些方面能为消费者创造更多的价值。简单地说，企业竞争力是有价值的能力区别。做企业就应当"人无我有，人有我精"。企业"有"和"精"的能力指的就是企业的竞争能力。生物界有弱肉强食现象。市场经济条件下的企业也有"强者生存，劣者淘汰"的现象。正是市场经济通过竞争机制把社会资源集中到生产效率更高的企业中去，从而实现资源的优化配置。在一个高度开放的市场中，不具有竞争力的企业很难获得生产需要的资源和足够的市场份额。在对企业竞争力考察中，战略家们更重视那些具有价值性、持久性、稀缺性、延展性、难以模仿的能力。这就是企业的核心能力。相对于那些不具有上述特征的竞争力来说，核心能力是企业在竞争激烈的市场中保证其生存和发展的最重要的竞争力，因而受到理论界和实业界普遍重视。

任何作为一个系统的企业都只能在一个比它更大的系统中生存发展。这个大系统就是企业的环境，既包括政治、经济、技术、社会和文化组成的宏观环境，又包括由供应者、消费者、竞争者、替代品及新进入者所组成的微观环境。企业环境的变化是绝对的，而企业又要保持相对稳定。这一对矛盾必导致企业的管理熵增加，企业效率下降。企业只有保持本系统与环境的动态匹配，才能减少熵增（毛道维、任佩瑜，2005）。一般来说，宏观环境的变化造成企业的风险，企业对此往往无能为力，只有被动适应。微观环境变化造成企业的风险，企业可以通过自身的改变主动适应变化，规避、化解、转移这些风险。但是，现在企业环境的变化已经远远超出了人们过去的想象。经济体制变革的深远影响，社会人口统计情况的变化，市场全球化的趋势，技术寿命周期的日益缩短，人们环境意识的增强都将威胁到企业的生存和发展，大大缩短其存续的时间。企业只有不断地改革，才能适应外界的变化。以撰写《赢得优势》一书而名噪一时的汤姆·彼得斯和南希·奥斯汀也有同样的结论："适者生存，凡是生存下来的组织都是适应性的组织"。从上述所知，企业要在变化的环境中生存下去，应具备应变能力。企业应变力既包括企业被动适应环境变化的能力，也包括主动适应环境变化的能力。当企业对环境的变化预测准确而有所准备时，企业即有主动适应环境的能力。这是作为人的集合的企业与其他生物体的不同之处。但是，在信息非对称和干扰变量大量存在条件下，人们的预测往往是不准确和不完全的，这时企业就应有一定"被动适应"环境的能力；否则，任何意外打击都可能使企业倒闭（大多数生物只有被动适应环境的能力，当环境的变化超出了其承受能力，就会招致灭顶之灾）。在实践中，管理者往往忽视企业主动适应环境的能力，对企业被动适应环境的能力估计不足。

　　企业的基本生存能力、竞争力以及应变能力并不是相互独立、相互排斥，而是相互影响、相互依存，甚至相互转变的。企业的基本生存能力和竞争能力从某种意义上讲是一种相对静态能力，即在某一时间段内是相对静止不变的。而企业应变能力是一种相对动态能力，是企业从一种状态转变到另一种状态以更好地满足消费者的需求、维持自身生存的能力。企业的基本生存能力和竞争能力对于不同的行业、时期、市场和地域的企业是不同的。这两种能力有时也相互转化。一项新的专利技术诞生时，拥有专利技术的企业具有这方面优势和竞争能力。当竞争企业允许使用该项专利技术时（如专利保护期满），企业的竞争能力消失，转变为企业的基本生存能力。当这项专利技术不能给消费者带来任何价值时，该项技术既不能给企业带来竞争力，也不能转变为企业的基本生存能力。在竞争激烈的市场中，企业之间的不断创新改变了企业生存的微观环境。这个时候企业的应变能力就转化为竞争能力或者基本生存能力。主动应变能力（如产品创新）使企业赢得占先优势，转变为企业竞争力；被动适应能力使企业及时跟上市场领先者，转变为企业的基本生存能力。显然，没有企业的基本生存能力和竞争力，也不可能有企业的应变能力。企业的应变力需要基本生存能力和竞争力的支撑。企业的三项能力必须同时存在，而且要适度，才能保证企业的长期生存和发展。

　　组织行为管理目的在于提高组织的这三项能力，即在基本生存能力基础上，通过局部优化和整合，逐步培养出企业的动态应变能力，并进而赢得市场的竞争能力，动态应变能力和市场竞争能力反过来又会进一步促进企业基本生存能力的提高，因而组织行为的有效性就是使组织的基本生存能力、应变能力和竞争能力的螺旋上升过程，如图 1-6 所示。

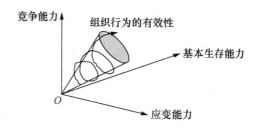

图 1-6　员工关系管理的目的

二　员工关系对组织行为有效性的影响

　　社会关系不仅影响人们的福利，也影响个体的特定身份。亚当·斯密曾断言，"跟我们一起生活的那些人的表情和行为……是我们能看到自己的唯一的镜子。我们正是以某种衡量标准，并通过其他人的眼睛，来审视自己的行为是否合适"。尽管社会关系对个体的生活和福利起明显作用，但在许多社会科学领域，有关社会关系的研究一直处于冷清的状态。

　　关系的存在不仅体现为组织成员头脑中的某种认识，而且还体现为相互作用的个体所达成并不断强化的结构性的约束和机会。人们在作出重大决策时，倾向于向网络中的其他人寻求帮助。而员工不单单与群体中和他在种族、性别等方面具有相同特质的人互动，更为重要的是，当组织群体中这类相同特质的成员所占的比例较低时，群体内部个体身份识别和友谊发展的可能性就会增大。

　　既然人们偏好同那些与自己相似的人展开社会互动，就为某些能跨越群体边界而起桥梁作用的人提供了机会，也就是有些人由于其独特的网络联结，而成为组织中的媒介人，将原本不相连的个体或群体连接了起来，而该个体也因此获得诸多的利益，比如更快的晋升。关系规制的潜在应用领域，包括权力、职务设计、激励和领导等这些传统的组织论题，这些研究中有许多问题尚待深化。

开放条件下一个经济体的成本水平、比较优势和国际竞争力，主要取决于制度优势和制度竞争力。制度竞争是争胜竞争过程中发现和创新更好地促进动态效率之制度的动态过程，是有效率的宪法秩序和组织之关键。通过多种渠道的行动主体之间的学习、交流、模仿，开放组织中的制度演化与制度竞争能够在争胜竞争过程中避免陷入低效率的制度陷阱，避免被锁入封闭和落后的制度演化轨迹。

企业组织作为一个复杂适应系统，一定程度是独立于外部或内部控制的自生自发秩序。理解人类行动无意识结果的演化历史，过程理论是特别合适的工具。秩序可以在过程中得以发现，秩序自发产生的现象，就是自组织。价值和制度就是在结构或者类型无意识的自组织过程中产生的，市场的出现是重要的自组织现象。自组织可以为这样的过程，即最初缺乏组织的系统在复杂环境中作为经济主体自发相互作用的结果，在没有任何一个主体控制或者任何系统外控力量的情况下，实现日益加强的自我控制，形成自我维持的复杂秩序（Kauffman，1993）。制度是复杂的自组织和自我实施的市场过程衍生的现象，是有机演化过程内生的结果，是复杂交互影响的人类行动在相互学习和彼此理解过程中逐渐形成的。自发和复杂的社会结构之所以出现，不是计划者有意识行动的结果。如果经济系统的秩序或者制度存在缺陷，也许仅仅反映了尚未被利用的利润机会，经济主体发现不完善并通过学习过程加以适应，绝大多数制度都是几代人知识积累、共同努力与不断学习的结果。市场的自发秩序是市场参与者相互依赖和相互作用的产物，是经验和智慧积累的结果，也是不断学习过程中知识积累和扩展的结果。哈耶克（Hayek）认为，由于知识和信息是主观的，而且是以分散和私人状态存在，因此人们根本就缺乏认识和控制社会生活的能力，文明的演化只能是对经验和传统的不断适应的结果，是通过无数次试验和试错的等学习方式，经由筛选过程和过滤过程，最终导致人们逐渐相互适应的过程，过程的结果便是发现和产生一些交互作用的适合模式。正是因为引发了认识论的转向，因而哈耶克结束了规范社会理论范式的支配地位，将行为规则系统理解为承载有关人与社会知识的规矩。市场、法律、道德等普遍适用于人类社会的规矩，都是行动主体互动关系之结果，并从中演化出自生自发的社会秩序。

自生自发秩序强调的社会规则性由某些制度和惯例构成，是以复杂方式相互作用的人类行动之结果而非人的明确意图之产物，整体结构乃是个体行为之结果。制度和惯例呈现出来的秩序井然之社会形式，实际上是数以百万计的个人行为自发协调的结果，其中每个人从来都无意于也无力左右总体秩序。只有人类知识积累到一定程度，产生促使人类合作的技术基础时才可能产生协作和交易，这往往是人们不断试错与持续博弈的产物。自生自发秩序是循环方法论个人主义传统分析的必然范畴，是基于真实时间、全然无知与人类行动认识和理解的必然范畴。自发秩序是具有独立目的之单个行动者在面临局部无知和无法预计变化的情况下形成的，是克服无知和知识不足的局限而形成自发规则。

组织演化过程是一个经济主体通过不断试错、不断试验，以适应连续变化的复杂环境的动态过程，人类行动相互作用的制度必然是一个逐渐演化的过程，许多左右人类行为的规则都是演化过程的结果。

自生自发秩序强调社会中的某种规则性或事态的秩序，这些规则或者秩序既非人们有意识设计和人为创造的产物，也不是纯粹的自然现象和物理过程，而是介于二者之间。包括市场经济在内的现代社会主要制度，都是长期演化过程的结果。秩序是指"这样一种事态，其间，无数各种要素间的相互关系极为密切，我们可以从对整体中某一部分时空的了解中学会对其余部分形成正确的预期，或者至少是学会形成颇有希望被证明为正确的预期"。当人类是以团体方式自发组织起来时，个人生存能力取决于团体能力，团体生存又取决于其成员团结一致和利他主义。当人们聚集在一起组成更大的社会时，本能就必须为规则所替代，包括有关合同规则以及诚实等到的准则。哈耶克强调，这些新规则不是集体理性选择的结果，而是边干边学动态过程的结果，是适应性演化的结果，人类通过学习能够改变制度结构。

演化秩序不是纯粹理性（完全不顾经验）设计的结果，不是在已经知道的各种制度基础上加以理性选择的结果，而是开放制度竞争过程的结果。合乎自生秩序的规则更多地有待于发现，并非被刻意创造而来。休谟相信制度改进不能依赖乌托邦色彩的改造人类行为方式之计划，而必须依

赖于遵守和发现那些最好地服务于人们恒常不变之需要的规则。有效制度
必然是通过试错过程中发现之无意识结果。在试错过程中，可供选择的知
识通常只有在被尝试的情况下才能获取。因而规则的选择是在缺乏可选
择知识情况下完成的，所以制度演化的适应性标准只能是可行而绝非
最优。

非正式制度的产生一般都具有内生性，而且通常都是特定区域内人们
根据其面临的具体问题所形成的默示知识结晶而成的。只有具有共同积累
的知识支撑与维持之内生制度，才可能具备真正的制度效率。随着社会分
工和专业化的发展，使得来自于协作和交易的潜在利益日益增加，同时也
加大了交易中出现机会主义的可能性，非正式制度的制约无法强制个人或
集团采取各种手段追求利益。因此，便出现正规约束，起着替代非正规约
束和强化约束力的作用。

经济效率取决于制度框架是否能够激发迄今为止尚未为人所知信息的
发现过程，制度框架对于鼓励企业家的发现和创新极为重要。要使人们根
据各自的知识优势留意和利用新机遇，似乎有赖于某种制度安排。增进福
利的经济秩序必须允许拥有知识优势的个体进行分散决策。

有限理性和有限知识的经济主体不可能正确获知自己的实际境况，通
过被认为是最有利的行为方式逐渐被模仿和传播。行动主体效仿他人成功
的行动，表现出动态的适应演化过程。这一过程就是行动主体之间相互学
习、相互发现和相互适应的过程。社会中的创新和实验、与具有不同习惯
社会的交流和不同文化间的接触可以转换社会的习惯性战略行动，从而促
进社会向更优制度演化。成功的制度往往具有背景依赖特征，制度的适应
性演化、逐渐适应具体环境和条件，是多样制度相互竞争中获得成功的关
键。青木昌彦和奥野正宽等人对经济体制的比较分析中，引入演化博弈论
研究以适应性进化为基础的社会制度之动力和变迁问题。制度的适应性成
为判断市场经济是否成功的关键，这比制度的最优特征更为重要
（Hayek，1948）。适应性制度演化通过知识的不断发现、积累、交流、利
用和扩散，逐渐形成了有利于组织发展的合适框架，既而推动组织成长。

制度变迁和制度演进模式的不同，主要是由惯例、文化传统、知识基
础、信念系统、选择环境、历史初始条件等因素决定的。社会制度是由历
史初始条件以及过去环境变化过程、社会中进行的实验、政府介入以及同
其他文化接触等多种复杂因素共同决定的，边际的和不可逆转的变化推动

着经济、社会体系沿着一定轨迹运行，具有较强的路径依赖特征（North，1996），进一步导致制度的组织差异。

对于市场过程理论而言，市场经济成功与否不能根据给定条件下的最优均衡条件加以衡量，而依据市场是否具有产生趋向的能力加以评判。市场过程是人类有目的的行动过程，是每个经济主体不断发现知识和利用知识以改善自身处境的过程。竞争优势的产生和积累，实际上是市场过程不断发现、利用和扩散知识的结果。新知识的发现和学习过程，是互动的社会行为，只有在一定规则约束的条件下，才能实现知识合理、有效的利用。任何组织制度的任务，都是引导对稀缺资源的竞争性利用。制度通过传递信息、减少不确定性、提供激励构成不同的治理和合作模式，能够促进创新，提高企业的竞争优势。特定制度形成了相互学习的特定模式以及创新过程的结果。有效的制度安排应该有助于更为充分发现和利用分散与不断变化的知识，合适的制度应该能够吸引那些基于独特知识而具备解决各种问题能力的人之间展开争胜竞争。任何有效制度框架应该具有开放市场过程中解决问题的动态能力，应该能够充分利用分散知识进行决策和协调。市场实质上就是多功能的制度，多功能是复杂系统和多元关系网络的特征之一。

走出经济均衡范式的另一波尝试着眼于多个经济个体行为互动与其整体行为。一个基本事实是，每一个经济个体，无论消费者、生产者，都处在他们共同创生的整体经济模式（环境）中，并对该模式进行反应和适应。当个体做出反应，整体模式会变化；当整体模式发生变化，个体重新做出反应。这样，经济系统一直处在随时间不断演化和展现过程中，而不是达到某种定态或均衡点。而且，经济个体在对整体经济模式的反应中会预测他们所采取行为的后果，并采取相应的策略行动，这些预测和策略行为会使经济个体互动和整体模式产生更具复杂性。

作为一个复杂适应系统，在不断适应变化环境的动态复杂过程中，组织制度的竞争力体现在组织演化过程中内在动态效率特征，依照规则进行"关系规制"能否促进组织绩效的提高，能否提高个体的收入水平和效用水平。适应性效率导向的组织演化过程允许并鼓励创新、试验新产品和尝试新组织，对不确定性和市场波动作出灵活反应，快速纠正互动过程中的错误，能够对不确定性和市场波动加以灵活反应和有效调整。但遗憾的是和员工关系相关的理论研究却还处在起步、探索、培育和发展的初级阶段。

本章小结

本章对于员工关系的基本理论和相关研究进行了文献回顾。

首先，对于员工关系的定义，本书从关系的定义出发，并进一步对员工关系内涵的研究进行了回顾，界定了本书中的员工关系的内涵边界，即本书研究的员工关系是狭义的员工关系，主要从组织管理层面去研究如何管理员工与员工之间的关系，从而激发员工积极性和创造性。

其次，对于员工关系研究中有代表性的五大理论流派，即新保守派、管理主义学派、正统多元论学派、自由改革主义学派、激进派进行了简要评述。同时介绍了这些学派的主要理论观点，并对不同学派的主要关注点、主要研究内容、双方力量差异的重要性、内部冲突的程度、对集体谈判中的工会的评估、政治立场等多个方面进行了比较和区分。

再次，经过分析，笔者认为，调节员工关系不仅仅是提高组织行为有效性的需要，也是企业经营管理的内在需要，原因在于个体行为的外部性以及个体信息的不对称性需要强化员工关系管理。

最后，本章探讨了员工关系对于组织行为有效性影响，组织行为取决于其基本生存能力、动态应变能力和市场竞争能力水平及相互的促进作用，有效的组织行为管理就是使组织的基本生存能力、应变能力和竞争能力的螺旋上升过程。然而，员工关系与组织行为相关的理论研究仍然处于起步阶段。

第二章 员工关系对组织行为
影响机制研究

本章以相关理论为基础，分析和探讨员工关系对于组织行为的影响机理。首先回顾研究相关的理论，以此为基础阐释员工关系对组织行为的影响机制，并构建不同层面的员工关系对组织行为作用的研究内容。为了解决员工关系研究领域的实际问题，本书将在研究过程中采用多主体建模技术，借助计算机仿真软件 Netlogo 动态模拟员工关系对组织行为的影响。因此，本章也将对多主体模型的相关内容进行介绍。

第一节 本书的理论基础

在研究过程中试图采用不同的理论探讨不同层次员工关系的动态，以及各个层面员工关系对于组织的影响。在探究员工关系对组织影响时，笔者以复杂适应系统理论为基础，构建多主体模型来进行动态模拟；在员工关系、员工—组织关系方面，社会交换与社会认同的理论思想也贯穿其中。本节还将对本书的理论基础进行概述。

一 复杂适应系统理论

复杂适应系统（Complex Adaptive System，CAS）理论是复杂系统科学的重要理论之一，由美国密歇根大学的约翰·霍兰（John Holland）教授在圣塔菲研究所（Santa Fe Institute）成立十周年之际正式提出。霍兰认为，复杂适应系统是由有活力、主动性和适应性的主体组成的系统，这些主体之间千差万别，并且会与环境和其他主体发生相互作用，在此过程中不断学习和积累经验，改变自身的行为规则来适应环境，从而获得自身的不断发展，在此基础上由主体构成的系统也在不断演进（霍兰，2000）。复杂适应系统理论指出，主体主动性促成的与其他个体和环境反复的相互作用是组织演化的动因。复杂适应系统理论从一个新的视角来研究复杂系统，对于认识、理解并解释各种复杂问题具有十分重要的指导价值。该理论提出后，迅速在经济、管理、社会和生物等领域的研究方面获得了十分广泛的应用。

复杂适应系统中的主体具有以下几个特征：反应性（能够感受外在环境的变化并做出相应的行动反应）、自治性（自主控制自己的行为）、前摄性（事先有目的有计划驱动）、时间上的连续性（能持续地行动）、交互性（能够与其他主体交互）、移动性（能够从一个地方移动另外一个地方）、学习能力（能够从以前的经验中学习调节行为的准则）、可信性（对终端用户看来可信的），等等。

复杂适应系统不同于一般的复杂系统，其主要特点有：（1）系统层次性，复杂适应系统有着十分明显的层次性，各个层次之间都有清晰的界限；（2）层次独立性，层与层之间相对独立，各层之间只存在较少的关联作用；（3）个体适应性，系统中的主体具有主动性、适应性，主体与其他主体和环境会进行反复交互作用，根据外界环境的变化不断调节自身状态来获得生存和发展，或与其他主体进行合作或竞争，争取生存和发展，也正是主体的适应性造就了系统复杂性；（4）随机因素影响，在复杂适应系统中，随机因素的作用不可忽视。

作为一个复杂适应系统的企业组织，在不断适应变化环境的动态复杂过程中，组织制度的竞争力体现在组织演化过程中内在动态效率特征，依照规则进行"关系规制"能否促进组织绩效的提高，能否提高个体的收入水平和效用水平。适应性效率导向的组织演化过程允许并鼓励创新、试验新产品和尝试新组织，对不确定性和市场波动做出灵活反应，快速纠正互动过程中的错误，能够对不确定性和市场波动加以灵活反应和有效调整。因此，结合员工关系相关的理论进行组织研究具有十分重要的指导意义。

基于复杂适应系统理论，将组织看成是由多主体组成的复杂适应系统，需要通过构建抽象的组织多主体模型来模拟组织行为，从而进行不同层次的员工关系对于组织行为的影响研究。

二　社会交换理论

社会交换理论（Social Exchange Theory）兴起于20世纪50年代末期，由著名社会学家乔治·霍曼斯（George Homans）创立，主要代表还有彼得·布劳（Peter Blau）和理查德·埃莫森（R. Emerson）等。经过几十年的发展，社会交换理论成为社会学和社会心理学领域的重要理论流派。

社会交换理论的基本观点是，人类的一切社会互动行为都是一种有形和无形资源的交换过程，人类一切社会活动都可以归结为一种社会交换，人们在社会交换中所形成的社会关系是一种交换关系。社会交换是一种互利行为，以互利为目的，一方为另一方提供资源，对方就有了义务进行回报，当然这种交换关系也存在着一定的风险（Blau，1956）。社会交换有四个关键要素：目标、支付、回报和交换。这四个要素也体现了社会交换的过程，即在进行社会交换时，一方首先确定交换对象和己方资源，然后通过某种行为向对方提供相应的资源，进一步接受对方的酬谢（有形或无形资源），衡量这次社会交换目标与回报的一致程度，本次社会交换完成。

近几十年来，社会交换理论广泛应用于组织行为领域的研究。随着越来越多学者的研究和认可，社会交换理论也日渐成为理解和解释员工—组织关系的最具影响力的概念范式之一。在社会交换理论基础上，又发展出关于领导成员交换、心理契约、诱因—贡献模型、组织支持感等研究。关于组织中的社会交换，学者研究主要集中在三个方向：员工个体之间的社会交换、员工与组织的社会交换和互惠原则。

当员工通过个体劳动来换取组织的报酬，以个体的组织承诺来换取组织的支持时，员工与组织之间进行了社会交换，交换关系形成。从组织角度出发，组织通过提供激励来换取员工工作努力，以促进组织发展壮大，两者之间的相互依赖是一种社会交换关系。关于员工与组织的社会交换的研究，主要代表有巴纳德（Banard，1938）、马奇和西蒙（March and Simon，1958）。

巴纳德（Barnard，1938）认为，正式组织是有意识协调两个人以上的活动的一个体系，组织存在的必不可少的条件是组织中个人的贡献，而个人的贡献取决于组织的诱因。"贡献"是指员工为实现组织目的而做出的个人努力；诱因是组织为员工提供的激励。一方面，为促进组织发展，激励员工的努力贡献，组织就必须向其提供诱因，同时提供的诱因要满足员工差异化需求；另一方面，诱因对于组织来说相当昂贵，如果过度使用导致组织成本开支过大，超过员工贡献，则会阻碍组织的长期发展。因此，在诱因使用上，组织应该根据员工贡献，向员工提供同水平的诱因，组织就保持平衡，组织成员对于诱因满意度较高时，就会做出贡献，组织就得以存续。贡献和诱因实现平衡，组织才能继续生存和发展。

基于巴纳德（1938）的研究，马奇和西蒙（1958）进一步发展了诱因—贡献理论。他们指出，组织作为一个统一的整体，在员工—组织关系中需要平衡诱因与贡献。Tsui 等（1995）在前两者基础上，从组织的视角出发，建立诱因—贡献模型，并指出员工—组织关系的实质就是组织对于员工贡献的期望和组织为员工提供的诱因。Tsui 等（1997）在此基础上扩展了模型，根据员工—组织关系的两个维度：期望的贡献与提供的激励，进行高低划分，从而形成了四种类型的员工—组织关系。

关于个体之间的社会交换的研究，代表性学者是霍曼斯和布劳。霍曼斯认为，人类行为是基于一种回馈或惩罚心理而进行的一种交换，互动中社会行为是商品的交换，这种商品包括物质和非物质两种形式。与前人不同的是，霍曼斯将社会交换的范围扩大一切领域，即人类的所有社会互动都是一种社会交换。在交换过程中，个体会努力追求收益，实现交换目的。在霍曼斯理论的基础上延伸，布劳（1964）进一步将社会交换分成了两类：经济交换和社会交换，并明确了二者之间的区别，经济交换相对于社会交换责任更加明确，往往基于正式合同中确定的双方责任和履行时间；而社会交换则往往没有明确的责任，初期的交换依赖于一方对另一方的信任，各方义务的履行有利于双方信任度的提升和社会交换关系的稳定，促进未来的持续社会交换和双方互利。此外，他还初步将社会报酬分成了内在性报酬和外在性报酬。鉴于以往对于社会交换内容的研究匮乏，Foa 和 Foa（1980）将社会交换的内容称为资源，并对交换资源进行了分类，主要分为以下六种类型：金钱、商品、服务、信息、地位和爱。按照这些资源的特征，从特殊和具体两个维度上对资源进行排序，例如，按照特殊性排序，爱是最特殊的资源，依次是地位、服务、信息、商品和金钱；依据具体性特征，服务与商品最具体，爱和金钱的具体性是中度的，地位和信息最抽象。

不管是个体之间的社会交换，还是员工—组织之间的社会交换，都需要遵循互惠原则。高德纳（Gouldner，1960）提出，从功能主义社会学理论视角出发，互惠原则是社会交换中潜在的规则。互惠原则有两个要求：一是为那些帮助过他们的人提供帮助；二是不应当伤害帮助过他们的人。互惠又分为异质互惠和同质互惠，异质互惠指双方交换的资源不同，但认知的价值相等；同质互惠指双方交换的资源或情境相同。

三 社会认同理论

社会认同理论由 Tajfel 和 Turner 等（1986）提出的，目的是解释群体间行为机制。社会认同理论主要观点是，个体通过进行社会分类，意识到自己属于某一个社会群体，对自己所在群体产生认同感，并产生内群体偏好和外群体偏见。社会认同是个体属于某个社会群体的知觉，通过社会认同，个体感知到他（她）作为群体成员，感知到与群体共命运并且共享和体验成功与失败。社会认同的产生经过社会分类、社会比较和积极区分三个阶段，社会分类是指个体试图将内群体（自己内心所属群体）与外群体进行区分并夸大差异的过程；社会比较是个体在多个维度上群体间的差异进行比较；积极区分是个体由于自我激励的需要，将群体身份视为自尊来源，希望在群体比较的相关维度上更加出色，可能促使产生内群体偏好和外群体偏见。社会认同理论的提出，对于人们认识和了解群际行为的内在心理机制有着重要意义，也为人们认知和解释个体与组织之间的雇佣关系提供了很好的理论框架。

根据社会认同理论的观点，社会认同感对于员工对同事的态度和行为产生重要的影响，当个体对所在群体的认同感越强，就越关心群体的利益，从群体的利益出发来采取行动。在社会认同形成过程中，会形成两种类型的关系：义务性关系和工具性关系。在义务性关系中，员工之间对成员身份产生了内在认同，以群体的行为规范为准则，为群体利益努力，往往会积极进行知识共享，加大工作投入。而在工具性关系中交往更具功利性，相对不利于组织中知识共享和组织公民行为。

随着社会认同理论的发展，组织认同概念逐渐发展和形成。作为社会认同的一种特殊的形态，组织认同是个体对于自我进行定义，从而归属于特定组织的过程，并形成了对组织的一种心理纽带和情感归属（Ashforth and Mael, 1989）。当个体对组织的认同度越高，那么他在行动时会充分考虑组织的利益，从组织利益出发，从而促进组织的发展。众多学者通过实证研究证明，个体对组织认同与员工满意度、工作投入、动机、组织绩效、合作行为和组织公民行为之间存在着显著相关性（Dutton et al., 1994；O'Reilly and Chatman, 1986；Riketta, 2005），组织认同作为员工个体与组织之间的情感纽带，会对个体的工作行为产生直接的影响，从而进一步提升组织绩效。

第二节　员工关系影响组织行为的机理

在组织行为理论中，组织可以看成是由个人组成的系统性集合，组织行为受个人行为及其动因、个人之间关系以及个人与组织之间关系影响。根据个体行为是否与组织行为存在直接线性关系，可以把组织行为分为突变型行为和非突变型行为。实际上，在一个组织的长期演化过程中，既存在突变型行为，又存在非突变型行为，例如，生态系统的生物体是共同演化的关系，具有表面上的混沌和实质上的相互依存、适应和发展的统一性。一个物种的突然消亡或发生严重的基因变异就是突变，但更多的是渐变。人类社会中也同样存在这两类现象，正是由于大量个体在互动中不断适应环境同时又影响环境，整个社会（经济）系统由此不断演化，共同演化也产生了诸如同盟与竞争、供求关系等相互依存的关系。因此，组织行为可以看成是由关系引导的主体之间互动而产生的涌现。

从进化论观点看，生存的压力源自竞争。企业之间的竞争就是市场选择和淘汰企业的过程。当企业拥有能使它们取得市场竞争优势地位的特殊资源或能力时，才能生存下来，不断繁荣和壮大；当企业连续处于不利的竞争地位时，就会遭受失败和衰落，最终走向被淘汰出市场的结局。学者们普遍认为，能够使企业在逆境中生存下去的企业的资源或能力必须具有两个特点：

第一，持久性。尽管每年都有许多企业"死去"（被淘汰），但还是有许多企业能够持久地生存下来，在某些情况下甚至长达一个多世纪。按照进化论的观点，能被自然选择留存下来的种系应具有时间上相对持久的选择单位（资源或能力），以生存为长期目标的企业能否在优胜劣汰的选择机制（竞争过程）中留存下来的关键是，企业可供遗传的选择单位是否具有持久性或持续性。企业要保持其资源和能力比较优势的持久性，必须识别其具有比较优势的资源和能力，避免对优势资源和能力的无知及盲目利用；在认知基础上，应加强对现有资源和能力，特别是具有比较优势的资源和能力的管理；必须不断培育和创造新的资源优势和能力。由于市环境是不断变化的，只能对变化了的环境作出及时反应的企业才能生存下来，所以创造出新的资源和能力非常重要。

　　第二，局部适应性。优胜劣汰的选择适应机制不仅仅是淘汰了那些不适应环境条件的物种（企业），并且它也能使适应环境的物种（企业）通过对资源进行组合来获得新生。在市场竞争中，能适应市场变化、满足市场需求的企业得以在残酷激烈的市场竞争中生存下来，而连续处于不利市场竞争地位的企业只能不断蚕食其赖以生存的资源，不断消耗自身能力，直至在突变环境中无法维持下去而退出市场或被其他企业兼并，同时，新的竞争环境又能催生一批企业的诞生，它们拥有着比"死去"企业更强的能力，会尽力去模仿、购置、创新一种相同的替代资源或创造一种更好的资源来压倒或"超越"那些存留下来的企业。所以，得以使企业在突变的环境中生存并在相对稳定的环境中发展壮大的资源优势和能力具有局部适应的特点。

　　由此可以看出，能够使企业获取高利润回报率和持续市场竞争优势的资源和能力需要具有"异质性"（Christine Oliver，1997）。所谓"异质性"，是指同行业内不同企业之间的相对持续差异性。由于不完全性的存在，在获取、模仿、替代关键资源和投入要素方面（Barney，1986，1991，1994）存在进入障碍，这些障碍阻止了竞争者获得和复制关键性资源的可能。因此，企业竞争优势的核心是在信息不完全和要素市场不完全约束下，获取并配置稀缺资源的优先权；而持续竞争优势是在具备优先权条件下的稀缺资源的独一无二性和不可模仿性。由于企业在选择和积累资源上的决策，是以在有限的信息、认知偏见、因果关系模糊等条件制约下最经济性地合理配置资源为特征的。这种有限理性特质，以及对有价值的、稀有的、非替代性资源的使用，导致企业的超常规利润。但是，如果企业原有借以发展的稀缺资源被竞争者复制，很快就会失去竞争优势，因此，从资源观看，企业要获得持续竞争优势的必要条件是：（1）在不完全信息和有缺陷要素市场上获取稀缺资源的优先权；（2）企业获取资源的不可模仿性和难复制性。然而，随着竞争的加剧，资金、技术等过去的资源越来越快地为竞争对手所模仿，成为竞争优势的可能性越来越小，而蕴含在员工中的知识和能力以及员工之间的关系因为有着很强的背景依赖性和路径依赖性，因此难以为竞争对手模仿，成为赢得持续性竞争优势的潜力。

　　彭罗斯认为，企业生存与发展的决定性因素在企业内部，企业成长的原动力在于使用企业资源所形成的"能力"，企业对这些能力的充分利用与开发是企业成长的原因。所谓资源，就是企业为自己使用而购买、租借或生产的有形物品，以及使这些资源得以高效运行的雇员，而能力是这些资源创造出来的，为企业生产运作做出贡献。由于能力只能产生于资源的使用过程，从而使每个企业的能力是独特的、异质的。彭罗斯认为，能力分为企业家能力和管理能力，企业家能力用以发现机会，管理能力用来实现扩张，而"真正有进取心的企业家不把需求看作给定的，而看成是它应当能够创造的。"换言之，企业能力的作用是创造需求，为企业带来生存与发展的机会（彭罗斯，2007）。由此可见，在彭罗斯内生成长理论中，企业成长的源泉是企业的能力，而能力来源企业的资源。简言之，企业的资源产生了能力，能力将影响需求，形成了企业的生产机会，从而促进了企业的成长。因而，彭罗斯的企业成长理论就是对不断变化的企业生产机会的研究。所谓生产机会包括了企业家所注意到的并利用的所有生产可能性。而资源所产生的能力取决于使用它们的人的能力，但是一个人能力的发展，部分也是由其所涉及的资源形成的。这两个方面一起形成了特定企业的专门的生产机会。对于企业内部而言，"未用过的生产性能力对革新是一种挑战，是扩张的动机，是竞争优势的源泉。"对于外部而言，"如果有增加产量的有利条件，它们将为企业的扩张提供一个外部诱因。但是这并没有使我们了解其对任何指定的企业的重要意义。……从重要性上讲，在确定扩张方向时，未用过的生产性能力是一种具有选择性的力量。"由此可见，在彭罗斯那里，企业的生产机会主要来自企业内部的未利用能力，而这种能力能够为企业带来扩张。而员工是企业生产资源中唯一掌握其他资源的，并且在企业资源中唯一具有创造性和主观能动性的生产要素，其他资源只有通过员工才能对企业的生存与发展起作用，所以企业的生存与发展依靠企业的内生能力，内生能力的提高主要依靠员工之间的互动。伴随着组织能力的提高，企业生存和发展的机会增多，所以企业只有管理好员工关系才能适应环境变化，赢得生存与发展的机会。

　　然而，在企业经营管理的实践中，员工关系管理却是企业设置较晚的、往往被认为是功能相对不统一的人力资源管理职能模块，尽管它包括的工作最琐碎且不易呈现价值，但员工关系管理却是构建组织人力资源框架的重要组成部分（邓婷，2008）。几乎所有的企业也都意识到：员工是组织最宝贵的资源，但是，员工对企业价值增值的作用却还没得到太多的理论支持，怎样的员工关系对企业的生存与发展有利，员工关系对企业绩效到底有无贡献，有多大贡献，这是理论和实践工作者共同关心的问题。就目前情况看，虽然大多数企业逐渐意识到员工关系重要性，但是大多数企业没有充分考虑到员工对企业生存与发展的影响，因此大多数企业的员工关系管理的目标比较狭隘，例如希望通过员工关系管理来"提高员工满意度"（84.9%）、"改善员工的凝聚力和归属感"（79.2%）、"加强与员工的沟通"（75.5%）、"加强企业文化的贯彻和渗透"（65.5%）（见图2－1）（邓婷，2008）。

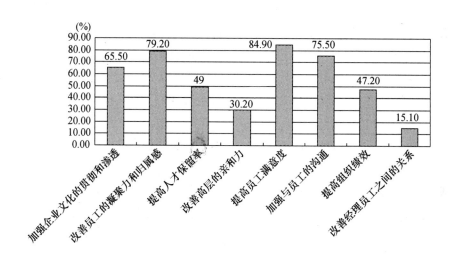

图2－1　员工关系管理目标

资料来源：邓婷，2008 年。

事实上，良好的员工关系不仅可以使员工在心理上获得满足，从而有利于提高其工作意愿和积极性，同时还可以促进员工之间的积极互动（例如知识分享）从而有助于提高员工的能力，此外，良好的员工关系还有助于发挥员工之间的协同效应，从而提高组织行为的有效性。因此可以说，员工关系是影响员工行为态度、工作效率和执行能力的关键因素。按照社会交换理论，员工和组织之间的良好关系会促进员工产生有利于组织的态度和行为。组织公民行为指员工自发的，没有明确回报但有助于提高组织功能的行为。大量的研究表明，员工展现出来的职责规定之外的行为，对组织效率有着重要的影响。组织公民行为理论的一个基本前提是，雇员认为他们同组织的雇佣关系是建立在社会交换的基础上，员工和组织之间是一种公平、互惠的关系。如果组织履行好了自己应该履行的义务，作为一种回报，员工更有可能展现出组织公民行为。如果员工觉察到组织没有很好地履行自己的义务，作为一种回应，员工会减少自己针对组织的公民行为。因此，我们可以预期员工感知组织责任履行程度越高，员工越有可能展现出组织公民行为。员工有了组织公民行为，企业就有了生存与发展的基础。员工满意度与企业盈利之间的关系在著名的服务利润链中有最佳的诠释（见图2-2）。员工满意度，尤其是直接服务于客户一线的员工满意度是客户满意的基石。因为直接服务于客户的一线员工实质上是企业所有关于客户服务的经营活动的承载者和最重要的执行者。不满意的员工几乎不可能有高的生产效率和积极的工作态度，不会完整地贯彻公司的服务策略，也不会长期地服务于无法令他满意的企业，而员工离开企业的同时，势必也会带走服务客户的经验甚至客户对企业的信任和信赖。因此，不满意的员工无法按照顾客的期望提供服务，即使对客户期望了如指掌，如果企业不能设法让自己的员工满意，该企业所有的为提升客户满意所付出的努力都有可能付诸东流。在一条完整的服务价值链上，服务产生的价值是通过人，也就是企业的员工在提供服务的过程中体现出来的，员工的态度、言行融入每项服务中，从而对客户的满意度产生重要影响。员工满意度直接影响着企业的生产效率和质量，影响着员工的服务质量和效率，进而影响企业客户的满意度，并最终影响股东价值。

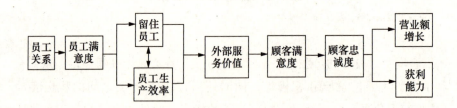

图2-2　员工关系与企业盈利能力之间关系

资料来源：根据潘红梅（2006）整理。

从企业经营管理实践看，员工关系管理的内容涉及了企业整个企业文化和人力资源管理体系的构建。从组织愿景和价值观确立，到内部沟通渠道的建设和应用，到组织的设计和调整，到人力资源政策的制定和实施等。所有涉及企业与员工、员工与员工之间的联系和影响的方面，都是员工关系管理体系的内容。从管理职责来看，员工关系管理主要有10个方面：（1）劳动关系管理。劳动争议处理，员工上岗、离岗面谈及手续办理，处理员工申诉、人事纠纷和以外事件。（2）员工纪律管理。引导员工遵守公司各项规章制度、劳动纪律，提高员工的组织纪律性，在某种程度上对员工行为规范起约束作用。（3）员工人际关系管理。引导员工建立良好的工作关系，创建有利于员工建立正式人际关系的环境。（4）沟通管理。保证沟通渠道的畅通，引导公司上下及时的双向沟通，完善员工建议制度。（5）员工绩效管理。制定科学的考评标准和体系，执行合理的考评程序，考评工作既能真实反映员工的工作成绩，又能促进员工工作积极性的发挥。（6）员工情况管理。组织员工心态、满意度调查，谣言、怠工的预防、检测及处理，解决员工关心的问题。（7）企业文化建设。建设积极有效、健康向上的企业文化，引导员工树立科学的价值观，维护公司良好形象。（8）服务与支持。为员工提供有关国家法律、法规、公司政策、个人身心等方面的咨询服务，协助员工平衡工作与生活。（9）员工关系管理培训。组织员工进行人际交往、沟通技巧等方面的培训。为员工提供有关国家法律、法规、公司政策、个人身心等方面的咨询服务，协助员工平衡工作与生活。（10）员工关系管理培训。组织员工进行人际交往、沟通技巧等方面的培训。

但是，根据个体层次的员工关系→群体层次的员工关系→组织层次的员工关系，本书着重解决以下问题：

第一，知识分享关系对群体绩效的影响。随着知识管理的蓬勃兴起，知识共享的地位和作用日益凸显出来。正如微软公司的创始人比尔·盖茨所说的："公司的高层经理们应坚信知识共享的重要性，否则即使再努力掌握知识也会失败"。然而，知识共享的实现不是一帆风顺的，因为其中包含很多障碍因素，它们从各个方面阻碍着知识共享活动的正常进行。因此必须建立知识共享机制来促进知识分享行为。目前的知识共享机制不完善，主要是因为：（1）缺乏良好的文化氛围。良好的文化氛围可以对人们的行为起规范、凝聚、激励和强化作用，从而有力地促进知识共享的顺利进行。但是，如果缺乏这样的文化环境，而是被一个拒绝或消极对待知识共享的文化氛围所包围，就会对知识共享产生阻碍。（2）缺少相互信任的人际关系。可以说，相互信任是知识共享的前提和灵魂，如果没有彼此之间的信任，知识共享就无法进行。但是，由于人们在经济利益上的竞争关系和提防心理，会对彼此之间的信任产生负面影响。这种情况在企业联盟中表现得更为突出。由于企业联盟的动态性和暂时性，即企业联盟不是永久的组合，而是处于不断的重组中，于是，某些成员企业受个体导向和短期功利性目标的驱使，可能会产生"搭便车"行为，即成员企业保护和隐匿自己有价值的知识，而利用加入企业联盟之便，获取别的成员企业的知识。这样，也就对企业之间的相互信任有所干扰和影响。毋庸置疑，这种彼此不信任的人际关系，会给知识共享活动造成很大的障碍。（3）激励机制不完善。由于知识共享只是人们应该积极参与的行为，而并非"理所当然"的行为，同时这其中还包含着一定的利益风险，所以，只有有了一定的激励机制，人们才乐于参与知识共享活动，而如果激励机制不完善，知识拥有者一般不会主动进行知识共享。如果没有相应的知识共享奖励机制，对知识贡献者不给予必要的表彰和奖励，那么知识贡献者由于得不到精神上的荣誉感和物质上的实惠，也就缺乏参与知识共享的动力。这些情况说明，如果没有完善的激励机制，就难以调动知识拥有者参与知识共享活动的积极性。（4）知识产权保护的负面影响。知识产权保护是当前的一项重要政策，而它与知识共享的关系十分密切。一方面，它可以为知识共享创造条件。因为它可以保护知识生产者的利益，从而调动他们创造新知识的积极性，而新知识的创造是知识共享得以进行的必要前提和基础。另一方面，它又可以产生负面影响，从而阻碍知识共享的进行。因为有些知识拥有者往往会倚仗知识产权保护政策的保护，进行知识垄断，不愿意进行共享，以便保持竞争优胜。而知识需求者虽然有进行知识共享的愿望，但却由于知识产权保护政策的限制，无法如愿以偿（姜文，2006）。

第二，领导员工互动关系与员工追随力。一直以来，领导力是学术界关注的焦点、研究的重点，领导力似乎决定了组织的发展，却忽视了组织中追随者的力量。然而，在组织层级中几乎所有人都是追随者，哈佛大学凯勒曼（2008）认为，"追随者决定企业成败"。然而，学术界对追随行为以及追随力的研究明显滞后现实需求，即使在学术研究水平很高的美国，在关注度和成果方面，追随力的研究与领导力的研究也不可同日而语。其中重要的原因之一在于社会上普遍存在着"追随偏见"，即社会崇尚领导力的文化而形成的追随者消极弱小的思维定式（Chaleff，2009）。

人们普遍认为追随是一种本能，追随者都了解如何进行有效追随，这种观念也一定程度上造成了提升追随力研究的匮乏。追随力，即个体遵从领导指令和支持领导实现组织目标的努力的能力，是高效领导和组织持续发展的重要前提，拥有高追随力的高效的追随者对于促进领导力和组织绩效的提升起着非常重要的作用（Kelley，1988）。因此，对于追随力的更深入探讨，研究如何提高追随者的追随力显得十分必要。追随力是动态变化的，而非一成不变的，理应从研究影响追随力发展变化因素出发，寻求提升追随力的方法。以往关于追随力的研究主要从个体视角出发，探讨了个体的内隐因素如性格、信任、追随内心图式、追随动机、价值观对追随力的影响，以及从组织视角研究了环境因素的影响（Berger，Ridgeway and Zelditch，2002；Pearce and Manz，2005）。然而，追随与领导是共生的，追随和领导行为互动共同构建了领导活动，组织的管理活动是由领导者和追随者在一定的情境下共同完成的，二者之间的互动过程及其对追随力的影响不可轻易忽视。近年来，越来越多学者倡议将领导问题分化在领导者和追随者互动的历程中去进行考察（Collinson，2005；Uhl‒Bien et al.，2007）。麦肯锡公司近期研究发现，提高生产力的关键在于企业能否识别并消弭领导者与下属日常互动的障碍，激发下属的追随效能。因此，探索领导—追随行为互动的发展历程及其对下属追随力的影响机理，已是摆在所有组织面前需要解决的重要现实课题。

　　第三，集权—分权关系与权利配置模式选择。许多文献认为，分权是能产生关联和动机感的结构，包括授权（Burke，1986）和增加低水平雇员对组织资源的控制和分配。同样，诸如目标管理、质量等授权实践已经在许多美国公司进行。尽管研究者认为委托授权和参与管理实际是分权过程的核心（Burke，1986），这些研究大多集中在下层员工参与的行为变化上，而很少关注随之发生在领导者身上的行为变化。分权也被认为对产生动机有影响力（Conger and Kamungo，1988；Conger，1989a，1989b）。这个观点是对一般授权的超越，提出了授权过程对个体产生的内在激励作用。麦克利兰（McClelland，1975）提出个体具有权力的需要，他们操作机械时如果意识到自己有权力就能够做得更好，如果觉得自己没有权力就会阻碍他们的工作。同样，通过增加雇员的决心或者让他感受自己的成就，他就会感到自己是有能力的，因此授权过程可以认为是"使能够"过程（Conger and Kanungo，1988）。在非正式组织中，权力常常分布和共享于最接近于作出实际决策的下属。通过授权实践，管理者努力利用额外能量去实现组织目标。在产生激励效果的授权过程中，管理者将重心放在组织内部职能的关键职责委托授权，并构建一个能够对抗挑战的团队。分权使管理者可以集中精力于外部网络，能够对组织外部环境和长期生存要求产生及时反馈，以增强组织把握机会的能力。集权是与分权向对应的一个概念。通俗地说，所谓集权，就是把经营决策权集中在公司或集团的最高领导层，下属单位只拥有一定的业务决策权限和具体的执行权限，公司或集团对下属单位的控制比较严，成员企业基本上按公司的决定从事生产经营活动。对于很多经理人和管理者而言，权力的竞争和组织资源控制权的争夺过程在传统上已经成为组织生命的一部分。当他们沿着权力阶梯向上爬时，积极的经理人往往会认为个人和组织的成功来自集权。因此在面临权力差距时，很自然地选择他们认为更适合的集权模式，这不足为奇。在官僚层级式组织结构中，权力来自能够控制诸如信息、资金、报酬等资源的个体所处的关键职位。这种类型的组织中，集权有助于推动组织朝实现目标的方向迈进。身处权力高位的管理者不仅能够完成他权力范围内的工作，而且常常可以通过他们的影响力以及下属对他的尊重更好地激励下属完成他权力之外的工作。通过构造管理者的权力行为模型，可以帮助组织缩短权力差距并使组织效力增加。在管理者之间权力差距大的情况下，管理者的反应之一是通过增强个人权力基础而获得更大的个人权力，或者是培育新的权力来源。另一种反应是授权给组织中这些低水平的员工。包括技术发展和管理任务扩展在内的组织行为的变化对于促进上述两种反应发生作用都是很重要的。通过适当的反应，组织效率将得以提高。

第四，群体互动与组织学习的关系。面对日益变化的用户需求、政策环境、竞争对手、科学技术和社会文化等，企业经营者必须不断地学习，以适应日新月异的市场环境。圣吉（Senge，1990）在《第五项修炼——学习型组织的艺术与实践》一书中指出，未来企业唯一持久的竞争优势，就是要具有比你的竞争对手更强的学习能力。所以只有积极主动地推进组织学习，把传统组织改造为学习型组织，学会驾驭复杂性，才能赢得未来的市场竞争。学习型组织的概念应运而生，所谓学习型组织，即面临迅速变化的外部环境，通过组织结构扁平化、精简机构、保持弹性化和终身学习，以不断进行组织再造，保持和提高组织在市场中的竞争力。学习型组织有五项要素：建立愿景、团队学习、改变心智、自我超越和系统思考。

通过营造一种学习气氛，促进组织的终身学习、全员学习、全过程学习和团体学习，充分挖掘和发挥员工的潜力，从而建立起一个可持续发展的组织。所谓"学习"就是"通过自主学习和经历获得新知识；保持和运用知识、技能、能力、态度和观点的艺术；基于经验的改变"。对于组织学习而言，不同的学者有着不同的见解，目前得到普遍认可的组织学习的定义就有很多种，例如从经济学视角、从管理学视角、从创新学视角以及从组织行为学等视角定义的组织学习。通过文献梳理发现，虽然国内外学者从组织行为、联盟管理、知识特性等维度对组织学习进行了深入研究，得出很多具有建设意义的结论。但是，从单一的视角来研究组织学习存在着一定的局限性，不同的研究得出的结果迥异，很难得出系统的研究结论。因此，采用系统的视角来进行整合研究，重新审视组织学习的动力学机制对于组织的研究具有十分重要现实意义。

第五，员工—组织用工关系与适应性效率。我国普通劳动力资源长期供过于求而造成"强资本、弱劳动"状况突出，以及很多国有企事业单位出现用工"双轨制"现象。所谓用工"双轨制"，是指在我国企事业单位中同时存在有"编制"的正式员工（以下简称正式工）和没有"编制"的劳务合同员工（以下简称合同工）两种不同的用工形式。企事业单位现在往往采用劳务派遣的形式来聘用没有编制的劳务合同工，这种用工形式我国的经济改革之初，帮助了我国很多企事业单位节省人力成本，提高了市场竞争力，在一定程度上还促进了组织和社会的稳定。但是，随着经济大环境的变化，单纯依靠控制人力成本来获取竞争优势的做法已经丧失了原来的作用，这种用工形式的弊端逐渐暴露出来。但是，双轨制仍然在我国企事业单位中大行其道，企事业单位中的正式工都倾向于维持现状，单轨制改革难以进行。因此，重新审视劳务派遣形式下的劳务工心理状态和工作状态以及用工"双轨制"对于整个组织的影响，对于推进我国人事制度改革，维护和谐的劳动关系有着重要的理论意义。

第六，员工之间的竞争与合作关系与企业的关系边界。传统观点认为，组织过去有边界，现在有边界，将来依然会有各种各样的边界。要是没有这些边界，组织将变得无序，组织中的人谁都不知道谁干什么，员工都倾向于生活在有边界的组织环境里。现行组织中绝大多数采用的是金字塔形结构的组织形式，这种组织形式催生四种组织边界：垂直边界、水平边界、外部边界和地域边界。在工业革命时期形成的这些组织边界，这种边界的划分方法在一定程度上克服了个人独裁、裙带关系、不人道的现象以及臆断等弊病，把组织的员工、业务流程及生产按其目的进行区分，使其各有所攻。然而，在全球经济一体化的今天，这些泾渭分明的组织边界使得组织在急剧的环境变化威胁面前，无法解决"快速协调、信息的及时反馈以及再生更新"的问题（王效俐、吴东鹰，2000）。伴随着信息经济→知识经济→生物经济浪潮的此起彼伏，说明了组织要生存和发展，其边界间的相互渗透和边界突破是当务之急。本书力求设计最佳的组织结构，使得物质、能量、信息（MEI）能像血液、氧气、水分和化学物质畅通无阻地渗透有机体内各种隔膜——边界一样，畅通无阻地渗透组织的边界，使组织产生综效反应，使其整体功能大于各个组成部分功能的之和（王效俐、吴东鹰，2000）。

从上文分析可以看出，企业作为是一个开放的自组织系统，只有充分根据外部因素变化，合理调整其经济行为系统的内部要素和结构，使其经济活动朝合理化方向发展，才能提高组织行为的有效性。从制度观的角度去分析，当企业所生存的环境发生变迁时，最为复杂适应系统的企业需要通过调节员工之间的关系，重新调整自身的经济行为，从而使企业能与外部环境相适应。从发生学意义上讲，引发企业经济行为的生态因素是外部环境对经济行为的有效需求，即企业在必须适应经济行为的最终目标——获取生存机会——的同时，也保持与社会系统之适应、目标获取、整合与模式维持等功能要求的一致性（冯鹏志，1997）。

第三节　员工关系对组织行为影响的多主体模型

一　多主体模型在组织行为领域研究中的应用

随着生存环境的日益复杂，科学研究面向的系统也越来越复杂，以往简化的线性模型已无法刻画与描述非线性事务关系，因此计算机模型受到越来越多的管理研究者和实践者青睐。回顾近十年来多主体建模技术在组织行为中的应用，主要涉及以下几方面：

（一）在生产运作领域

传统的企业资源计划（ERP）通常采用的是面向事务的处理方法，这种方法构造的模型难以处理动态多变的内外环境，同时又不具有自主能动、协同工作的能力（余建桥，1998）。而主体建模技术是面向对象的，能够满足上述要求。另外，多主体系统的分布式特征也便利于 ERP 系统中采用分布式数据库的需要。

制造企业供应链是由供应商、生产工厂、仓库、分销商和零售商以及顾客形成的一个全球化的网络，通过该网络，企业获得原材料，将其转换成产品并最终销售到客户手中。改进企业的供应链管理，对整个企业的运行系统进行集成化，使之形成一个高效统一的增值链体系，是企业提高其竞争能力的重要手段。Swaminathan 等（1996）运用多主体系统对供应链的动力学行为进行建模；Mehra 和 Nissen（1998）采用 ADE（Agent Development Environment Toolkit）工具和 Java 语言研究并开发了基于主体的供应链管理系统；加拿大 Calgary 大学开展的 MetaMorph II 项目提出了一种以混合型中介主体为核心的体系结构，通过 Internet 和 Intranet 以及各环节的中介主体，将企业的合作伙伴、供应商和客户集成到一个供应链网络，在 MetaMorph II 中，主体可以用来表示制造资源和零件、对已有的软件系统进行封装、作为系统/子系统的中介主体以及执行供应链功能等；Papaioannou 和 Edwards（1998）采用移动主体技术进行虚拟企业建模和集成；Pan 和 Tenenbaum（1991）等提出了一种采用智能主体进行企业智能化集成的方案；Pancerella 和 Hazelton（1995）等提出了一种支持敏捷制造的自治主体的体系结构；Pierre 等（1996）提出了基于主体的企业信息集成框架；高国军等（2000）采用多主体技术建立可重构企业信息系统；贝克（Baker，1998）在对多主体系统三种体系结构（递阶分层结构、黑板结构、变态分层结构）比较研究的基础上，指出变态分层结构的多主体系统是实现敏捷制造系统的最具吸引力的体系结构等（Baker，1998）。

研究表明，采用主体方法进行企业集成和供应链管理，企业能够增加其对市场需求变化的反应，主体方法还使企业能够极大地提高其信息交换的效率和快速获得市场反馈。同时，由于采用多主体系统进行供应链管理和企业集成，使得企业可以通过多主体系统学习，合理配置供应链资源，不断提高和优化整个企业系统运作的性能。另外，基于主体的供应链管理和企业集成是企业实施电子商务的最自然的方案。

主体技术在制造规划、调度、控制等方面也具有巨大的应用潜力。规划是在满足一定约束的前提下，为了达到某些目标而选择和安排作业；调度是将时间和资源分配给规划中的作业，并根据一组规则和指标对规划进行优化选择，这组规则或约束反映了作业与资源之间的时间关系；制造控制是指制造工厂或车间操作与运行的策略和算法。制造规划与调度是复杂的问题，特别是由于现代制造系统的运行环境越来越充满了不确定性，系统的制造任务经常是动态变化的，如不可预知的任务增加与减少、某些制造资源的紧缺和引入、制造任务处理时间的变化等同时，企业为了赢得竞争，必须在保持质量和降低投资成本的前提下，缩短产品生命周期、加快产品上市时间、增加产品多样性、满足市场需求，使规划与调度变得更加困难；同时，为了能够处理不断增长的不确定性和复杂性，制造车间的控制系统必须具有较强的适应性、稳健性和可伸缩性。由于规划、调度和控制对制造系统具有重要的实际意义，学者们对其进行了广泛的研究，各种启发式搜索策略、模拟退火算法、遗传算法、人工神经网络、模糊逻辑系统等技术被众多学者用来解决制造规划，调度、控制问题。近年来，基于主体技术也被广泛用于解决该类问题。贝克（1998）对车间控制算法在变态分层多主体制造系统下的实现问题进行了研究。巴斯曼（Bussmann，1998）提出了面向主体的制造系统体系结构，采用主体技术进行制造系统中的物流控制研究。肖（1998）提出用主体方法进行制造调度和控制，指出制造单元可以通过投标机制将工作以子合同的形式转包给其他制造单元 YAMS（Yet Another Manufacturing System）系统将合同网协议运用于制造控制。在 YAMS 中，制造企业被建模成由许多执行不同任务的工作单元组成的层次结构，并根据功能将这些单元组成若干柔性制造系统（Flexible Manufacturing System，FMS），然后由一组 FMS 形成一个工厂，一个企业往往有许多这样的工厂 YAMS 采用多主体方法来管理这些工厂中的制造过程，工厂及其组成部分被表示成一个一个的主体，每个主体具有一组代表其能力的计划，通过合同网协议将各种任务委托给工厂，再由工厂委托给 FMS，最后委托给一个一个的工作单元。巴特勒（Butler，1998）提出了用于分布式动态调度的多主体体系结构 ADDYMS（Architecture for Distributed Dynamic Manufacturing Scheduling），将调度分为两个层次，第一层通过主体的协商机制，以一种分布式的方法将制造单元分配给作业；第二层对共享制造资源进行动态分配。Hadavi 等（1990）提出了分布式实时调度的多主体系统结构 RTDS（Real Time Dynamic Scheduling），Lin 和 Solberg（1992）提出了基于自治主体的集成化车间控制框架，采用价格机制与作业目标相结合的市场化模型、作业优先策略、多步协商等技术，以获得对制造环境变化的适应性。Chen 和 Luh（2000）采用主体技术进行制造调度与供应链协调研究。廖强等（2000）提出了一种基于现场总线的多主体作业车间动态调度模型，首先由一个主主体向其他辅助主体发送调度任务，通过对回收的所有调度结果进行统一判断和协调，最终得到可行的调度方案。MetaMorph Ⅱ 提出了一种基于混合型中介主体体系结构的仲裁模型，采用基于合同网协议的投标机制，进行制造调度和再调度研究。Wang 等（1998）运用主体技术进行实时分布式智能制造控制系统设计。Wiendahl 等（1997）研究了基于主体的自组织生产系统控制，Rowe（1997）采用智能多主体方法选择磨削参数。Jin（1998）及殷勇等（1997）进行了多 Agent 协同设计研究。

Shen（1999）列举了近 30 个国际上已经开展或正在进行的运用主体技术制造规划、调度、制造控制的研究项目。从这些研究项目可以看出，运用主体技术进行制造规划、调度、控制等问题的研究，其常见的做法是用主体表示制造中的各种物理资源或逻辑资源，如机床、物料运输设备、机器人、订单、BOM 等，并根据制造过程的组织形式，通过网络及主体通信协议将这些单元连接成一个多主体制造系统，然后，采用多主体系统理论和方法对该制造系统中主体的协作、协商、调度、控制、冲突消解、智能显现等行为进行研究（Shen，Norrie，1999）。

多主体系统通过分解降低复杂性，并在必要的时候以相对较低的成本获得必要的系统适应性、稳健性和可伸缩性，而且主体系统能够动态协调其控制决策，自主调整其行为，对产品变化、设备故障等事件作出智能化的反应。主体的这一重要特征正是人们进行基于主体的制造规划、调度和控制研究的原动力。

（二）在决策支持系统中的应用

决策支持系统从 20 世纪 70 年代提出以来获得了广泛研究与应用并演化出多种不同的类型；然而目前决策支持系统的进一步发展面临一系列挑战，其中很重要的一个方面是系统对分布式、并行性知识系统的要求。在软件设计和实现中，主体可以是具有自制性、社交功能、反应性、前摄性和移动性的软件实体，能代表用户和其他程序，以主动服务的方式完成一组工作。它不仅可以处理单一目标，并且可以处理不同的多个目标。

Avouris 采用主体建模技术将多个专家系统的决策方法有机协调起来，

建立了基于多主体协调的环境决策支持系统（Avouris，1995）。主体采用基于规则的描述方法，实现了环境管理的分布式智能决策。Kuroda 等利用多主体建模技术建立了主体消息交互的合同网模型，实现了决策过程中的协调，从而实现化工批量生产操作的分散式协调动态决策（Kuroda，Ishida，1993）。Yager（1997）采用多主体技术建立了网上广告决策模型，该模型采用面向主体程序设计的思想，通过统计网络用户浏览广告概率特性及用户有关的潜在个人专门信息，帮助广告客户及时做出决策。凌云等（2002）将基于主体的组织决策支持系统应该用到杭州鸿雁电器厂的CIMS 中，根据电器厂的实际情况，以总师办为组织主体，负责产品任务的下达、分解、监督、协调等任务，并设计了设计科主体、工艺科主体、质检科主体、供应处主体和销售处主体为处理主体。在对产品设计这个问题进行求解的过程中，各处理主体在组织主体任务安排下，首先利用各自主体自身的能力和问题求解系统对任务进行处理。求解的结果是各主体进行协作求解的依据。在协作求解过程中，各主体通过黑板系统通信和交流，从而对求解问题有进一步的认识。在此基础上，各主体通过多次协商与反馈，如果能达成共识，则由组织主体把协商结果整理成最后的求解结果；如果仍存在冲突，则重复上述过程，直至产生最后的解。詹伟等（2007）将多主体技术应用于分布式项目管理决策支持系统（DPMDSS）的构建，引入了界面主体、实例化主体、任务主体和协调主体，利用多个主体的通信与合作，从而达到辅助项目管理人员进行决策的目的。徐振宁等（2002）将支持群体问题求解的决策支持系统看作是群决策支持系统（Group Decision Support System，GDSS），认为在网络环境中，组织的决策需要一种开放的 GDSS 体系结构和协作的工作方式，于是提出一种基于多主体系统（Multi - Ggent System，MAS）的 GDSS 体系结构，以及在这种体系结构下的协同决策模型，并在此基础上开发了 GDSS 的原型系统。李宏贵、刘福成提出了一种基于多主体的企业决策支持系统框架，为在网络化和动态环境下企业决策提供了切实可行的解决方案。

（三）主体建模技术在知识管理中的应用

关于多主体建模技术在知识管理中的应用同样涉及理论性和实例性研究两方面。王君、樊治平在分析了组织内知识转移的过程和多主体技术的特征的基础上，提出了一种基于多主体的组织内知识转移模型框架，并且还给出了该模型中实现知识转移的关键技术和搜索算法及其时间复杂度分析。依据此模型框架，可以容易地实现个体知识和组织知识的相互转移，从而有利于提高知识管理的有效性。罗天虎（2007）将多主体平台引入虚拟组织知识管理体系，认为虚拟组织知识管理概念模型涉及知识管理目标、组织、方法、过程、信息和文化六个基础要素，进而提出了一种具有战略柔性的虚拟组织知识管理概念模型，该模型强调对知识管理目标、组织、方法、过程、信息和文化六要素的有机融合，并且利用两状态马尔科夫（Markov）链描述了各主体之间的动态协作机制。Hu 和 Weliman（2001）通过模拟研究了一类多主体组织中主体的学习特性。作者假设在多主体系统中，主体的绩效依赖于其他主体的行为。在系统演化过程中，主体必须学习其他主体的行为模式。模拟结果表明，学习型主体的平均绩效水平要高于非学习型主体；在学习型主体中，对其他主体的决策模式不作任何假设的主体的绩效水平要优于具有复杂假设的主体，也就是说，对于学习型主体而言，把其他主体看得越"简单"，他就越可能实现高绩效。李君认为，目前国内外研究和开发的知识管理系统基本上都是面向大企业的，很少考虑中小企业的需求，而且缺乏灵活性和智能性，所以很难适用于中小企业。于是，他把多智能技术引入中小企业的知识管理系统，分析了多智能技术在构建中小企业知识管理系统中的可行性，根据中小企业知识流动的特点，提出了一种基于多智能的中小企业知识管理系统模型——SME - MAKMS，并描述了 SME - MAKMS 的体系结构，详细定义了系统中各个主体的功能，设计了系统中几种类型主体的内部结构。同时，对SME - MAKMS 中各主体间的通信和协作机制进行了研究。最后，以一个中小软件企业为例，说明 SME - MAKMS 模型的工作机制和运作过程（李君，2007）。蒋翠清等（2007）指出，企业知识管理系统的构建应以企业原有信息系统为基础，基于多主体的知识管理系统可以与企业原有系统实现无缝集成，并具有高度的智能性和可扩展性。在分析知识管理与多主体系统之间的联系及知识管理系统的构建目标基础上，研究构建了一个基于多主体系统的知识管理系统模型，并对该模型中多主体之间的协作及使用主体进行系统集成进行了详细的分析。

（四）在人力资源管理中的应用

主体的自治性、社交功能、反应性、前摄性和移动性五大特征使得它能够模拟真实世界中的有机体。例如，人类专家就经常被抽象成多主体模型中的节点智能体。一般而言，多主体系统中有两类主体：一类是智能主体，另一类是人类主体。当主体建模技术应用于人力资源管理时，模型包含的主体主要是后一种类型。Kinney 和 Tsatsoulis 研究了多主体系统的动态适应性沟通战略，作者通过改变主体的数目和多主体组织进行反复试验，收集实验数据进行分析从而对不同适应战略的有效性进行测量。研究结果表明，在完全连接的多主体网络中适应性沟通战略是有效的，其有效性随着多主体组织规模的扩大而提高，甚至可以达到最优水平；而在非完全连接的多主体网络中适应性沟通战略极其有效，但无法达到最优（Kinney and Tsatsoulis，1998）。为了实现人力资源管理信息系统的进一步智能化，尤其使它在决策支持发挥更大作用，谭杰、彭岩（2006）对如何将主体技术应用到人力资源管理中去进行了探讨，进而提出了一种新的人力资源管理信息系统实现方案。而现代人事管理系统需要集成数据库、知识系统、决策支持等异构部件，为了实现人事管理任务的分布式协作求解，田鹏等人（2003）提出基于多智能体的人事管理系统，该人事管理系统可以实现主动处理、协作求解和分布处理，具有较好的实际运用价值。李祥全等人（2005）针对组织网络化后各项目组存在的过剩任务和过剩人力资源平衡问题，提出了基于多主体且具备两种工作模式的人力资源再分配系统（过剩任务主导的人力资源再分配协商算法、过剩资源主导的人力资源再分配协商算法）。笔者在描述系统结构的基础上，研究了协商算法，改进了多标准的协商协议，并引入了主体结盟机制。

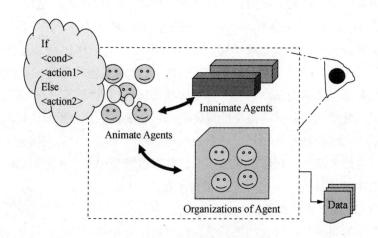

图 2 - 3　多主体模型体系结构

资料来源：根据于同奎（2005）和张龙（2004）整理。

除以上几个方面外，多主体模型还广泛应用于管理的其他领域，如信息管理、电子商务、市场营销、价值管理和虚拟企业中。

多主体建模方法之所以在多个领域得以广泛的应用，主要是因为多主体建模技术具有以下几个突出的优点（陈禹，2003；于同奎，2005）：（1）提供了表述系统元素的主动性的方法，扭转了把系统中的个体单纯地看作被动的、僵死的部件的观念。（2）提供了反映层次间相互联系的方法，突破了仅仅从统计规律的角度去理解的范围，从而开辟了理解和认识涌现、突变等现象的新天地。（3）提供了真正理解发展和演化的可能性，改变了简单化的、只考虑量变的、线性外推的预测方法，引进了更加符合客观现实的、量变和质变相联系的思维方式。（4）由于基于主体建模方法和计算机技术的先天的、内在的联系，它提供了非常直接的可操作性，从而为研究人员提供了越来越方便的研究工具和软件平台，使得人类对于复杂系统规律的研究和认识进入了一个新的阶段。

二　员工关系对组织行为影响的多主体模型

从进化论观点来看，生存的压力源自竞争。企业之间的竞争就是市场选择和淘汰企业的过程。当企业拥有能使他们取得市场竞争优势地位的特殊资源或能力时，才能生存下来，不断繁荣和壮大；当企业连续处于不利的竞争地位时，就会遭受失败和衰落，最终走向被淘汰出市场的结局。学者们普遍认为，能够使企业在逆境中生存下去的企业的资源或能力必须具有两个特点（施卓敏，2000）：（1）持久性。尽管每年都有许多企业"死去"（被淘汰），但还是有许多企业能够持久地生存下来，在某些情况下甚至长达一个多世纪。按照进化论的观点，能被自然选择留存下来的种系应具有时间上相对持久的选择单位（资源或能力），以生存为长期目标的企业要能否在优胜劣汰的选择机制（竞争过程）中留存下来的关键问题是，企业可供遗传的选择单位是否具有持久性或持续性。企业要保持其资源和能力比较优势的持久性，首先，必须识别其具有比较优势的资源和能力，避免对优势资源和能力的无知及盲目利用；其次，在认知基础上，应加强对现有资源和能力，特别是具有比较优势的资源和能力的管理；最后，必须不断培育和创造新的资源优势和能力。由于市场环境是不断变化的，只能对变化了的环境作出及时的反应的企业才能生存下来，所以创造出新的资源和能力非常重要。（2）局部适应性。优胜劣汰的选择适应机制不仅是淘汰那些不适应环境条件的物种（企业），并且它也能使适应环境的物种（企业）通过对资源进行组合来获得新生。在市场竞争中，能适应市场变化、满足市场需求的企业得以在残酷激烈的市场竞争中生存下来，而连续处于不利市场竞争地位的企业只能是不断蚕食其赖以生存的资源，不断消耗自身能力，直至在突变的环境中无法维持下去而退出市场或被其他企业所兼并，同时，新的竞争环境又能催生一批企业的诞生，它们拥有比"死去"企业更强的能力，会尽力去模仿、购置、创新一种相同的替代资源或创造一种更好的资源来压倒或"超越"那些存留下来的企业，所以，得以使企业在突变的环境中生存并在相对稳定的环境中发展壮大的资源优势和能力具有局部适应的特点。

由此可以看出，能够使企业获取高额利润回报率和持续市场竞争优势的资源和能力需要具有"异质性"，所谓"异质性"是指同行业内不同企业之间的相对持续差异性。由于不完全性的存在，在获取、模仿、替代关键资源和投入要素方面（Barney，1986，1991，1994）就存在进入障碍，这些障碍阻止了竞争者获得和复制关键性资源的可能。因此，企业竞争优势的核心是在信息不完全和要素市场不完全约束下，获取并配置稀缺资源的优先权；而持续竞争优势是在具备优先权条件下稀缺资源的独一无二性和不可模仿性。由于企业在选择和积累资源上的决策，是以在有限的信息、认知偏见、因果关系模糊（Amit，Schoemaker，1993）等条件制约下最经济性地合理配置这些资源为特征的。这种有限理性特质，以及对有价值的、稀有的、非替代性资源的使用，导致了企业的超常规利润。但是，如果企业原有借以发展的稀缺资源被竞争者所复制，很快就会失去竞争优势，因此，从资源观看，企业要获得持续竞争优势的必要要件是：（1）在不完全信息和有缺陷要素市场上获取稀缺资源的优先权；（2）企业获取资源的不可模仿性和难以复制性。然而，随着竞争的加剧，资金、技术等过去的资源越来越快地为竞争对手模仿，成为竞争优势的可能性越来越小，而蕴含在员工中的知识和能力以及员工之间的关系因为有着很强的背景依赖性和路径依赖性，因此难以为竞争对手模仿，成为赢得持续性竞争优势的潜力。

彭罗斯认为，企业生存与发展的决定性因素在企业内部，企业成长的原动力在于使用企业资源所形成的"能力"，企业对这些能力的充分利用与开发是企业成长的原因。对于企业而言，资源是企业为自己使用而购买、租借或生产的有形物品，以及使这些资源得以高效运行的雇员，而能力是这些资源创造出的为企业生产运作做出的贡献。由于能力只能产生于资源的使用过程，从而使每个企业的能力是独特的、异质的。彭罗斯认为，能力分为企业家能力和管理能力，企业家能力用以发现机会，管理能力用来实现扩张。而"真正有进取心的企业家不把需求看作给定的，而看成是它应当能够创造的。"换言之，企业能力的作用是创造需求，为企业带来生存与发展的机会（彭罗斯，2007）。由此可见，在彭罗斯的内生成长理论中，企业成长的源泉是企业的能力，而能力来源企业的资源。简言之，企业的资源产生了能力，能力将影响需求，形成了企业的生产机会，从而促进了企业的成长。因而，彭罗斯的企业成长理论就是对不断变化的企业生产机会的研究。所谓生产机会包括了企业家所注意到的并利用的所有生产可能性。而资源所产生的能力取决于使用者的能力，但是一个人能力的发展，也是由其涉及的资源形成的。这两个方面一起形成了特定企业的专门生产机会。对于企业内部而言，"未用过的生产性能力对革新是一种挑战，是扩张的动机，是竞争优势的源泉。"对于外部而言，"如果有增加产量的有利条件，它们将为企业的扩张提供一个外部诱因。但是这并没有使我们了解其对任何指定的企业的重要意义。……从重要性上讲，在确定扩张方向时，未用过的生产性能力是一种具有选择性的力量。"由此可见，在彭罗斯那里，企业的生产机会主要来自企业内部的未利用能力，而这种能力能够为企业带来扩张。因此，企业成长是内生性的，企业成长的源泉就是企业内部资源所形成的能力。而员工是企业生产资源中唯一掌握其他资源的，并且在企业资源中唯一具有创造性和主观能动性的生产要素，其他资源只有通过员工才能对企业生存与发展起作用，所以企业的生存与发展依靠企业的内生能力，内生能力的提高主要依靠员工之间的互动。伴随着组织能力的提高，企业生存和发展的机会增多，所以企业只有管理好员工关系才能适应环境变化，赢得生存与发展的机会。

而在工业经济时代，组织被看成一台启动着的机器，其环境被认为是外生确定并相对稳定、长期可预测的；组织管理的对象也被看成是同质的、理性的、静态的、追求经济利益的动物（斯密，2001）。因而组织行为的研究主要采用的是以线性分析范式为基础的还原论方法（刘洪，2004a），由此把组织管理分割为计划、组织、协调、领导、控制五个不同的职能并且派生出不同的职能部门，组织主要是依靠这些职能部门进行管理的。实践证明这种方法在过去相当长的一段时间也是有效的。然而，随着经济全球化、新技术与高科技的快速发展，知识在社会进步与市场竞争中的作用日益增强并成为决定组织成败的关键因素，人类已经初步进入知识经济时代。这使得属于工业经济时代建立在牛顿力学范式基础之上的垂直组织、综合一体化、等级结构、指令与控制组织等观念逐渐衰竭，取而代之的是模块化组织、功能分工、扁平化、网络结构、"自下而上"管理等管理新理念（刘洪，2002）；新时代的到来，使得管理对象、管理环境、管理目标、组织结构、组织行为等都变得越来越复杂，原有的管理理论与方法已经难以满足新形势下组织管理研究和实践发展的现实需要（刘洪，2004a）。原有的组织假设以及以之为基础的组织行为理论已经不能圆满解释和解决当今涌现出来的新经济现象和组织面临的问题和困难。

因此，时代呼唤进行范式转换，要从过去倚重线性分析范式转向非线性系统范式（Anderson and Meyer，1999）。作为非线性系统范式转换主要内容的复杂性科学的产生与发展，正在成为各个学科发展的前沿领域（刘洪、王玉峰，2006）。组织行为理论的发展也需要从复杂科学等现代科学发展的成果中汲取新的"营养"，寻求新的范式，并在新范式基础上发展新的理论与方法（Wood，2000）。Tasaka（1999）认为，复杂性科学是21世纪的管理范式。金吾能等也指出："把复杂性科学引入组织管理是组织管理适应当今经济和社会发展的需要，也是当今组织管理理论和实践自身发展的必然趋势"。目前，将企业组织作为复杂系统考察和研究，应用复杂性科学研究成果加以类比、推理，从中提炼出新的企业管理思想、原理，已经得到管理学界和经济学界越来越多的认同（Cilliers，2000；陶厚永、刘洪，2007）。

霍兰（2007）认为，复杂适应系统（Complex Adaptive System，CAS）是指"由用规则描述的、相互作用的主体组成的系统"，构成系统的主体在形式和能力上总是千差万别的，随着经验的积累，不断改变其规则来适应环境（环境主要由其他主体构成），主体的适应性是"复杂适应系统生成复杂动态模式的主要根源"。

什么样的企业才是CAS，到目前为止还没有统一标准，也许不存在统一的标准（刘洪，2006）。尽管CAS没有统一的标准，但这并不意味着不能应用CAS理论来研究企业组织及其边界的演变规律，恰恰相反，把复杂性科学引入企业管理是企业管理适应当今经济和社会发展的需要，也是当代企业管理理论和实践自身发展的必然趋势。刘洪（2006）认为，如果企业拥有上述复杂适应系统的全部或部分特征，就可以看成是 CAS。

由于复杂系统具有开放性、复杂性、层次性、不可分解性、非线性相互作用、动态性、多主体、涌现性等特征（Cilliers，1998），因此很难通过分析方法求解，也难以用传统的"理论假设—量表设计—统计分析—验证分析"的归纳法和基于理论分析的演绎法来解释说明；由于宏观的组织行为大多都是复杂系统内部主体相互作用所涌现出来的结果（Harrison，2007），而涌现又是依赖个体之间特定的交互作用关系而产生的一种整体现象和特征，因此很难通过实证研究去检验，因而圣塔菲研究所（SFI）积极倡导运用生成论的方法来研究涌现现象。

研究复杂系统，就是研究它的演化规律（陈森发，2005）。很自然的想法就是建立系统的演化模型，以研究系统整体的涌现性。诚然，建立的演化模型可以为数学模型、知识模型或者关系模型，但是这种思路的基点在于研究系统的演化机制，通常比较困难。于是圣塔菲研究所提出一种新的思路，其基点是系统何时、何处出现涌现，出现什么样的涌现，是自下而上的，它取决于构成系统的构建（Building Block）及其之间的非线性作用。这种构建就是主体，并且用计算机程序来表达主体相互作用的规则，通过计算机仿真来考察系统的涌现行为（陈森发，2005）。

但是，并不是所有复杂系统都可以构建多主体模型，通过计算机仿真模拟来研究。能否构建组织的多主体模型主要依赖组织的性质和类型。圣塔菲研究所学者认为，涌现性系统可以分为两类：第一类是规则支配的系统，这类系统的涌现性可以用科学方法描述。例如下棋，根据很少几条关于棋子合法行走的局部规则，就可以下出无穷多种不可能从这些规则中预测的棋盘局势（陈森发，2005）。第二类不属于规则支配的系统，但是这类系统的范围非常广阔，其中最典型的当属诗歌，它是在非线性地使用语言，诗意绝不是每一个语义单位的简单总和（霍根，1997）。只有规则支配的系统，才可以构建主体模型（Agent‑Based Model，ABM），才可以通过计算机模拟，观察其生成、演化过程，从观察现象中发现规律，提炼概念，形成洞见，建立理论（霍根，1997）。本书本质上就是研究不同的关系规则对员工之间的交互行为产生的影响，因而运用多主体模型研究是非常合适的。

多主体系统解决问题的方法是把问题分解为多个程序片断或主体，每个程序片段或主体拥有独立的知识和专业经验，通过联合或群集方式，一群主体能够找到比单个主体更优的解决策略。由于多主体系统中的程序片段主体可以很好地代表一个独立的经济主体（员工），而组织行为研究的目标正是由大量个体组成的集合行为，所以多主体建模被广泛地应用到组织行为的研究中。应用多主体系统的原理和方法，把社会经济系统看作一个由多主体交互协作组成的复杂适应系统，从而把对组织系统的建模分解为对行为主体的建模，这样建立起来的计算机模型。

"主体"一词在不同学科背景中有着不同的含义。在多主体系统模型中，主体是一个软件实现的对象，存在于一个可执行的环境中，具有主动学习和适应环境的能力。主体具有以下几个特征：反应性（能够感受外在环境的变化并做出相应的行动反应）、自治性（自主控制自己的行为）、前摄性（事先有目的有计划驱动）、时间上的连续性（能持续地行动）、交互性（能够与其他主体交互）、移动性（能够从一个地方移动另外一个地方）、学习能力（能够从以前的经验中学习调节行为的准则）、可信性（对终端用户看来可信的），等等。根据主体功能的复杂度可分为四类，从简单到复杂有：刺激反应类（对刺激立即反应，没有记忆）、状态反应类（能够保留对状态的记忆，与当前刺激综合反映），目的驱动类（能够对下一步的行为进行计划与决策）、效用主体（主体具有人类的一些特征，与幸福度和个人偏好相关）。

作为多主体系统的组织是由多个主体组成的集合，主体一般都有一个或多个特征值，并能够修改自身的特征值；主体之间能够进行交互，通过与其他主体之间的交互，使得系统整体的演进、演化、涌现出宏观的规律。这种从底层构件的设计构架出的系统，其中的活动主体具有主动交互和适应环境的能力，被称为多主体系统。通常一个多主体系统中，既有能够活动的主体，代表现实中的经济行为主体或社会行为主体；也有不能活动的主体，代表资源和环境。

应用多主体系统对生物、生态和社会、经济等复杂系统的动态建模研究方法，被称为基于多主体系统建模方法（Multi – Agent Based Modelling），所建立的系统模型即为多主体模型（Multi – Agent Based Model）。社会经济系统作为由类型多样与数量巨大的经济个体组成的复杂系统，其结构的不断组合、分解和演进，正是各个经济系统无意识的、自私的行为客观结果。这正体现了多主体系统的特征：系统中各主体复杂的相互作用表现出了单个主体所不具备的特征（所谓"涌现"），从而使整体表现优于个体的简单加总。多主体建模有以下四个鲜明的特点：（1）主体是主动的、活的实体。这点是多主体模型和其他建模方法的关键性的区别。（2）在多主体模型中，主体与环境（主体与主体之间）间的相互影响、相互作用是系统演化的主要动力。（3）多主体建模不像其他方法那样把宏观和微观截然分开，而是把它们有机地结合起来。（4）多主体建模方法还引进了随机因素的作用，因而使它具有更强的描述和表达能力。

美国布鲁金斯研究所（Brookings Institution）的阿克斯特尔（Axtell，2000）指出，主体建模技术在社会科学领域主要有三类优势。第一种优势——也是最简单的用途——在概念上和运筹学中与古典模拟类似，也就是当一个社会过程完全能够用方程描述，并且这些方程具有解析解或数值解。当有解析解时，主体模型（ABM）只不过是结果表示工具；当有数值解时，主体模型（ABM）相当于蒙特卡洛分析（Monte Carlo Analysis）。第二种优势，描述社会过程的方程能够构建而无法求解，这是主体模型（ABM）的更一般用途。此时，主体模型（ABM）能够显示解的结构，展示模型的动态特征，测试结果对参数或假设的依赖性，或者提供反例。主体模型（ABM）的第三种优势是在社会过程中无法有效用方程表示时，主体模型（ABM）可能是探索此类问题的唯一有效方法。

本书运用多主体模型在研究员工关系对组织行为的影响时，着重解决以下两个层面的问题，一是发现组织中宏观现象和规则产生的机制；二是在前者的基础上建立人工经济模型，然后进行组织政策的实验。第一层面研究的目标是解释。解释在没有自上而下的计划和控制的情况下，特定宏观现象和规则秩序产生的机制。第二层面研究的目标是控制和决策。力图构建组织政策对员工个体行为影响的实验室，从而能提出一些可供决策选择的其他可替代的组织结构或政策建议。

由于组织行为建模关注的焦点是系统行为。系统行为间的关联和引发规则是造成组织演化的主要因素。因此，系统仿真目的是找到适当固态模型，能够模拟原型经济系统的行为和功能，而不是刻画系统的内部结构。由于员工关系对组织行为影响的多主体模型研究的核心问题是员工关系对组织行为产生的作用，因而我们把组织系统看作是由经济主体及其相互联结构成的。主体的结构、行为、功能和属性以及它们之间的联结方式、相互作用过程是构造复杂经济系统的关键部分（佘震宇，2000）。所以在构建员工关系对组织行为影响的多主体模型时，首先需要观测组织中的员工关系，得到有关组织行为和功能的经济数据，并分析这些数据；在此基础上，根据相应经济理论，建立原型组织系统的非形式化描述模型；然后运行这些模型，得到相应的经济数据并加以分析，检验这些模型是否符合原型组织系统，对不满意的部分进行调整，直至得到满意的同态模型。基于以上思想，笔者在构建组织的多主体模型时分为三步走。

第一步，员工关系分析。在该阶段，主要是对现实组织中的员工关系进行认真的观察和分析，利用已有的经济理论，将组织系统分解成为几类相互独立、覆盖整个研究领域空间的微观主体，并明确主体之间的关系、系统的边界、环境和约束等，形成原型组织系统的初始模型；反复这个过程，直到得到满意的初始模型为止。

第二步，微观主体构造。利用第一阶段得到的微观主体，观测其在原型经济系统中的行为、功能和属性，得到相应经济数据，构造微观主体的非形式化模型；模拟运行该非形式化模型，得到观测数据，对非形式化模型进行检验和调整。在这个阶段，主要是构造微观经济主体的行为、结构等局部细节，使能准确反映其在原型经济系统对应物的行为和状态。

第三步，多主体模型构建。该阶段主要是构造微观主体之间的连接方式和相互作用方式。这需要从整体上观测原型组织系统的行为和结构，从相应观测数据中总结和推理。得到多主体模型之后，模拟运行，根据运行结果对该多主体模型进行检验和调整；同时还要测试该模型对系统参数的灵敏度；重复上述过程，直到得到满意的多主体模型为止。

由于主要的员工关系包括三大类，在不同的关系视角下，需要考察的员工个体属性不同，个体之间的关系也不同，因而不同关系视角下组织的多主体模型具体形式也不同，在后面几章中再分别详细介绍。但是，组织的多主体模型的建模过程是一致的，如图 2 - 4 所示。

构建好组织的多主体模型只完成整个研究的部分任务，还有其他很多工作需要做。因而，具体到某一类员工关系，其完整的研究流程如下：第一步，问题的提出。研究所希望需要解决的未知问题，当然这些问题往往是对现实世界的抽象，这样就可以定义模型要仿真的实相。① 通常还需要对实相进行一些观察，从而为模型提供一些初始参数。然后就可以进一步

---

① 建模研究的前提是存在一些"真实世界"的现象令研究者感兴趣，这个真实世界中的现象称为实相。

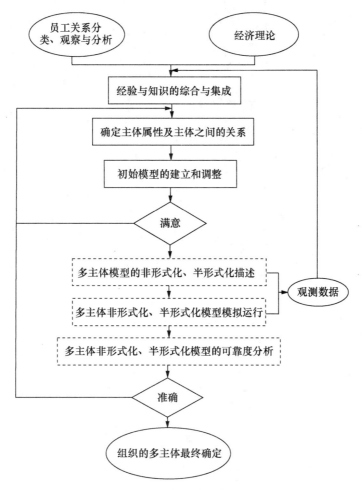

图 2 - 4　组织的多主体模型建模过程

资料来源：根据佘震宇（2000）整理。

提出一些假设，并依据这些假设来设计出概念模型。紧接着就是模型的实现，也称为模型构架，选择合适的计算机语言和开发工具，把概念模型转化为计算机程序。以上步骤只是初步完成了从实际现象到计算机程序转化，但是，这个模型能否正确地反映实际现象也未曾得知，因而还需要对模型进行正确性检验。如果计算机模型符合要求，那么在多次模拟后就可以输出结果了，然后进行结果分析，并进一步提出政策建议。本书完整的研究流程如图 2 - 5 所示。

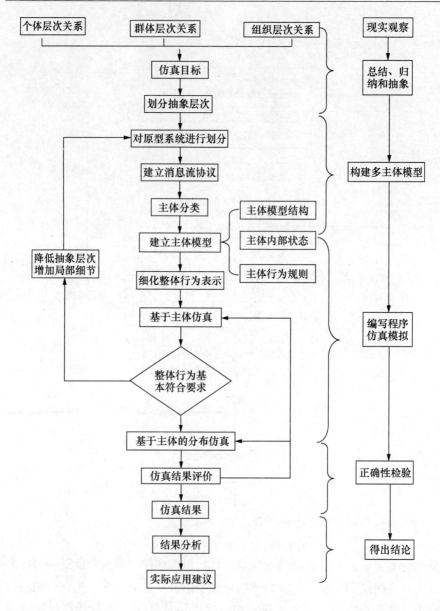

图 2-5   研究流程

三　多主体模型的具体实现

在管理领域中，特别是现代组织的经营和管理活动中（如员工关系管理），存在一些基于基层经济活动的决策单元行为的组织系统，可以在当中找到适当切入点，以便于采用符合上述特点的多主体建模与仿真进行研究。例如，在所有权和管理权分离的现代企业中，所有者和管理者之间通常存在严重信息不对称，两者根据各自所拥有的内在偏好和外部环境，各采取一套行为准则。在这里，这些貌似难以捉摸的组织行为，实际上都符合复杂系统中智能性的特征。因此，可以把前面提到的个体自主行为、复杂适应系统的进化与企业中所有者、管理者之间的形成某种制度框架联系起来，建立一个基于多主体的委托—代理模型，并用计算机加以模拟，观察它们可能发生的适应性行为和整体涌现。这里我们只是举了一个利用多主体模型的方法来模拟组织行为的例子。一般而言，基于多主体模型的组织行为模拟中主体结构可以分成状态集、方法集和规则集三个部分。

规则集是多主体模型的核心部分，以字符编码的形式存放各个主体采取不同行为所依赖的若干规则。这些规则可以基于模型制定者发现的一些既定的逻辑原则，并在此基础上由各自的分类器系统进行演化得到更新后的规则集；也可以完全随机地被初始化，然后在系统运行过程中加以丰富和调整。而这些规则的描述和进化可以依赖分类器系统。一个分类器就是每个主体对外界的刺激信号做出行动的"备用"规则。在具体实施过程中可以用二进制字符串的形式对规则集进行编码，即主体以二进制代码形式来实现对其他主体和环境状态的识别。

在分类器系统中，消息发现模块从环境中提取对组织运营有用的信息，经过编码形成当前时刻的消息存入消息库。消息匹配模块将根据上述消息来激活分类器种群中相应的分类器，使用这个分类器系统的主体将采用该分类器作为其行为规则。效应模块把胜出的分类器的行动方案传递给环境，使环境和主体的状态都发生相应改变，而奖惩模块将这些参量代入主体各自的价值函数，据此，能够帮助各主体实现价值最大化的规则将得到强化。

分类器种群中的分类器也是不断演化的。分类器系统中的进化模块将根据相应演化算法不断产生新的更具适用性的分类器，新的分类器产生后将替换不再适用的分类器，分类器采取行动的正确程度决定它是否继续适用，这是随着系统的演进而不断变化的。这保证了各个主体都具有足够的适应性和创造力，能够及时发现环境的变化并采取相应的对策。所谓的制度演进，就是考察各主体在不同时间段的行为规则所发生的变化，是某种由环境定义的占优算法的涌现。即整个组织系统的演变将是路径依赖的，符合企业组织的发展规律。

一个机制就是由一个状态集和一个规则集构成，当它们达到一定复杂程度，从而能够对外界较为复杂的输入作出期望的反应，就可以把它看作是有智能的，可以通过设计更好的实验实现。

本章小结

本章分析阐释了本书的理论基础、员工关系对于组织行为的影响机理以及相应的多主体模型的建构问题。

本书通过构建多主体模型来动态模拟员工关系对于组织行为的影响，复杂适应系统理论的思想贯穿其中；以社会交换与社会认同理论为基础，对于员工之间关系、员工—组织关系进行了探讨。作为由众多个体组成的系统性集合，组织的行为显然会受个人行为及其动因、个人之间关系以及个人与组织之间关系的重大影响。组织行为可以看成是由关系引导的主体之间互动而产生的涌现。良好的员工关系可以促进员工工作满意度的提升，从而有利于提高其工作意愿和工作投入，员工之间与上级之间的积极互动有利于员工能力的提高。此外，良好的员工关系还有助于发挥员工之间的协同效应，提高组织行为的有效性。

系统环境日益复杂，科学研究面临新的挑战，多主体模型的出现和应用很好地解决了以往简化的线性模型无法刻画的非线性事务问题，能够反映不同主体层次之间的联系，促进对系统演化发展的理解，而且操作方便，因此，也受到越来越多学者的青睐。在组织行为研究中，多主体建模技术主要用于生产运作、决策支持系统、知识管理和人力资源管理等领域。本书在建构员工关系对组织行为影响的多主体模型时，聚焦于系统行为，首先，对于组织中的员工关系进行了分析，明确主体间的关系、系统边界；其次，构造微观经济主体的行为、结构等细节；最后，构造微观主体之间的连接方式和相互作用方式。

第 二 编

个体层次员工关系对
组织行为的影响

第三章 员工知识分享关系对群体绩效的影响 *

　　在组织中，由于各知识主体的个人天赋、素质、努力程度和机遇等因素不同，表现为不同知识主体所拥有知识数量和质量各不相同，即知识在时间上和空间上的分布是不均衡的，因此存在着相对的"高位势知识个体"和"低位势知识个体"。从知识主体角度来看，首先作为个体，自己所拥有的独特知识是其提高工作效率，增加相同投入下的产出，提高个人的收入，提高自己在组织中地位的重要保证，一般情况下，知识主体不愿意和别人共享自己的知识；其次作为组织成员，个体之间存在着一致的利益，通过知识共享可以提升组织的竞争力和抗风险能力，只有把组织做大做强，组织成员才有可能获得更多利益，从某种意义上说，个体的利益是融合在其他知识主体利益之中的。因此组织中的个体面临着竞争与合作的矛盾，他们既有知识共享的意愿又存在着阻碍知识共享的动机。从组织的角度来看，个体知识最好能完全共享，只有充分发挥知识的外部性，才能达到效益的最大化。但是知识共享行为并不会自然而然地发生。知识共享受哪些因素影响？知识共享机制是如何通过调节个体之间的利益平衡达到干预知识共享目的的？以及知识共享机制对群体绩效会产生怎样的影响？回答这些问题对于组织知识管理与创新能力培养具有重要的理论指导价值。

　　目前，关于知识共享机制的研究，国内外学者大多运用规范分析方法，从组织制度层面提出建立知识共享机制的方法和建议（左美云，2006），很少有人运用计算机仿真手段，从个体以及组织的成本收益平衡角度探讨知识共享机制对群体绩效的影响。笔者查阅了 Elsevier、Kluwer

---

　　* 本章参考陶厚永、刘洪《知识共享机制对群体绩效的影响研究》，《科研管理》2008 年第 2 期。

Online Journals、SpringLink 数据库以及中国知网和维普中文科技期刊全文数据库，发现对知识共享机制与群体绩效之间关系的研究很少。希望通过本章的研究，可以为知识共享的理论研究提供新的方法和视角，为组织设计出科学合理的知识共享机制提供必要的理论支撑和实践指南。

第一节　知识共享机制

一　知识区位、知识位势

在物理学中，所有物质的传导、扩散总是由势差引起的，并总是从高势能向低势能扩散，陈飞翔等人把物理学中势能、势差、能量转换概念引入知识扩散研究，认为知识扩散与共享也有类似的性质（陈飞翔、张黎、胡靖，2005）。师萍等在研究员工个人隐性知识扩散条件与激励时，提出了"高位势知识主体"和"低位势知识主体"等术语，认为知识共享的关键在于高位势知识主体扩散其个体知识的意愿和能力（杨洵、师萍，2005）。魏江等在分析知识存量增长机理时，引入了知识位势理论（杜静、魏江，2004）。根据知识的性质可以把知识分为若干领域，每一领域的知识又可用知识广度与知识深度两个维度去刻画，这样就构成了二维的知识区位。在某一细分的、专门的知识领域，有的个体掌握着此方面的前沿的、高端的、广泛的知识，有的个体却只拥有相对落后的、已被普及的和格式化的、狭隘的知识，因此每个知识个体都可以在知识区位中找到自己相对应的位置，如图 3 - 1 和图 3 - 2 所示。就某一知识主体而言，他

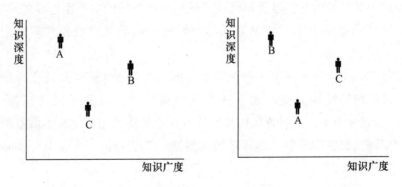

图 3 - 1　甲知识领域　　　　　图 3 - 2　乙知识领域

（或她）可能是某一领域的高位势知识个体，却是其他知识领域的低位势
知识个体，所以每个知识主体可以看作是多个领域的知识位势的集合体，
拥有在许多不同领域的不同的知识位势。

二　知识共享过程

如果从微观角度考察一个组织，组织可以看成是复杂适应系统（Complex Adaptive System，CAS）（刘洪、王玉峰，2006）。作为复杂适应系统
的基本单元，主体往往是异质的，即不同的主体在性质或行为上表现出一
定的差异或扮演不同的角色。当组织中主体之间的某方面知识缺口或知识
质差（用 Δ 表示）大于观察者所设定的参数值，主体之间就存在知识共
享的可能，需要注意，这里只是说存在知识共享的可能性，并没有表明必
然性。知识共享最终能否发生受很多因素影响，关于这一点将在后一节论
述。在组织中，如果知识共享行为发生，那么高位势知识个体需要牺牲闲
暇来帮助低位势知识个体进行学习，对于高位势知识个体来说，一方面，
知识共享花费了大量时间、精力；另一方面，随着知识在组织内的扩散，
知识的重要（稀缺）性降低，可能会牺牲其所拥有知识的未来收益。对
低位势知识个体而言，在知识交流与互动后，不仅弥补了自己的知识缺
陷，而且随着自己知识水平的提高，收入水平也会不断提高。然而在知识
共享过程中，低位势知识个体没有直接付费给高位势知识个体，如果仅仅
依靠个体之间的自动调节，那么高位势知识个体只能期待在下一次知识共
享活动中变成低位势知识个体，别人成为高位势知识个体，自己分享别人
的知识，但是在现实中，这种情况很难发生，因为：第一，知识的创造需
要一定的知识积累和天赋，并不是人人都能发现新知识，双方角色转变存
在着巨大困难；第二，即使是低位势知识个体发现了新知识，变成高位势
知识个体，由于隐性知识显性化也需要投入大量精力和财力，在没有有效
激励的情况下，不愿意完成角色的转变。可以看出，依靠个体之间的自动
调节很难实现知识主体之间的利益平衡，组织中有必要引入知识共享机制，
并适当注重对高位势知识个体的激励倾斜。在不同的知识共享机制下，个
体知识共享的成本收益是不同的，如果组织采用的知识共享机制，没能使
高位势知识个体得到有效激励，知识共享后，高位势知识个体即期的效用
水平没有得到明显改善，那么在下一期活动中，高位势知识个体要么选择
不和别人分享知识，要么选择离开组织。

三　知识共享的影响因素

知识共享主要受个体预期的成本收益、个体所拥有知识的性质、高位势知识个体的共享动机和表达能力、低位知识个体的共享动机和吸收能力，以及环境因素的影响。

（一）个体预期的成本与收益

目前，国内外对知识共享成本研究非常少，只有少数学者在研究中提起知识共享成本，大部分学者的研究都是从知识本体论和组织视角出发的，因此认为知识具有低传播成本特性（陶洪、戴昌钧，2006），知识一旦产生，能同时被众多消费者使用，而且边际成本几乎为零，所以形成了知识共享成本极低或无须成本的观念。既然没有了成本，收益就成了"无源之水，无本之木"，因此学术界普遍认为，知识共享更多地意味着全部知识的免费共享。

其实作为个体，知识共享存在很高潜在成本和过程成本。因为对于大多数人来说，工作之前一般都要经历前期知识积累阶段，例如在学校所接受的正规教育以及在定岗之前所接受的岗位培训等，这需要大量的货币投资以及精力和时间投资。在这过程中，人们所掌握的独特知识是其在市场经济中安身立命的根基，是个体向企业索取分配资源（利润和机遇）的资本，知识共享容易在短时间内形成大量的高位势知识个体，加快知识贬值的速度，改变企业内稀缺知识的需求关系，为自己的职业生涯带来风险，因此知识共享存在着高昂的潜在成本。所谓过程成本是指知识共享活动本身所耗费的人力、物力和财力的总和。其中包括发送成本、接受成本和管理成本，发送成本包括高位势知识个体将知识显性化的成本、针对隐性知识而开发"道具"的成本，该成本是高位势个体的知识水平和知识本身的复杂程度的函数；接受成本包括低位势知识个体搜寻知识源和消化知识的成本，接受成本的初始差异在于个体天赋，但根本差异在于后天知识积累的程度；管理成本指针对知识共享过程中的噪声、信息不对称而产生的旨在推动知识共享各种非正式组织（比如学术团体等）的运作成本，这些非正式组织存在的目的是推动知识的共享。个体在知识共享过程中所扮演的角色不同，共享成本以及所期望得到的收益也就有所不同，个体预期的成本收益率是影响知识共享的最主要因素。

（二）个体所拥有知识的性质

波兰尼（Polanyi，1967）根据知识的性质把知识分为隐性知识和显性知识两类。显性知识是指可编码的，可以用文字、数据、公式、说明书、手册以及数字表达的那些知识。具体表现为数据库、说明书、文档、规章制度等形式。隐性知识是指依附于个人的、不能编码、难以清晰化和难以通过正式途径获得的知识。具体表现为个人经验、印象、感悟、技术诀窍、心智模式和组织惯性等（Polanyi，1966）。不同的知识，共享的策略和难易程度是不同的。汉森（Hansan）实证研究时发现，运用编码化策略可以有效地提高显性知识共享的效率；对于隐性知识，只能运用个人化策略，即通过个体之间面对面地沟通交流来实现知识共享，而且提高知识共享的效率非常困难（Hansen，Nohria，Tierney，1999）。

（三）高位势知识个体的共享动机以及知识表达能力

知识共享的发生，首先要有一个愿意共享知识源存在。高位势知识个体是否愿意共享，多大程度上愿意共享，对知识共享的投入，直接决定了知识共享的效果（马庆国、徐青、廖振鹏，2006）。Davenport 和 Prusak 研究发现，个体的知识共享主要出于三个方面动机（Davenport，Prusak，1998）：（1）互利主义，在某知识领域，主体虽然可能是高位势知识个体，但是一个人的时间、精力与知识毕竟是有限的，在其他知识领域，他有可能是低位势知识个体，知识共享有利于彼此之间的知识互补，知识共享的协同效应有利于知识个体自身利益的最大化；（2）通过向他人传授知识来提高个人声誉；（3）利他主义，不求回报，希望自身的知识能够得以传承。

随着信息技术和编码技术的发展，显性知识共享越来越容易，但是隐性知识因为其难以编码和表达，在知识共享过程中需要花费大量精力和时间，甚至还要借助图表、文字或者隐含意义来帮助低位势知识个体掌握这些知识，高位势知识个体的知识表达能力对知识共享有影响。

（四）低位势知识个体的共享动机和吸收能力

低位势知识个体知识共享的成本较低，对共享知识的价值判断直接决定了其学习动机的强弱（马庆国、徐青、廖振鹏，2006）。日本学者野中郁次郎提出了知识转移的 SECI 模型，即知识的社会化、外在化、综合化和内在化。外部知识的接收，只有通过学习与自身原有的知识相结合，并进一步内化才能真正成为自己的知识。学习能力的差异与低位势知识个体自身的天赋有关，但最根本的原因在于后天知识积累的差异（Nonaka，1991）。胡汉辉等（2006）认为，在知识共享过程中，低位势知识个体理解与吸收知识的能力依赖其与高位势知识个体之间的重叠知识，它们彼此之间重叠知识的相似程度（即"知识距离"）直接影响着知识共享的效率。

（五）知识共享的环境因素

除共享主体外，知识共享还需要完善的技术和社会环境作支撑，主要包括信息基础设施的构建、相关法律体系如知识产权的进一步完善、企业知识管理体系和自主创新体系建设等环境因素。此外，促进知识共享还需要培育和倡导形成"尊重知识，尊重人才"的社会文化氛围，使人们充分认识到知识的价值。这些环境因素的建立与完善可在一定程度上优化知识链中各个环节间的有机联系，提高知识共享的效率，降低知识共享的成本。

第二节 知识共享机制对群体绩效的影响

一 模型构建

"机制"是系统为维持其潜在功能并使之成为特定的显现功能，以一定规则规范系统内各要素间的联系，调节系统与环境关系的内在协调方式及其调节原理，包含有机化、动态性、目的性和多样性的含义。对于某一系统，可以选择一种或多种机制，但是不同机制所导致的结果不同，如果某系统具有某种机制，就会表现出某种特定的规律性运动，一般会朝着人们所设定目标前进。具体到知识共享，可以从内外两个方面入手，设计出不同的知识共享机制来引导、帮助和控制个体的知识共享行为。

（一）内部机制与主体的选择

由于受外部竞争压力影响，会使主体产生知识共享的内在驱动力，作为一个整体共同面对外部竞争会更有效；在组织内部营造公正、平等和相互信任的组织文化，也会促进主体积极的知识共享。假定在组织 B 中，任意两个主体的知识量分别为 $I_{B,i}$ 和 $I_{B,j}$，当 $I_{B,j} - I_{B,i} \geq \Delta (0 \leq \Delta \leq 1)$，则第 j 个主体愿意为第 i 个主体提供帮助，这里的帮助主要指的是第 j 个主体利用闲暇时间把自己的知识随机地传授给第 i 个主体，那么第 i 个主体从第 j 个主体那里学习到的知识为：$b_j \in (0, 1-e_{B,j})$；处于独立工作状态或组织 A 中的主体之间，不发生知识共享。

（二）外部机制与主体的选择

知识共享主要受个体预期的成本收益影响，只有不断完善知识共享运行机制，降低知识共享成本；设计出科学合理的激励机制，调节知识主体间的收益平衡，才能有效激发主体的知识共享意愿，达到调控个体知识共享行为的目的。

（1）假设组织 A 中各个主体之间只存在简单合作，不发生知识扩散与共享活动，总努力水平是其各成员努力水平的简单相加，即有：

$$E_A^T = E_A = \sum_{j=1}^{m_A} e_{A,j}, \text{ 其中, } e_{A,j} \in A \in (0, 1), m_A \in \{1, 2, \cdots, 200\}$$

（2）假设组织 B 中各个主体不仅选择一定的努力水平，彼此之间还相互学习，主体所学习到的知识能够转化为自己的努力水平，那么其总努力水平 E_B^T 是各成员努力水平与主体所学习到的知识量的叠加。即：

$$E_B = \sum_{j=1}^{m_B} e_{B,j}, \text{ 其中, } e_{B,j} \in B \in (0, 1), m_B \in \{1, 2, \cdots, 200\}$$

$$I_B = \sum_{j=1}^{m_B} b_j, \text{ 其中, } b_j \in (0, 1 - e_{B,j}), m_B \in \{1, 2, \cdots, 200\}$$

$$E_B^T = E_B + I_B$$

（3）假设组织 A，B 的产出水平 O 是其总努力水平 $E_K^T (K = A, B)$ 的函数（Axtell，1999），如下所示：

$$O(E_k^T) = \alpha \times E_K^T + \beta \times (E_K^T)^2$$

其中，$K = A, B, \alpha \geq 0, \beta \geq 0$，并且 $\alpha + \beta \geq 0$。为了模拟方便，模拟中取 $\alpha = \beta = 1$。即有产出函数：

$$O(E_k^T) = E_K^T + (E_K^T)^2$$

在本节模拟中，一个单独工作的主体被看作仅包含该个主体的一个组织，上述生产函数同样适用于独立工作的主体。

（4）在本节仿真模拟过程中，假设组织的产出全部用于分配。那么，当采用按劳分配方式时，组织 A 中第 j 个主体的效用函数为：

$$U_A^j = \left[O(E_A^T) \frac{e_{A,j}}{E_A} \right]^{\theta_j} (1 - e_{A,j})^{1 - \theta_j}$$

组织 B 中第 j 个主体的效用函数为：

$$U_B^j = \left[O(E_B^T) \frac{e_{B,j}}{E_B} \right]^{\theta_j} (1 - e_{B,j} - b_j)^{1 - \theta_j}$$

（5）当采用平均分配方式时，组织 A 中第 j 个主体的效用函数为：

$$U_A^j = \left[O(E_A^T)\frac{1}{m_A} \right]^{\theta_j} (1 - e_{A,j})^{1-\theta_j}$$

组织 B 中第 j 个主体的效用函数为：

$$U_B^j = \left[O(E_B^T)\frac{1}{m_B} \right]^{\theta_j} (1 - e_{B,j} - b_j)^{1-\theta_j}$$

二 模拟过程

知识共享机制和群体绩效之间存在着非常复杂的、动态的相互联系，适合借助计算机进行模拟研究，本节采用 Netlogo 4.0.2 软件进行仿真实验，该软件提供了图形交互界面，可用于输出模拟过程中相关参数演变曲线图。在模拟过程中，主体的目标是通过加入或者离开组织以使自身的效用最大化，建模框架如表 3 - 1 所示（Axtell，1999；张龙、刘洪，2006；谭跃进、邓宏钟，2001）。

表 3 - 1　　　　　　　　　　　　多主体建模框架

开始：
初始化：
用户定义初始环境的参数；
用户定义主体选择的规则；
用户定义主体的知识共享的条件；
用户定义主体偏好的随机分布类型；
主体随机的分布于环境中；
循环开始：
第 1 期：
在组织外的主体随机游走，根据移动规则部分主体加入组织；
在组织 A 中的主体根据自身效用最大化决定其的努力水平；
在组织 B 中，如果符合知识共享条件，知识在主体之间扩散，主体根据自身效用最大化决定自己的努力水平；
根据移动规则，如果主体在组织中的效用水平小于单独工作时的效用水平，则主体跳出组织；
分别计算出该阶段组织 A、B 中主体的数量和平均努力水平；
第 2 期：
在第 1 期的基础上，组织外的主体随机游走，根据移动规则部分主体加入组织；
在组织 A 中的主体根据自身效用最大化决定自己的努力水平；
在组织 B 中，如果符合知识共享条件，知识在主体之间扩散，主体根据自身效用最大化决定自己的努力水平；

续表

根据移动规则，如果主体在组织中的效用水平小于单独工作时的效用水平，则主体跳出组织；

分别计算出该阶段组织 A、B 中主体的数量和平均努力水平；

⋮

第 100 期：

在第 99 期基础上，组织外的主体随机游走，根据移动规则部分主体加入组织；

在组织 A 中，主体根据自身效用最大化决定自己的努力水平；

在组织 B 中，如果符合知识共享条件，知识在主体之间扩散，主体根据自身效用最大化决定自己的努力水平；

根据移动规则，如果主体在组织中的效用水平小于单独工作时的效用水平，则主体跳出组织；

分别计算出该阶段组织 A、B 中主体的数量和平均努力水平；

分别计算 100 期内组织 A、B 的平均产出、平均效用、平均努力水平和平均规模；

循环结束。

结束。

（1）假定资源是分布在一个 40 × 40 的正方形区域内，环境参数设定如表 3 - 2 所示，并且假定环境参数不变，区域内有且只有两个组织，即组织 A、B，每个组织是一个半径为 5 个单位的圆形区域，组织 A 位于左下方，组织 B 位于右上方，如图 3 - 3 所示。

（2）主体的"视力"值。"视力"就是主体获取周围资源信息的能力。

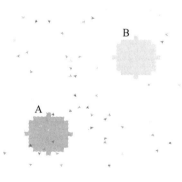

图 3 - 3　模拟程序运行界面

仿真开始时，设定所有主体的"视力"值都随机地分布于 [0，5] 范围内。如果一个主体的"视力"值是 3，即表示他可以看见前后左右 3 × 4 个方格内的"邻居"。这样的假设是符合实际情况的，因为在现实中，人们一般只愿意和自己比较熟悉的人做比较，所以在模拟中，"邻居"才是对自己最有影响的人。处于独立工作状态的主体，如果其与组织的距离小于或等于其"视力"值，则该主体加入多主体组织，其他独立工作的主体，以其"视力"值为步长随机游走。

表 3－2　　　　　　　　　　模拟参数设置

模型参数	参数值
模拟界面范围	40×40
A 的范围（左下方）	圆形，半径 = 5
B 的范围（右上方）	圆形，半径 = 5
个体总数 N	200
个体收入偏好水平 θ_j	$\theta_j \in (0, 1)$，随机
生产函数 O 的参数	$\alpha = \beta = 1$

（3）主体的个数与初始位置。仿真开始时，假设系统环境中有 200 个主体，随机地分布在环境中。

（4）假设环境中每一个主体的努力水平为 $e_j \in (0, 1)$，其中，$K = A$, B; $j \in \{1, 2, \cdots, 200\}$。模拟过程中每个主体可自主决定其努力水平。这里的努力可以理解为主体为了实现某种目标而付出的代价，比如时间、精力，也包括心理成本如长期从事同一工作而产生的厌烦等负面情绪。

（5）假定每个主体的知识存储量和其努力水平成正比，$I_j = \lambda \times e_j$，为了模拟方便，本节取 $\lambda = 1$，即每个主体的知识存储量等于其努力水平，$I_j = e_j$。

（6）假设每一个主体对收入和闲暇具有柯布—道格拉斯偏好（Axtell，1999），第 j 个主体的效用函数可以写作：

$$U_K^j = W_{K,j}^{\theta_j} L_{K,j}^{1-\theta_j}, \quad K = A, B$$

其中，$\theta_j \in [0, 1]$ 为组织 $K(K = A, B)$ 内的第 j 个主体对收入的偏好，$W_{k,j}$ 为主体所获得的收入，$L_{k,j}$ 为主体所得到的闲暇。本节的模拟利用 gamma 分布函数，使环境中主体的收入偏好分布具有不同特征。

（7）假定多主体组织 A、B 中的每个主体知道自己的收入偏好水平 θ_j，自己所传授的知识量 b_j，以及组织的整体努力水平 $E_K^T(K = A, B)$。

（8）主体的死亡。当 $\theta_j \geqslant 0.98$ 或者 $\theta_j \leqslant 0.02$ 时，设定主体死亡。因为在现实生活中，人们对收入的偏好不可能无穷大，也不可能无穷小。

（9）在组织 A、B 中的主体，如果其均衡的效用水平小于其单独工作状态下的效用水平时，则该主体离开组织，选择单独工作状态。具体步骤如下：主体首先计算自己单独工作时的效用水平 U_0^j，然后计算出自己在组织 A、B 时的动态效用水平 $U_K^j(K=A, B)$，如果 $U_0^j \geqslant U_K^j(K=A, B)$，则主体随机跳出组织，选择单独工作状态。

第三节　模拟及结果分析

根据前面的假设进行模拟，通过对每一周期内组织规模、主体的平均努力水平的考察，以及对 100 周期内主体的平均产出、平均效用水平、平均努力水平和组织平均规模的分析，探究知识共享的内部动力学机理。

一　组织中实行按劳分配方式

当组织中实行按劳分配方式，组织规模的演变曲线如图 3 - 4 所示，浅色曲线对应的是组织 A 的规模，深色曲线对应的是组织 B 的规模。组织 A 的规模要明显地大于组织 B 的规模，且组织 A 的规模有明显的随时间递增的趋势，呈现倒"U"形，而组织 B 的规模是随时间递减的趋势，当 100 期模拟结束时组织 B 规模接近于零。

组织 A 中主体的每一期平均努力水平也大于组织 B 中的平均努力水平，如图 3 -5 所示，浅色曲线对应的是组织 A 中主体每一期的平均努力水平，平均努力水平先经过短暂递增后，呈现出比较平稳的水平状态。深色曲线对应的是组织 B 中主体每一期的平均努力水平，平均努力水平无明显的随时间变化的趋势，基本上是比较平稳的水平状态。其他的模拟数据如表 3 -3 所示，比较数据，可以发现 100 期的模拟中，组织 A 中的各项模拟指标都要优于组织 B。

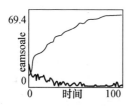

图 3 - 4　组织规模分布

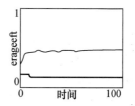

图 3 - 5　平均努力水平分布

表3-3   按劳分配时100期的平均模拟结果

	多主体组织 A	多主体组织 B
平均产出	11.667	0.217
平均效用	3.097	0.566
平均努力水平	0.464	0.14
平均规模	50.69	3.59

在按劳分配方式下，组织 B 中的高位势知识个体通过知识共享把自己所拥有的知识传授给低位势知识个体，这有助于提高低位势知识个体的努力水平和群体绩效，但是在知识共享过程中，高位势知识个体未从低位势知识个体那里获得任何收益，随着低位势知识个体努力水平的提高，会使高位势知识个体的努力水平在总努力水平中所占的比重减小，而组织中又实行的是按劳分配方式，个体收入水平取决于群体绩效以及个体的努力水平在总努力水平中所占比重，当群体绩效的提高而导致的高位势知识个体收入提高的比率，不能弥补由于低位势知识个体努力水平的提高、高位势知识个体努力水平的相对降低而导致的高位势知识个体收入降低的比率。也就是说，三者的合力最终导致高位势知识个体效用水平降低了，因此高位势知识个体不断地离开组织，其动态的结果是群体绩效的下降。

二　组织中实行平均分配方式

当组织中实行平均分配方式时，组织规模的演变曲线如图3-6所示，深色曲线对应组织 B 的规模，浅色曲线对应组织 A 的规模，和第一次模拟结果相反，组织 B 的规模要大于组织 A，并且组织 B 的规模有随时间递增的趋势，短期内波动幅度比较大；组织 A 的规模无明显的趋势性变化特征，只呈现出短期的不规则波动。

组织 B 中主体的每一期平均努力水平都比较平稳，而组织 A 中主体的每一期的平均努力水平有较大的波动，组织 A 中主体的平均努力水平与组织 B 相当或略优于组织 B，如图3-7所示，浅色曲线对应的是组织 A 中主体的每一期平均努力水平，深色曲线对应的是组织 B 中主体的每一期的平均努力水平，100期内的各项模拟数据如表3-4所示。

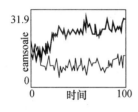

图 3 - 6　组织规模分布

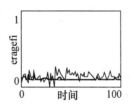

图 3 - 7　平均努力水平分布

　　如果组织中采用平均分配方式，易于滋生"搭便车"倾向，但是知识共享会提高低位势知识个体的知识水平，促进其更加努力工作，从而减轻"搭便车"行为的负面影响，从某种程度上纠正了"搭便车"行为所造成的危害。另外，知识共享的协同效应也有助于群体绩效的提高，所以知识共享后，组织 B 中每个知识主体的收入水平都有所提高，因此组织规模不断扩大。虽然知识共享能够减轻"搭便车"行为的程度，但是不能从根本上消除"搭便车"行为，这有可能是平均产出、平均效用和平均努力水平无明显提高，甚至是降低的原因。

表 3 - 4　　　　　　　　平均分配时 100 期的平均模拟结果

	多主体组织 A	多主体组织 B
平均产出	0.584	0.717
平均效用	0.737	0.872
平均努力水平	0.213	0.146
平均规模	8.22	27.12

第四节　结论与展望

　　本章采用计算机建模方法，动态模拟了知识共享机制对群体绩效的影响，通过分析可以得出以下主要结论：（1）知识共享主要受个体预期的成本收益的影响，同时也受知识性质、高位势知识个体的表达能力、低位势知识个体的吸收能力、环境等因素的影响。（2）对于动态的开放系统，知识共享的作用具有两面性：一方面，知识共享有助于把组织做大做强，有利于群体绩效的提高；另一方面，由于个体的流动性较高，如果没有科

学、合理的知识共享机制来维护个体的收益平衡，随着高位势知识个体的
不断离开组织，群体绩效会明显降低。（3）通过知识共享机制可以实现
高位势知识个体、低位势知识个体和组织环境三要素之间的耦合，但是不
同的知识共享机制耦合效果不同，需针对个体的特征构建符合组织实际情
况的知识共享机制，最大限度地促进知识共享行为的发生，提高知识共享
的效果，实现群体绩效最大化。关于如何针对个体特征设计出完善的知识
共享机制还有待于进一步研究。

本章小结

本章深入探讨了员工间的知识分析关系对群体绩效的影响。

组织内部员工之间的知识分享有利于员工个体知识水平和能力的提
升，有助于群体绩效水平的提高，然而对于拥有不同知识位势的个体而
言，其绩效水平的高低却取决于知识共享机制。本章分析了影响群体知识
共享相关因素认为，知识共享主要受个体预期的成本收益、个体所拥有知
识的性质、高位势知识个体的共享动机和表达能力、低位知识个体的共享
动机和吸收能力，以及环境因素的影响。笔者建立了多主体模型，动态模
拟不同的知识共享机制对群体绩效以及对个体加入群体的影响。研究表
明，知识共享行为主要受个体预期的成本收益等因素影响，构建科学合理
的知识共享机制可以降低知识共享成本，维持个体之间的利益平衡，提高
群体绩效。

第四章　领导—员工互动关系对
追随力的影响[*]

没有追随者就无所谓领导者，下属形不成追随力，组织就会失去持续发展的动力。现阶段我国组织中员工追随力欠缺已成为"木桶的最短板"，严重限制组织的经营发展。员工个体的追随力对于组织整体的运营水平的重要影响力长期没有得到学者和管理者的足够的关注。然而，下属追随力是怎样产生、发展和变化的，至今尚未得到有效解决。

组织的管理活动是由领导者和追随者在一定的情境下共同完成的，领导—追随行为互动对于追随力的培养与开发起到了举足轻重的作用。鉴于以往学者采用单一视角进行的研究过分简化了员工的追随过程，本章将从对偶心理定位的视角出发，在领导者和追随者互动的历程中进行探讨，考察这种行为互动如何影响员工追随力，并尝试去揭示员工追随力的形成路径。深入探讨领导与员工的行为互动的影响机理，对于员工个体追随力的培养与组织的经营水平具有重要的指导作用。

第一节　研究背景

正如领导学大师本尼斯（Bennis，2001）所言，"没有伟大的追随者就没有伟大的领导者"。由于组织层级中几乎所有人都是追随者，因而哈佛大学凯勒曼（2008）认为，"追随者决定企业成败"。麦肯锡公司近期研究发现，提高生产力的关键在于企业能否识别并消弭领导者与下属日常互动的障碍，激发下属的追随效能。百思买（Best Buy Co. Inc.）零售渠

　　* 本章参考陶厚永、李薇、陈建安、李玲《领导—追随行为互动研究：对偶心理定位的视角》，《中国工业经济》2014 年第 12 期。

道执行副总裁巴纳德指出：领导—下属之间不良的行为互动，不仅会导致新员工的追随乏力，甚至可能诱发大公司的消亡。然而，社会上却普遍存在"追随偏见"，即社会崇尚领导力文化而形成的追随者消极弱小的思维定式（Chaleff，2009）。领导者的能力和风格固然重要，但是，领导者个人能力的发挥和领导风格的体现离不开与追随者的互动（Kellerman，2008）。换句话说，组织的管理活动是由领导者和追随者在一定的情境下共同完成的，双方的特质、情绪和态度都会影响对方的感知、态度和行为，甚至改变另一方的情绪、态度、工作满意度、行为模式和认同感知（Dvir and Shamir，2003），从而会对领导效能产生影响。因而，随着对追随者地位认识的不断提升，领导学领域先后经历了以领导者为中心和以追随者为中心的研究历程，但只从单一视角研究会导致对追随过程的理解过于简化，可能会形成错误结论，于是越来越多的学者倡议将追随力的相关议题分化在领导者和追随者互动的历程中进行考察（如 Gemmill and Oakley，1992；Collinson，2005；Uhl - Bien et al.，2007）。所以，探索领导—追随行为互动的过程中下属追随力的形成路径，已是摆在所有组织面前的现实课题。

由于追随过程本质是一个学习、积累、沉淀过程，出色追随力的实现需要漫长的累积，并非一朝一夕之功，因而，追随力的培养最好从新员工抓起。他们初入组织，像一张白纸，未来会成为什么样子，离不开与领导者的互动与交流（陈维政、李强、胡冬梅，2012）。如果领导者能够搭台、创条件，扶上马、送一程，积极与之互动，他们就可能快速完成从"职场菜鸟"向"职场达人"的转变，从而成为称职的下属和组织发展的中坚力量（李超平、苏琴、宋照礼，2014）。另外，从交互行为心理发展历程看，员工在进入组织前后，一般都会积极主动寻找各类信息，期望对新环境以及领导者的状态进行准确预判，再决定采用相应的追随行为。类似地，领导者也会通过各种各样直接和间接途径（如背景评估）对新员工状态进行评估，之后再决定采取进一步的领导行为。经过一系列互动、合作后，领导者和下属逐渐从认识到熟悉，并会建立起亲疏远近的关系，这会直接影响领导者和下属之间的情感依附以及下属的追随意愿（李超平、苏琴、宋照礼，2014）。

追随力是有效执行领导者指令、支持领导者工作的能力（Bjugstad，Thach，Thompson and Morris，2006），本质上还是一种能力，因而仅仅获得下属的认同是不够的，至少是不完全的。在赢得下属追随意愿的同时，下属还得拥有出色完成组织目标的能力。根据社会认同理论，人对于自我信念的强度，决定个体是否会努力应付困难。高自我效能者在遇到困难时会激励自己付出更多努力，且能够有效集中注意力，增加正向行为的频率，获致成功机会较大（Bandura，1982）。如果员工感觉领导者心理赋能越强，就能提高员工在执行任务时的能力，员工通常也会感觉更有自信，从而可以促进其进行创意的思考及提高解决问题能力（Bowen and Lawler，1992）。所以领导者对下属的心理赋能可以使员工感受到能力，提高他们执行任务的工作动机，即使遭遇"瓶颈"问题，也能激发员工不断地进行冒险尝试，探索新的认知途径来解决问题。因此，以心理赋能为切入点，自上而下地探索领导者对下属的认同及其对下属追随的影响，有可能从一个侧面刻画从追随意愿到追随能力的螺旋上升过程。

在知识经济环境下，可操作性的工作已经越来越多地由机器取代，员工更多地集中于知识型岗位，完成这些岗位的工作需要依赖员工本身的知识、主动性和创新性（李超平、苏琴、宋照礼，2014）。但问题是该如何激励下属内心的主观能动性，从而提高他们完成组织目标的能力。行为计划理论和有意义学习理论认为，决策者的行为会由个体的行为意向所决定，如果下属心理上对领导者形成认同，那么下属就会对领导者产生追随意愿，在"交往内驱力"的驱动下，下属就会采取在非正式工作规定下的前瞻性行为，从而促进追随力的提高（何欣恬，2011）。所谓"交往内驱力"是指，下属为了赢得领导者赞许或认可而表现出来的要把工作做好的一种内在需要。引起这种内驱力需要三个条件：（1）下属与领导者在感情上具有依附性，领导者是下属追随和效法的对象。（2）下属从领导者那儿博得的赞许或认可中，可获得一种派生地位；所谓派生地位，是指不是由他本身的成就水平决定的，而是从他不断追随和效法的某个人或某些人不断给予的赞许或认可中引申出来的地位或待遇。（3）享有这种派生地位乐趣的人，会有意识地使自己的行为符合领导者的标准和期望，借以获得并保持领导者的赞许，这种赞许往往会使一个人的派生地位更确定、更巩固。因此，以前瞻性行为为落脚点，自下而上地探索下属对领导者的认同及其对下属追随力的影响，有可能从另一个侧面刻画从追随意愿到追随能力的螺旋上升过程。

第二节　对偶心理定位与领导—追随行为模式

中国人习惯在与他人相处之前，对彼此间的"垂直关系"（权力地位）和"水平关系"（情感关系）进行分析，在确定彼此状态后，再决定采用何种方式与之进行交往（严奇峰，1991）。"主体"会依据"客体"与自己在垂直（权力地位的高低）与水平关系（关系价值的正负）上的不同，定位客体的坐标，客体可能会坐落于第一象限或第二、第三、第四象限，于是便产生了四种关系类型："利他顺从"（尊敬式顺从）、"利己顺从"（规避式顺从）、"利他支配"（栽培式支配）及"利己支配"（威权式支配），并在各关系类型中展现相对应的行为（因应行为）（卓明德，2012）。

上述心理定位观点对于解释一般世俗行为有较强的解释力，但如果直接套用到组织场域中领导者与下属关系上可能不太合适。首先，受高权力距离文化的影响，华人组织中领导者与下属之间普遍存在着上尊下卑现象（吴维库、刘军、吴隆增，2011），但是不同领导—下属之间的权力距离并不会因为彼此级别差距的扩大而扩大，反而可能会出现"县官不如现管"现象。其次，组织是有经营任务和目标的，员工能力会影响组织目标能否实现和组织利润的高低，这直接关系到组织目标能否实现以及每个员工的福祉，所以领导—下属互动必然会将对方"能力"因素考虑进去。很多理论中都有相关表述：赫塞和布兰查（Hersey and Blanchard，1977）在情境领导理论中指出，领导行为要与下属的成熟度（能力）相适应才能取得有效的领导效果；凯利（Kyelley，1988）对追随者的分类构面中，其"下属的独立性"（是否善于独立思考）与下属的专业能力有关；内隐追随理论中，"追随者的经验与效率"亦是领导非常重视的项目。因此，笔者用"专业能力"替代"权力地位"作为领导者—新员工心理定位的一个构面。

郑伯埙（1995）结合华人组织的特点，在差序格局（费孝通）、人情与面子模式（黄光国）以及信任格局（高承恕）基础上，提出了"亲"（与员工血缘关系的远近）、"忠"（员工的忠诚度高低）以及"才"（员工的能力高低）的员工归类模式，来研究企业主与下属之间的定位。但是"亲"、"忠"、"才"的员工归类模式在解释领导—下属行为互动时，依然存在一定的局限性：首先，随着现代组织规模不断扩大，以及公司治理的职业化，领导—下属之间具有血缘关系的概率很低，从而导致"亲"这一构面的缺失；其次，华人文化的忠与西方的忠在发展脉络以及内涵上有所差异（姜定宇等，2005），且华人文化下的忠诚概念仍处于建构阶段，需要更多的后续研究来支撑（姜定宇、郑伯埙、郑纪莹、周丽芳，2007）。因此，为了让定位概念更加稳固，笔者将二者合并，用较为成熟的"信任关系"代替"亲"、"忠"，作为领导—下属心理定位的另一个构面。

一　领导者心理定位与领导行为

员工进入组织后，领导者会根据员工的"专业能力"以及"信任关系"对其进行定位，由于能力和信任的高低组合可以形成 2×2 四种定位类型，因而领导者对下属可以实施四种不同的领导行为（卓明德，2012）。

（1）领导者对新员工的心理定位为高能力、高信任。当领导者将新员工定位为高专业能力时，预期下属可以顺利完成任务，因而会展现出较少的任务指导行为；另外，由于领导者对该员工比较信任，交互过程不会产生代理问题（Eisenhardt，1989），因此领导者会放心授权给该员工，以求管理上更有效率，即授权领导行为。

卓明德（2012）进行准实验研究后发现，在高能力和高信任的下属脚本中，领导者展现的授权行为显著高于其他行为；下属能力与领导者的授权行为的关系，会依据对下属的信任程度的高低而产生明显的变化，领导者越信任下属，下属的专业能力越高就越能获得更高程度的授权领导行为。相反，如果领导对下属的信任程度越低，下属的专业能力越高反而会造成越低程度授权行为的回应。

（2）领导者对新员工的心理定位为高能力、低信任。同样被判断为专业能力高的新员工，却会因为得不到领导者的信任，导致领导行为发生巨大转变（Blanchard，2007）。面对此类员工，领导者担心其会对自己的权威构成威胁，甚至可能害怕自己被该下属取而代之，因而杜绝该员工进入权力核心与决策的机会，处处防御该下属，即防御领导行为。

后续研究发现，领导者不仅会对高能力、低信任的下属以防御行为作为回应。当领导者面对低能力、低信任的下属，也会展现某种程度的防御行为，但是领导者防御下属的动机可能略有差异（卓明德，2012）。当领导者定位下属是低能力、低信任时，一般不会产生代理问题，此时主管的防御行为大多是防止下属"拖后腿",担心他们会将重要信息或资源转移给其他能力高但不信任的同事,因此而产生的防御行为。所以,下属的专业能力高低并不是决定领导者防御行为的主要诱因,信任关系才是决定性因素。

(3) 当新员工专业能力较低时,领导者将出现较多的任务行为,但在领导行为上也会因对下属的不同信任,产生相异的领导行为。获得领导者信任的下属,领导者倾向给予机会磨炼,让其参与决策的制定,以提升该下属的专业能力,透过参与决策等的训练,期望未来可栽培成为重用的对象,即采用栽培领导行为。

领导者之所以展现栽培行为主要是期望从下属换得回报,且领导者的栽培行为程度会依据下属回报程度不同而改变。根据期望理论可以判断下属回报的程度,信任程度越高,下属回报可能性越大;而专业能力代表下属回报价值,专业能力越强,回报价值越大。因而,对下属的信任程度会调节下属能力与栽培行为的关系,当领导者信任下属时,随着下属能力的提高,领导者会给予更多的栽培行为;反之,领导者对下属信任程度越低,下属能力提高时,领导就越不会采取栽培领导行为。

(4) 当新员工被定位为专业能力低且信任程度亦低的类型时,领导者依然出现较高程度的任务行为,但领导者的行为方式将有别于对高信任关系的下属,将直接告知该下属如何执行任务 (Blanchard, 2007);另外,由于新员工的专业能力较低,领导者不会担心自己地位遭受威胁,因此,将展现较高程度的威权领导行为。

一些学者后来发现,领导者的威权行为其实并不受领导者心理定位的影响,即无论下属的专业能力的强弱以及对下属信任程度的高低,领导者都会采取某种程度的威权行为 (卓明德,2012)。对于领导者而言,为了维护自身地位和控制下属,首要是立威,家长式领导理论中相关的论述可谓是汗牛充栋 (Cheng, Chou, Huang, Farh and Peng, 2003; Chen, Eberly, Chiang, Farh, Cheng, 2014)。因此,无论对待何种类型下属,领导者都会采取威权行为。如果非要找出其中的差异,那只可能是程度上的差异。领导者对下属信任,威权行为的程度可能随之降低 (卓明德,2012)。

二 下属的心理定位与追随行为

下属的心理定位会以自我为中心,依据领导者具备的专业能力高低以及对领导者信任关系,形成特定的定位类型,进而采取对应的追随行为(见图4-1)。

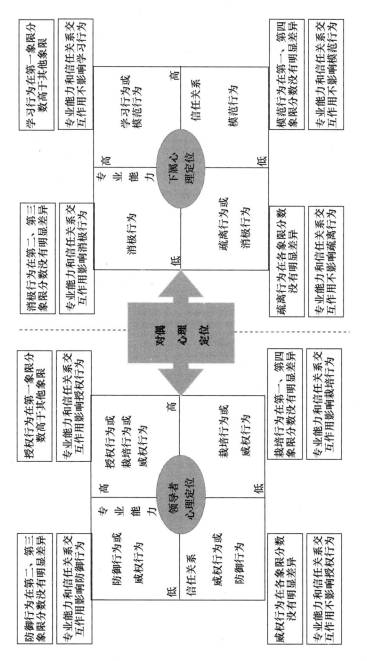

图 4-1　对偶心理定位与领导—追随行为模式的关系

资料来源：根据卓明德（2012）整理。

（1）当下属判断领导者的专业能力高时，会认可该领导者在任务执行上的指导，但对领导者的态度，会因对该领导者的信任程度呈现不同的追随行为。当下属信任该领导者时，可能有较多的情感亲近行为（王荣春、陈彰仪，2003），以正面态度回应领导者任务上的指导，期望能从领导者身上学习，当领导者给予机会时能够提出自己的观点，会展现较高程度的学习追随行为。

由此可见，决定下属是否展现学习型追随行为的因素不只是下属对领导者的信任程度，还会考虑领导者的专业能力。只有当领导者的专业能力较强，同时又能赢得下属的充分信任时，下属才会展现较高程度的学习行为。

（2）下属判断领导者专业能力高，但对该领导者的信任程度较低时，可能会出现非真诚投靠的追随行为（王荣春、陈彰仪，2003），不愿将内心真正的想法告知领导者，导致比较负面或消极的态度（Carsten et al.，2010），但基于组织制度仍会服从领导者的权力，以及领导者的专业能力（Carsten et al.，2010），会屈从于领导者的决策，下属虽然对该类型的领导者有负面情绪，但不会展现在追随行为上，仍会顺从领导者，以消极心态与该领导互动，展现消极追随行为（Kelley，1988）。

后来研究发现，无论领导者的专业能力高低，只要下属对领导者的信任程度低，就会发生较高程度的消极追随行为，虽然高能力低信任以及低能力低信任两组没有达到统计上的显著差异，但是高能力低信任的消极追随行为程度还是大于低能力低信任（卓明德，2012）。

（3）当下属判断领导者的专业能力低时，在自利心态的驱使下，下属会对该领导者的领导资格产生疑虑，担心未来在该领导者的领导下，无法达成目标，此时，下属会进一步衡量与该领导者的关系，确立追随行为；若与该领导为正向信任关系时，该下属会以辅佐的态度追随，将该领导视为自己的伙伴，与领导者共同进行决策，适时给予建言（Carsten et al.，2010），辅佐相关业务、主动配合与牺牲奉献等有利于领导的行为（王荣春、陈彰仪，2003），将展现较高程度的模范追随行为（Kelley，1988）。

后续研究证实，当下属面对低能力但是高信任程度领导者时，表现的模范追随行为会高于低能力低信任以及高能力低信任的组合，但是与高能力高信任组没有显著差异。因而，即使领导者有能力胜任目前的职位，下属还是会展现模范追随行为（卓明德，2012）。换句话说，模范追随行为的展现取决于下属对领导者的信任。

（4）若判断领导者的专业能力较低，且对该领导者为低度信任时，下属可能会产生负面的观点，不认同该领导者，但碍于领导者的职权，如经济性权力，以及该领导者可能掌握的关键资源，使得下属不得不依赖领导者，从而导致下属响应领导者的态度将以利己为出发点。在任务执行过程中，下属倾向于以自己的意见为主，也不信任领导者给予的意见，亦不会主动与领导者拉近距离，以冷淡疏离的行为与之互动，将展现较高程度的疏离追随行为（Kelley，1988）。

当下属定位领导者为低能力且信任程度较低时，对下属而言，既不需要依赖领导者资源，且领导者的低专业能力也让下属感觉无所谓，相关文献亦指出，领导者与下属的依赖关系是下属恃强凌弱的重要考量因素（Branch et al.，2007）。

第三节　领导—追随行为互动对双向认同的影响机理

一　双向认同发生机制

"双向认同"包括下向认同（领导者对下属的认同）和上向认同（下属对领导者的认同），它们源自个人认同，卡克等（Kark et al.，2003）借用了普拉特（Pratt，1998）的组织认同概念来定义个人认同，认为当个体将某个人（如领导者）的信念、形象当作自我参考或自我定义内容时，将对此人产生认同感。聚焦于领导与下属之间的认同，学术界关于下属对领导者认同（上向认同）的研究成果较多，而领导者对下属认同（下向认同）的相关研究成果较少。贝克（1992）把下属对领导者的认同定义为，当下属佩服领导者的某些特质，比如说态度、行为或者造诣的时候，他就会因为能与这样的领导者一起共事而感到骄傲和自豪，就会产生对这个领导者的认同。斯科特等（Scott et al.，1999）的研究表明，当一个人强烈地认同他的老板或者团队领导时，就会形成自我定义，从而产生对老板或领导者的依附心理，进而形成对他们的认同。

朱瑜等（2013）从领导者与下属互动视角出发，认为领导与下属双

向认同的建构过程就是群体内不同个体不断做出角色宣称①与角色赞同②
努力的循环互动过程，涉及自我概念的个体内化、集体认可和众望所归三
个层次。角色宣称与角色赞同这两种互补、互动的认同努力，不仅使得个
体能够内化新的自我角色（领导者角色或追随者角色），而且使得个体能
够慢慢识别出新建构起来的角色关系（领导者—追随者关系），并使这一
角色关系的范围不断扩大，从而建立起清晰稳固的双边关系（朱瑜、童
静、黄丽君，2013）。

　　如图 4 - 2 所示，不同个体做出的角色宣称与角色赞同的认同努力共
同构建了双向认同。在这一过程中，宣称领导者角色的个体（A）同时也
赞同下属（B）的追随者角色，此时若 B 认可 A 的领导能力，就会赞同
其担当领导者角色，并宣称自己成为其追随者，当追随者的角色宣称得到
A 的赞同时，认同努力便完成了一次循环。但领导关系认同并未就此结
束，角色宣称与角色赞同的互动努力使得领导者和下属的双向认同处于动
态发展过程中（Sveningsson and Alvesson，2003）。

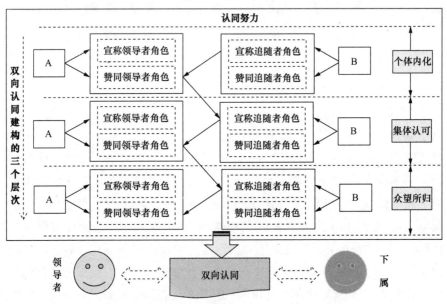

图 4 - 2　领导者与下属之间双向认同的建构过程

---

①　角色宣称是指个体在特定情境下通过与他人的互动来索要某一角色并寻求他人认可的过程。

②　角色赞同是指个体在特定情境下通过与他人的互动来肯定或承认他人的角色宣称，或把
某一角色赋予他人的过程。

具体而言，这种影响过程如下：

首先，个体层次的角色内化。当个体（A）向其他群体成员宣称领导者角色并获得他人（如 B）赞同与支持时，个体（A）的角色内化就得以进一步加深，即个体（A）更加确信自己适合担当领导者，并将这一认知融入自我概念中，从而形成相应的自我角色认同。与此同时，个体（B）也完成了追随者角色的内化。

其次，集体层次的认可。虽然获得领导者角色赞同的个体可能有多个，但只有在集体范围内获得认可的个体才能获得最稳固的领导者角色认同，因此，当出现多个被赞同为领导者个体时，群体内部会就此进行商议，从而导致角色宣称与角色赞同努力发生新的变化，最终使群体内的角色宣称与角色赞同最大限度地聚合，从而明确产生集体认可的领导者和处于从属地位的追随者。也就是说，当个体的领导者或追随者角色由自我认同变成集体的广泛共识时，以领导者角色认同为核心并伴随着追随者角色认同的双向认同便得到了极大发展。

最后，众望所归。领导者能够促成一套思想体系的形成，并得到下属的完全接受和配合。下属会对领导者无限忠诚，并且领导者的影响力会不断向外围扩散，甚至可以获得非直接下属的认同。由此可见，认同不是预先给定的，而是在互动的过程中生成的，它也不可能完全以自我利益为中心，而是受到共同规则的制约和导引。

二　领导—追随行为的互动对双向认同的影响

社会关系模式指出，互动双方的行为展现或互动知觉具有三种变异来源：（1）行动者效果，即行动者本身的性格、风格或行为；（2）互动对象效果，即对方的性格、风格，或在该性格、风格下对行为者行动的回馈；（3）互动效果，为上述行动者与互动对象二者的交互作用（Kenny，1994）。基于此模式，领导者对下属的认同除了受领导者自身认知取向影响外（行动者效果），也会受下属行为反应的影响（互动对象效果），更会受到二者交互作用的影响（互动效果）。同理，下属对领导者的认同亦是如此。因此，很多学者建议以整合的视角去研究领导—追随行为互动，倡导建立更加开放的、动态的、双向的上下级关系（Gilbert and Matviuk，2008）。Sevier（1999）认为，若想提高下属的追随力，领导者与下属之间"有一些给予和舍弃，必须相互尊重和信任，同时他们必须有一个共同的方向"。然而俗话说："说到不如做到，说得好不如做得好"，行为互动中的感知才是双向认同形成的关键，这将直接影响角色宣称和角色赞同的交替循环，决定双向认同的产生与发展。

依据代理理论（Eisenhardt，1989）可知，领导者授权给值得"信任"且有能力的下属，不仅可以避免产生代理问题，下属也因为可以得到领导者信任，摆脱束缚而尽情施展自己的才华而乐意追随。因此，授权领导行为与模范追随行为的互动有助于促进角色宣称和角色赞同的交替循环，从而有利于上向认同（下属对领导者的认同）以及下向认同（领导者对下属的认同）的产生与发展。然而，领导者如果授权给其他追随行为时，情况可能就会有所不同：疏离型追随者往往带有负面情绪，而消极型追随者又缺乏主动性和独立思考能力，如果领导者授权给带有消极、疏离的追随者时，很难形成良性互动的局面，领导难以对下属产生认同，同样下属也很难对领导产生认同；如果领导者授权给学习型追随者时，由于学习型追随者持有的向领导者学习的心理，而授权行为致使下属与领导者之间的互动和交流减少，因而可能会对上向认同（下属对领导者的认同）产生不利的影响，但是下属积极的学习行为容易获得领导的认可，故而会促进下向认同的发展（见图4-3）。

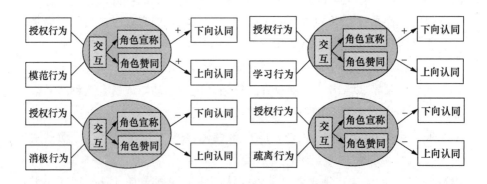

图4-3 授权行为与四种追随行为互动对双向认同的影响

当面对不同追随行为时，领导者的栽培行为与之交互亦会对双向认同产生不同的影响。已有研究显示，学习动机是影响学习成效的重要因素（Bouffard and Couture，2003）。因此，当下属的学习动机较强时，展现出学习追随行为，如果领导者能够实施栽培领导行为，则二者互动可能会起到较好的效果，会促进角色宣称和角色赞同的交替循环，从而有利于双向认同的产生。反之，当下属的学习动机较低而展现出消极追随行为时，如果领导者实施栽培行为，这种"以德报怨"的领导行为虽然有利于上向认同（下属对领导者的认同）的形成，但是，可能会对下向认同（领导者对下属的认同）产生破坏作用。

如果下属采取模范行为（下属对领导者的定位是高信任、低能力）和疏离追随行为（下属对领导者的定位是低信任、低能力），领导者却采用栽培行为，对下属进行过多的干预与指导，反而会引起下属的反感，因而可能会对双向认同产生负面影响。如果领导者采取栽培行为，而下属采取消极追随行为，二者互动不可避免地会出现一方获益、另一方受损的情况，因而领导的栽培行为虽然会有利于促进上向认同的形成，但是下属的消极行为却对下向认同（领导对下属的认同）明显不利（见图4-4）。

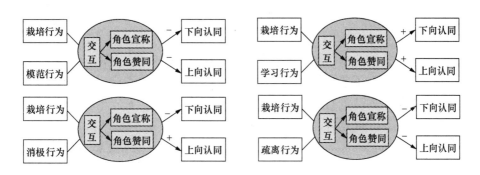

图4-4 栽培行为与四种追随行为互动对双向认同的影响

当领导者以威权行为对待下属时，不一定不利于双向认同：当下属采取表面顺从的消极追随行为时，由于期待领导者直接告知任务执行方式与预期目标，下属自身对领导者的威权行为也没有敌意和反感。换句话说，威权领导行为可能符合消极追随者对领导者的预期，因而可能会对上向认同（下属对领导者的认同）有利，对下向认同（领导者对下属的认同）不利；如果下属采用模范行为，由于对领导者的定位是"能力差"，所以领导者直接告知任务执行方式与预期目标，过多的任务干预会引起下属"逆反心理"，从而对上向认同产生不利影响，但是下属的模范追随行为却容易得到领导者的认可，故而可能会对下向认同有利；如果下属采取积极的学习型追随行为，领导者却采用不信任下属的威权行为，这会引发下属对领导者的反感，从而对上向认同不利，但下属积极的学习态度容易得到领导者的认可，因而对下向认同有利；如果下属采取疏离行为，而领导者实施威权行为，领导—下属行为互动会因为互不信任、互不承认而对双向认同产生非常不利的影响（见图4-5）。

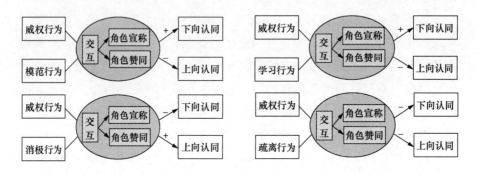

图4-5　威权行为与四种追随行为互动对双向认同的影响

防御领导行为表示领导者不会将重要信息告知下属，或者故意扭曲资源配置，从而使下属在执行任务的过程中遇到阻碍，感知不到领导者的支持，这会对上向认同（下属对领导者的认同）造成损害；但是在考虑下属追随行为后，此二者的负向关系亦可能受到缓和或恶化，例如高度模范追随行为，可能会缓和领导者对下属的防御行为，有助于领导者对下属认同的形成。如果下属采取学习型追随行为，这会加剧领导者更加恐慌的心理，不利于下向认同的形成。如果领导者采取防御行为，而下属采取消极行为或者疏离行为，那么领导者与下属的行为互动显然会造成双向认同的恶化（见图4-6）。

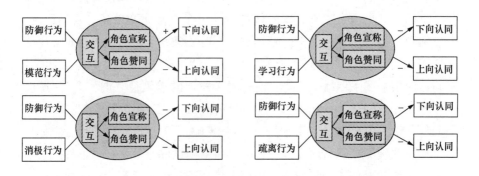

图4-6　防御行为与四种追随行为互动对双向认同的影响

第四节　不同认同视角下下属
追随力的形成路径

霍韦尔和科斯特利（Howell and Costley, 2003）提出领导行为与追随行为相互影响的内在机制，认为领导者可以通过影响追随者的心理反应而引发追随行为，但这种影响并不是单向的，追随行为又会反作用于领导行为，因此为了提高追随效果，领导者需要根据追随行为来改变自身的领导行为，如图4－7所示。但是，追随力终归是一种实现目标的能力，

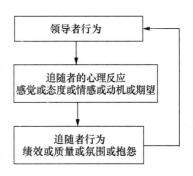

图4－7　领导—追随行为的
互动循环

追随行为未必就一定能转化为追随力，追随力的形成离不开下属的心理运动，所以人们普遍认为，没有下属内心的认同，领导者也就不能成为真正的领导者。埃尔哈特和克莱因（Ehrhart and Klein, 2001）在下级对上级的偏爱中发现了"相似相吸"的现象。当追随者与领导者有共同的自我概念、情感附着时，就容易产生追随。科林森（Collinson, 2006）采用后结构主义分析，得出了五种追随动机，其中之一就是通过认同有魅力的、强大的领导以提升自尊而产生的追随。但聚焦于领导—追随行为互动过程中双向认同的产生与发展对下属追随力的影响路径，至今仍未形成清晰的研究成果。笔者认为，追随力形成的关键是充分发挥下属的主观能动性，在领导—追随行为互动过程中变被动适应为主动超越，借助领导者对下属的认同和下属对领导者的认同造就"上拉下推"的良性局面，引导员工不断地提高追随能力。

一　下向认同与下属追随力的形成：心理赋能的作用分析

心理赋能是个体通过对工作情境的评价而形成的内在动机状态（Thomas and Velthouse, 1990），强调个体在工作环境中的心理反应（Spreitzer, 1995），它是一个可变的状态变量。赋能是赋予能力而非授权的过程，赋予能力意旨透过提升个人自我效能来创造增加任务达成的动机，授权仅是赋能的一个方面（Conger and Kanungo, 1988）。赋能是通过正式组

织实务与非正式技术来达到权力下放，使组织成员增加自我效能感过程（Conger and Kanungo，1988）。

（一）领导者对下属的认同与心理赋能

领导者对下属产生了认同，就会倾向与之建立"亦师亦友"的关系，就会尊重员工想法，并希望借助讨论与赋能方式做出更好的决策（Park，2007）。此时，领导者就会从控制型转变成赋能型管理方式（Evered and Selman，1989），通过评估、挑战与支持的动态互动，去改善下属的绩效，并且把组织绩效和个人效率相互连接起来。在日常管理中，领导者往往会通过引领下属而非命令方式帮助下属去改善绩效，使用提问的方式询问下属如何改善绩效，而非直接告诉下属怎么做。

通过赋能的过程员工将会知觉，并因此提高心理赋能中的自我效能感（Conger and Kanungo，1988）。人们对自己能力的期望，有时会受到情绪激励的影响。而对于自己认同的下属，领导者会采取开放式沟通与促进下属发展的态度，有效地聆听并提供支持下属的环境，这将有效地强化下属的自我效能。此外，借由开放性沟通来共享信息与观点，则可帮助下属创造工作的意义感与目的（Conger and Kanungo，1988），增加个人做决策与影响决策的能力。

领导者对下属的认同本身就能满足员工在自尊、与众不同以及认为自己在组织中具有重要价值的需求，通过领导者的鼓励与信念，进而让员工感受到被赋予重任与授权。在这种赋予员工执行权与自主性的观点下，能够改变员工的信仰，激励员工积极地审视领导者所持有的价值观，从而会影响员工在工作与自我效能上的表现。沙米尔等（Shamir et al.，1993）发现，领导者展现其魅力和其鼓舞的特质，会让下属对工作的内在意义增强，使工作任务圆满完成。

（二）心理赋能与下属追随力

心理赋权能让下属感受到激励，能增加个体内在的任务动机，通过个人对任务评价或认知，使个人能主动、持续地完成组织目标，其本质在于促使下属运用自身能力、产生对环境的影响力，提高为组织效力的意愿（Spreitzer，1995）。

根据社会认同理论，人对于自我信念的强度决定了个体克服困难的努力强度。高自我效能者遇上困难时会激发自己付出更多努力，且能够有效集中注意力，增加行为频率，提升追随力的概率（Bandura，1982）。Bowen and Lawler（1992）指出，员工感觉心理赋能越强，员工通常也会感觉更有自信，有助于促进其创意思考及解决问题能力的提高。当员工发展出强烈的自我效能，也可以提高他们的工作动机，所以，即使是遭遇"瓶颈"困难，也能激发员工不断冒险尝试，探索新的认知途径来解决问题，在想法上寻求突破。因此，领导者对下属的心理赋权会对新员工的追随力产生积极影响。

二　上向认同与下属追随力的形成：前瞻性行为的作用分析

在早期前瞻性行为研究中，学者们倾向认为此行为是一种个人的特质，相对稳定且不易改变。但在近期研究中，大多学者认为，前瞻性行为是可由环境或组织情境来预测的（Sonnentag，2003），并且会随着时间产生个体内的改变（Sonnentag，2003）。格兰特（Crant，2000）将前瞻性行为的前置因素分成两个部分：一部分是个人因素，如工作自我效能、内在工作动机等（Ohly and Fritz，2007）；另一部分则为情境因素，帕克、威廉斯和特纳（Parker，Williams and Turner，2006）认为，工作自主性和同事的信任均与员工的前瞻性行为有正向关联；Strauss、Griffin 和 Rafferty（2009）发现转换型领导会提高员工自评的前瞻性行为。

（一）下属对领导者的认同与前瞻性行为

在组织中，领导者是下属形成自我概念的重要参照物（Kark，Shamir and Chen，2003），因而下属对领导者的个人认同是影响下属态度及行为的重要因素（Conger and Kanungo，1998）。下属会通过自己与领导者之间关系来定义自我，形成自我概念，使该下属产生对领导者的认同（Kark，Shamir and Chen，2003）。计划行为理论认为，决策者的行为是由个体的行为意向所决定，行为意向越强，未来就越有可能产生此行为表现。而个体的信念会形成对某行为所持的态度，进而影响其行为意向，引发其采取此行为。沙米尔等（1993）指出，领导者会通过形塑下属的自我概念来对其行为产生影响，一般需要经由三种心理历程来进行：（1）个人认同；（2）社会认同；（3）价值观的内化。其中个人认同，最重要之一就是下属对领导者的认同，它会使他向往拥有和领导者一样的价值和特质，进而产生态度或行为上的改变，包括个人对领导者及任务的忠诚、自我牺牲、组织公民行为及工作意义。

此外，根据过去研究，下属对领导者的个人认同是领导者影响下属的基础（Kets de Vries，1988）及中心机制（Conger and Kanungo，1998），也是下属内化领导者价值观及愿景的来源（Conger, 1999）。Sluss 等（2007）认为，对领导者的认同会诱使下属通过角色关系的认同，内化用来定义彼此关系的绩效标准和规范，并以此来评估自我。据此观点，下属对领导者的认同，就会以此作为定义他们之间关系的标准，从而会不断提高个体动机、自我调适以及自我评价。所以，当下属对领导者有较高程度的认同时，该下属会有较高的动机去投入与领导者共事的活动，进而产生更多超越其职责的正向行为。因此，下属对领导者的认同会激励下属以领导者来定义他们之间的标准，并引发下属的工作动机，产生更多前瞻性行为来改善所遇到的状况。

（二）前瞻性行为与下属追随力

通过前文分析可知，下属对领导者的认同会通过下属的心理过程来诱使其从事前瞻性行为。由于前瞻性行为就是为了改善现实环境而进行的创新性举动，是对现状的一种挑战而非被动的适应（Ohly and Fritz, 2007）。因此，Frese 等（1996）认为，前瞻性具有以下特征：（1）自我开始，不用被告知即开始；（2）前瞻性，为未来可能的机会和威胁做长远打算；（3）坚持，突破变革的可能障碍。后来，莫里森等（1999）又加入履行责任。由此可见，前瞻性行为是"主动绩效导向"，这已突破传统的上传下达的管理思路，员工可以超出领导者期望，构建自身目标，采取长远打算，不断提高自身追随力。

在综合前人成果基础上，格兰特和阿什福德（Grant and Ashford, 2008）提出前瞻性行为是一种被期望的影响自身和所处环境的行为，这种行为通过创新或做出主动性事件（而非适应）来创造或控制内外部环境，倡导从形式、影响目标、频率、时间和技术五个方面展开研究。帕克等（2006）通过对一般员工研究后指出，现代组织中的员工，不仅仅被期望着完成简单的工作任务（工作绩效），同时还被期望着承担更加宽泛的工作角色，而前瞻性行为就是其中之一。萨克斯等（2011）的研究成果表明，新员工的前瞻性行为包括寻求反馈、信息收集、一般社会化、上级关系建立、社交网络建设和工作变革商议六个维度。新员工的采取的前瞻性行为有助于帮助其顺利完成组织社会化过程，并产生积极的工作效果。因此，下属的前瞻性行为会促进追随力的提升。

三 领导—追随行为过程中下属追随力的形成路径

追随力是追随者有效执行领导者指令、支持领导者的工作能力，本质属于上下级关系以及下属对领导者行为反应的理论范畴。下属追随力的形成和提高不可能一蹴而就，而是伴随着心理、能力的复杂变化，在动态历程中累积形成。当员工进入组织后，如果能与领导者有效地互动，那么他们彼此之间就可能会经历从认识到熟悉，从被动适应到主动超越，下属的追随意愿将得到不断强化；相反，当员工进入组织后，在与领导者互动过程中，如果二者不能心往一处想、劲往一处使，那么就有可能会对领导者和下属之间的双向认同造成破坏，进而导致追随意愿的丧失。如果失去追随意愿，追随力就无从谈起。但是，仅仅有追随意愿，并不能代表下属一定拥有执行领导者的指令、支持领导者的工作能力。追随力的形成和发展还需完成第二个阶段，从行为意愿到能力塑造的转变。只有当两个阶段都顺利完成，下属的追随力才会真正得到提高（见图4-8）。

（1）领导者与下属在进行行为互动之前，会依据"信任关系"和"专业能力"对彼此状态进行心理定位（预判），进而采取进一步因应行为。无论下属能力高低，只要领导者对下属的定位是低信任关系，就会采取防御行为，并且下属能力越强，防御倾向越重；无论下属能力高低，只要领导者对下属的定位是高信任关系，就会采取栽培行为；无论下属能力高低、信任状态如何，领导者都会采取威权行为；在信任的前提下，下属的能力越强，领导者的授权行为倾向越显著。

只有领导者的专业能力较强，同时又能赢得下属的充分拥护时，下属才会展现学习追随行为；无论领导者的专业能力高低，只要下属对领导者的信任程度低，就会发生较高程度的消极追随行为；无论领导者能力高低，只要下属对领导者的定位是高信任关系，那么就会采取模范追随行为；当下属对领导者定位低能力、低信任时，就会采取疏离追随行为。

（2）下属追随力形成需要经过两个阶段：第一阶段，从被动适应到主动超越，产生追随意愿；第二阶段，从行为意愿到能力塑造，产生追随能力。双向认同作为两个阶段的连接器，对下属追随力的形成与发展有着承上启下的重要意义。然而，双向认同并不是自然而然就能形成的，虽然员工进入组织后，会与领导者就彼此的状态进行心理定位，形成初步判断，但是这与真正意义上的认同还是有距离的，会随着双方行为互动被强化甚至发生改变。俗话说，"路遥知马力，日久见人心"。只有当领导行为符合下属心理预期，领导者才会被认同；反之亦然，只有当下属行为符合领导的心理预期，下属才会被认同。因而，授权、防御、栽培和威权的

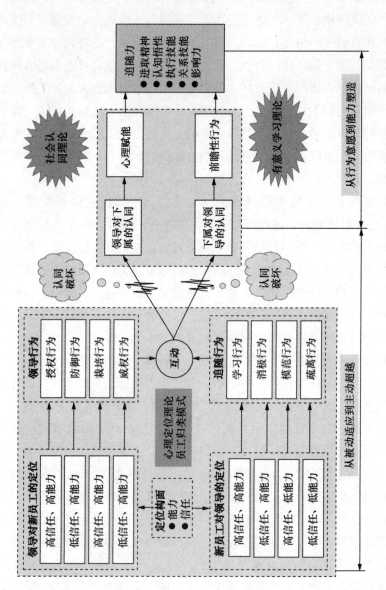

图 4 - 8 领导—追随行为互动过程中下属追随力的形成路径

领导行为，与模范、学习、消极和疏离的追随行为互动，将会对双向认同产生不同的影响。

授权领导行为与模范追随行为的互动有助于激发下向认同（领导者对下属的认同）和上向认同（下属对领导者的认同）；同样，栽培领导行为与学习追随行为的互动也有助于激发双向认同；威权领导行为和防御领导行为并非一无是处，当下属采取消极追随行为时，由于期待领导者直接告知任务执行方式与预期目标，下属自身对领导者的威权行为也没有敌意和反感，因而威权领导行为与消极追随行为的交互会强化上向认同（下属对领导的认同），但是对下向认同的形成无益；高度的模范追随行为，可能会缓和领导者对下属的防御行为，从而有助于下向认同（领导者对下属认同）的形成，但是会破坏上向认同的形成。

（3）如果领导认同对下属产生了认同，就可能从控制型转变成赋能型的管理方式，对下属进行心理赋能。这不仅会强化下属对领导者的追随意愿，而且也会激发下属的"内在任务动机"，诱使下属对工作产生发自内心的动力。换句话说，心理赋能强调任务的"拉力"而非管理行为的"推力"，可以使任务更有意义，下属可以发现任务中表现的价值。因而，通过心理赋能，可以显著提高下属对任务本身的内在承诺，增加下属对领导者追随的意愿和完成任务的能力，从而促进下属追随力的提高。

同理，如果下属认同领导者，就会促使下属向往拥有和领导者一样的价值和特质，进而产生态度或行为上的改变，包括个人对领导者及任务的忠诚、自我牺牲、组织公民行为及工作意义。此时，下属往往拥有较高的动机去投入到与领导者共事的活动，并产生更多超越其职责的正向行为。当下属产生了前瞻性行为，工作动机就会得到充分激发，他们往往会通过创新或做出主动性事件（而非适应）来创造或控制内外部环境。伴随着"主动绩效导向"的指引，下属往往会超出领导者期望，构建自身目标，采取长远打算，从而不断提高自身的追随能力。

第五节　管理启示与研究展望

一　管理启示

（1）我国现阶段我国组织中普遍存在这种现象，即领导者具有很高的主动性、良好的自我管理能力，执行力也较强；但是，当面临亟待解决的问题时，却往往出现领导急、下属员工不急的现状，员工追随力欠缺已成为"木桶的最短板"，从而严重制约了组织目标的实现以及组织整体运作水平的提高。因此，必须从崇尚领导力的文化中走出来，不断强化追随力与领导力并重的管理理念，充分重视下属追随力的培养和开发。

组织的管理活动是由领导者和追随者在一定的情境下共同完成的，领导—追随行为互动非常重要，直接决定了双向认同的产生，进而影响下属的追随意愿（行为意向），以及下属执行领导者的指令、支持领导者工作的能力（能力塑造）。下属追随力是在领导—追随行为互动过程中动态形成的，追随力形成和提高的关键在于能否有效完成从被动适应向主动超越、从行为意愿强化到能力塑造的转变。因此，需要构建上下级联动管理机制，倡导上下级无障碍沟通，提高领导者和下属的互动质量，促进下属追随力的形成与发展。

（2）领导者和下属在采取行动之前，都会依据信任关系和专业能力对彼此状态进行对偶心理定位，然后再进行相应的领导行为和追随行为。下属可借领导者对自己的信任程度，预期可能会面对的领导行为。当领导者对下属信任程度低时，会有较高的防御行为，此时下属难以获得执行任务时所需的资源，可能会妨害未来的职业生涯发展。反观，若下属获得领导者较高程度的信任，领导者往往会给予更多的学习发展机会，这将有助于职业生涯发展。在信任的基础上，倘若下属拥有足够的专业能力，领导者就会直接授权。因此，从积极方面看，下属可通过印象管理技巧，积极地与领导者建立良好的关系，提升领导者对自己的信任程度；从消极方面看，下属也可借判断领导者对自己的信任程度，预应领导者可能的行为。

同理，领导者可借由下属对自己的信任程度以及下属对自己专业能力的预判，预期可能会面对的追随行为。在领导者与下属的互动中，面对不同追随行为的下属，领导者应当做出适当的因应，并且领导者或下属皆可透过心理定位与行为之间的关联，作为改变领导行为或追随行为的依据。整体而言，模范追随类型下属最易领导；学习追随类型下属仍需小心引导；面对消极追随类型下属，领导者无须预设立场；疏离追随类型下属将带给领导者最大的考验（卓明德，2012）。

（3）虽然领导者和下属会依据信任关系和专业能力对彼此状态进行心理定位，进而采取相应领导行为和追随行为，但这些基本都是借助二手信息或者以往经验做出的判断后而采取的被动性适应行为。伴随着领导—追随行为互动，不可避免会产生心理运动。经过行为互动和亲身体验后的双方，往往会出现两种后果：第一，从被动适应向主动超越的转化，从而促进双向认同（领导者对下属的认同、下属对领导者的认同）的形成。第二，也可能会导致领导者和下属关系的恶化，从而对双向认同的发展造成破坏。如果没有追随者内心的认同，领导者也就不成其为真正的领导者。因此，领导—追随行为互动能否促成双向认同的产生，将对下属追随力的形成与发展起决定性作用。

然而，只有领导的授权行为与下属的模范行为，以及领导的栽培行为与下属学习行为的匹配互动，才会明显促进双向认同的产生。除此之外，其他类型的领导行为与追随行为配对的结果，或者会对下向认同（领导者对下属的认同）造成破坏，或者会对上向认同（下属对领导者的认同）造成破坏，甚至二者兼而有之。由此可见，双向认同产生的条件非常苛刻，不仅需要领导者和下属持有积极的行为类型，而且对领导行为与追随行为类型的匹配要求也很高，因此在领导者和下属互动的过程中，除了保持积极的心态，还需高超的行为技巧，促进行为的动态匹配，那样才能促进双向认同的产生。

（4）虽然双向认同可以激发下属的追随意愿，但是下属追随力不仅仅是一种追随意愿，更是一种追随能力（执行领导者的指令、支持领导者工作的能力）。从行为意愿到能力塑造的核心机制是心理赋能和前瞻性行为的诱导性作用。而且，下属追随力的形成和发展并不是领导者或者下属单方面的事情，需要双方通力配合，不断释放协同互动正能量。

为了促进下属追随力的提高，领导者要积极谋求管理方式变革，从控制型转变成赋能型管理方式，通过心理赋能去增加个体内在的任务动机，会激发员工的自我效能感，促进其创意思考及解决问题能力的提高，形成追随力；为了提高自身能力，下属也要积极配合领导者的工作，要以领导者来定义自己与上司之间的关系，并展现出更多的前瞻性行为。工作过程中不能仅仅以完成任务为目标，要有长远打算，不断自我超越，从而提高自身的追随力。

二　研究展望

（一）内涵挖掘

追随力是有效执行领导者指令、支持领导者工作的能力，其目标是达到组织目标最大化，但是，"能力观"的定义并未得到理论界广泛认可，如凯勒曼（2008）从关系视角解读追随力，认为追随力是指上下级之间的关系以及下级对上级的行为反应；Challef（1995）从行为精神角度定义，追随力为追随者承担责任的勇气、服务的勇气、挑战的勇气、变革的勇气和离开的勇气；Jehn 和 Bezrukova（2003）则从行为和关系的综合角度指出，追随力是一种人员导向的行为，这种行为建立了领导者和追随者之间的关系，从而为领导者和追随者锁定一个共同目标提供了环境。由此可见，各个理论流派站在各自立场，对追随力进行了广泛解读，但是尚未形成系统的、公认的追随力定义，给追随力研究造成了障碍。

由于在定义界定上不一致，因而也没有形成测量下属追随力的成熟量表。虽然凯利（1992）、迪克西特和威斯特布鲁克（Dixon and Westbrook，2003）对追随力内涵结构进行了思辨性研究，并认为追随力是多种追随能力的组合，这些能力包括工作悟性、积极参与能力、独立思考能力、影响同事的能力、目标共享及达成能力、与领导建立信任的能力、风险承担能力、适应能力等，但他们没有对自己所提出的九维度做实证分析。我国学者曹元坤、许晟（2013）做出了大胆尝试，试图建构进取精神、认知悟性、执行技能、关系技能、影响力五维的追随力内涵结构模型，但是他们的自编问卷没有得到普遍认可。因此，有待于发展成型的、普遍适用的研究工具。

（二）视角拓展

领导者与下属在身份上是相对的，且始终处于动态变化中。在不同时间、不同场合、不同组织中，领导者可以变成追随者，下属也可能变成领导者。随着领导者对下属的培养，随着组织的发展，下属也可能成为新的领导者。并且追随者与领导者存在着互相追随、互相领导的关系。本尼斯说过："好的领导者应该也是好的追随者。"领导者有主动权，下属也有很大的主动权，如果在领导过程中发生了变化，下属也可能追随到底，也可能放弃追随，那么领导者就可能不复存在。受限于精力和文章篇幅，本章未就这些方面进行考察。

此外，下属自觉追随领导者并非一种独立现象（主动追随），实际上是与横向追随（指组织中同层级人员基于人际、利益形成的短期结盟所产生的相互追随）、强制追随（指屈于组织压力或个人利益压力而被迫表现的追随）相互交织在一起，只有综合研究这三种追随，才能真实、客观地揭示组织追随实践的全貌，但本章并未涉及此方面内容，且此项综合研究工作量巨大，只能留到后续研究中进行。

本章落脚点是下属追随力的形成与发展，而忽略了领导者与下属行为互动过程中领导力的相关议题，追随力和领导力具有对偶性和伴生性，已有学者开始关注追随者对领导的影响，如豪厄尔和沙米尔（Howell and Shamir，2005）研究结果表明：在魅力型领导形成过程中，追随者的自我概念阐释、自我认同导向、归因方式、领导原型和社会吸引力都会对形成不同的魅力型领导产生影响。德维尔和沙米尔（Dvir and Shamir，2003）也通过纵向实证研究和群体水平的分析，证明间接追随者的自我实现需要、组织价值观内化程度、集体主义倾向、任务参与度、独立思考方式、自我效能感等与变革型领导呈正相关；直接追随者的这些特质与变革型领导则存在负相关。

（三）完善方法

本章立足于上下级对偶关系，依据"心理定位—行为互动—认同产生—潜能激发—能力提升"的循环上升过程，对下属追随力的形成路径进行了定性分析和逻辑推理，并将之归纳为"从被动适应到主动超越"、"从行为意愿到能力塑造"两个阶段。

由于领导行为模式、追随行为模式种类繁多，领导—追随行为交互作用异常复杂，中间可能会受多种情境因素的干扰，而出现很多意想不到的结果。但是，本书将追随力的形成概括为"从被动适应到主动超越、从行为意愿到能力塑造"两个阶段，并构建了变量之间的因果作用模型，这种高度抽象如果能配以鲜活的案例加以佐证，不仅会使研究结论更有说服力，而且基于行动学习理论，通过案例研究还可以探索追随力的影响因素和培养模式，也可以让管理启示更有现实针对性。

（四）探索效应

无论领导者心理定位或是下属心理定位，皆为行动者本身对互动对象进行判断后的心理状态，或是一种态度。从态度转化成实际行为时，仍可能受某些因素的影响，导致强化、削减或扭曲态度与行为间的关联，例如认知失调理论即主张个体态度与行为之间往往会产生不一致的情形。因此，在领导者心理定位与领导行为，下属心理定位与追随行为之间，可能存在其他变量干扰或中介历程。

领导者与下属互动过程中的行为模式选择、认同的形成与发展，以及认同形成后领导者是否会对下属进行心理赋能、下属是否会采取前瞻性行为，都与领导者、下属的人格特质、认知图式等是分不开的，甚至与领导者、下属的性别构成都有莫大关系。例如，人们经常以"异性相吸、同性相斥"的论点来解释两性之间的行为互动，但是伯恩（Byrne，1971）却提出了相似吸引理论，他认为，相同性别会产生较大的吸引力及较佳的互动。但现实究竟是"异性相吸、同性相斥"还是"同性相吸、异性相斥"？近期研究发现，男女性特质、性别社会地位及性别刻板印象等因素，都会影响领导者、下属间的互动（Bobo，1998），相似吸引理论会依不同情境适用于职场上的男性及女性（Chatman and O'Reilly，2004），例如职场中同事间的水平两性关系，以及领导者与下属间的垂直两性关系，可能会有不同的两性互动形态。

本章小结

本章深入探讨了领导—员工之间的互动关系对员工追随力的影响。

追随者作为组织中的重要构成部分，是组织持续发展的动力。优秀的追随者具有良好的自我管理能力和竞争力，并且忠于组织，能够通过努力为组织创造价值。追随力对组织目标的实现有着十分重要的意义，高效的追随力是组织发展成功的前提。在组织的管理活动中追随与领导是共生的，有必要考虑追随和领导行为的互动，深入地理解追随力的变化过程。本章从对偶心理定位的视角出发，在领导者和追随者互动的历程中进行探讨，考察这种行为互动如何影响员工追随力。研究发现，领导者和下属会依据"专业能力"和"信任关系"对彼此进行心理定位，进而产生授权、防御、栽培、威权四种领导行为，和学习、消极、模范、疏离四种追随行为模式；两者间不同行为的互动直接影响了双向认同的形成，这种双向认同会进一步影响下属的追随意愿（行为意向），以及下属执行领导者的指令的前瞻性行为，支持领导者工作的能力（能力塑造）；同时也会影响领导者对下属进行心理赋能，激发下属的"内在任务动机"和对任务本身的内在承诺，促进追随力的形成和提高。最后，提出了一些管理建议，为组织进行新员工追随力的动态管理提供参考。

第 三 编

群体层次员工关系对
组织行为的影响

第五章 员工权力配置关系对组织适应度的影响*

　　2008 年，成思危指出，现在我国的改革已进入了深化和攻坚阶段，迫切需要处理好四个关系①，集权与分权的关系就是其中之一。围绕这一主题，学者们进行了大量研究。通过对比、分析可以发现，已有的文献大多采用的是定性研究方法，部分结合案例进行分析，却少有实证研究，定量研究则更是少之又少，而且得出很多相互矛盾的结论。例如，哈耶克等认为，个人的理性是有限的，为了克服有限理性，因而需要下放权力或分权（哈耶克，1988）；张维迎等认为，分权会导致个人目标与组织目标、局部利益与整体利益不一致或各自为政的机会主义，为了减少机会主义的危害，因而需要集权（张维迎，2000）。Brickley、Smith 和 Zimmerma（2004）、Frangos 和 Bennett（1993）认为，分权给予组织团队非常大的自主权，使决策权和执行权属于同一团队，从而能够提高决策速度和执行速度，进而能提高组织绩效；而 Anonymous（1996）却认为，分权强化了组织团队之间的边界，使团队之间的协调和整合更加困难，从而影响整个组织的决策速度和执行速度，进而会降低组织绩效。此外，还有学者认为，当企业规模较小时，应该采用集权管理模式；当企业规模较大时，应该采用分权管理模式（刘洪、周健，2002）；但是，别的学者在实证检验时却发现，组织规模越大，集权程度越高，因而认为小企业应该采用分权管理模式，大企业应该采用集权管理模式（刘华，2007）。理论的莫衷一是使集权与分权的管理实践陷入两难境地，人们不禁会产生这样的疑问：究竟集权好还是分权好呢？即便是适度的集权或分权，

---

　　* 本章参考陶厚永、刘洪、吕鸿江《组织管理的集权—分权模式与组织绩效的关系》，《中国工业经济》2008 年第 4 期。

　　① 四个关系分别为法制与人治关系、公平与效率关系、政府与市场关系和集权与分权关系。

集权度该如何把握呢？在实际操作过程中，有没有简单可行的权力配置模式可供选择？

基于此，本章将引入复杂性科学的最新研究成果，通过构建组织的多主体模型，借助计算机仿真软件 NetLogo，从个体互动关系和组织模式选择视角，分析和研究在不同组织规模条件下，集权—分权关系对组织绩效的影响。

第一节　基于集权度的权力配置模式划分

一　集权度界定

权力就是"由于力量、地位和社会资源等方面的差异，那些居于优位或优势的人对处于劣势或不利地位的人进行控制的能力和力量"（布迪厄，1998）。集权就是指权力高度集聚在组织的高层管理者手中，由较高层次的管理者来行使。由于在层级制组织中，任何层级都有可能存在权力集聚，因此 Jung 和 Avolio（1999）将集权的概念进行了扩展，认为集权就是组织内权力和权威的高度集聚，但是积聚的方向可以是组织中任意层级。哈格和艾肯（Hage and Aiken, 1970）也提出，集权就是权力集中在少数个体手中，与组织层级无关。与集权相反，分权则是指权力在组织系统中较低管理层次上的分散，它将组织的权力分散到组织的各个层次或个人，使各部门的经营管理者对于本部门的工作拥有某种程度的自主权。哈格和艾肯（1967）认为，分权就是分配任务给员工，并向他们提供不受上司干预的工作自主权。鉴于学者们对集权、分权的认识，集权度就是指做出决策或行动时权力的集中程度，包含纵向集权度与横向集权度两个维度。纵向集权度是指层级制组织中高层管理者拥有权力或权威的程度，横向集权度是指在同一层级的个体之间或组织单元之间权力的集中程度。

詹森姆和梅克林（Jensen and Meckling, 1992）认为，组织效率取决于知识与权力的匹配程度。当知识与权力不匹配时，把知识与权力结合起来，有助于提高组织效率。促进二者结合的途径有两种：一种是将知识传递给有决策权的人（集权过程）；另一种是把权力传递给拥有相关知识的人（分权过程），伴随此过程会产生两类成本：信息成本和代理成本。当把知识传递给决策权人的时候（集权过程），由于智力和沟通能力的限制，使得决策人不可能获得与决策相关的所有信息，由于劣质信息所导致的错误决策的成本以及获取信息的成本，就构成了信息成本。当把权力传递给有决策权的人时（分权过程），由于获得授权的代理人，从根本上说是利己主义的，所以他们都有各自不同的客观目标。在合作行为中这种由利益冲突导致的成本，通常称为代理成本。组织最优的集权度，应该是组织总成本[①]最小时对应的集权程度，如图 5 – 1 所示。

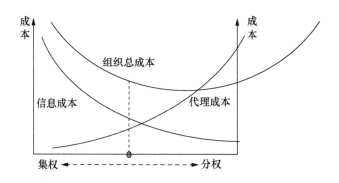

图 5 – 1　最优集权度示意

二　权力配置模式划分

集权程度不同，相应的组织模式不同。从复杂适应系统理论视角看，权力配置模式是指在组织内部，针对权力分配问题的解决办法中，被组织成员广泛接受并成为其自觉行为准则的权力分配方案。特定权力配置模式形成的前提是组织内部成员之间的互动行为。虽然詹森和梅克林（1992）从知识与权力匹配的角度，为我们寻找最优集权度提供了一个逻辑分析框架，但是，由于信息成本和代理成本难以测量，或者根本上就没办法精确测量，因此在现实生活中很难将其操作化。

为了提高集权—分权可操作程度，本章首先把集权—分权连续带分割成四个区间，按照集权度由高到低的顺序，并针对不同集权度区间的实际情况提出四种权力配置模式：中心追随模式、最优接受模式、渐进接受模式和局部自治模式。

---

① 　组织总成本＝信息成本＋代理成本。

（一）中心追随模式

中心追随模式强调"上令下从"，权力的高度集中与统一。个人为某个个体或某个团体拥有"与生俱来"的领导权，因此处于权力场域①的中心位置，可以对他人进行支配（本章的集权、分权都是针对团体而言的，而不是个体，因此称处于权力场域中心位置的团体为中心团队，其他团体为边缘团队）。其他团队的工作都必须围绕着权力中心开展，起辅助作用，权力集聚的方向是确定和单一的。这种绝对的屈从作用关系，使得边缘团队的主体没有资格参与到组织管理中去，只能被动接受命令。当采用中心追随模式时，只有中心团队有资格根据环境的变化并结合自身的实际情况自主调整其成员属性进行局部优化。其他的边缘团队只能采取追随策略，被动地接受中心团队的优化成果，即只能依据中心团队成员的属性来调整自己成员的属性。因而组织绩效水平的高低主要依赖中心团队的努力，与边缘团队的主观能动性是分离的。

中心追随模式把权力与团队的结合过程（权力的人格化过程）看成是静态的、一成不变的，忽视了权力人格化过程中的竞争性，权力更迭的必然性。布迪厄（1998）指出，权力场域不仅指出个体或团体社会地位之间存在的力量关系，更是一个为取得权力而展开角逐的空间。正是由于场域中各种位置占据者利用各种策略来维护或改善他们在场域中的地位而展开的竞争才使得权力场域充满活力。团体是由个体组成的，个体既有的资源、能力等方面的差异以及个体之间协作效果的不同，决定了其所属的团体作用和功能的差异，于是就有了团体的地位差异，但是这种地位差别只是暂时的，会随着"强者"和"弱者"的实力的此消彼长而改变。而中心追随模式奉行的是"人本位"，非"能力本位"，权力一旦拥有则终生拥有。因此从根本上排斥各团队为夺取权力而展开的斗争，也就从本质上否认了竞争是系统演化的最基本动力。

（二）最优接受模式

最优接受模式是一种改进的中心追随模式，二者的差别在于，前者的"中心"是预先确定的，而后者的"中心"是流动变化的。在最优接受模式下，组织的权力中心不是固定由某个团队（或个人）来担当，每个团

---

① 权力场域（关系束）是指社会位置之间存在的力量关系，这种社会位置确保它们的占有者握有一定量的社会力量或资本，以便使它们能够跻身于对权力垄断的争夺之中。布迪厄（2004）认为，权力场域充斥着张力结构关系，这种张力结构关系体现在场域内地位的差距。

队或个人在权力场域中的地位由其能力决定，因此权力集聚的方向是多维的、动态的。从理论上讲，任何团队都有可能跻身于权力场域中心位置。然而，最优接受模式提倡的是"强者"优先，所以，权力中心的大门只为"强者"打开。主体互动过程中，一旦某个团队的中心地位确定，在其地位未丧失之前，它就拥有"绝对领导权"，其他团队必须严格执行其命令，奉行完全的"拿来主义"。当实行最优接受模式时，中心地位的树立是团队与团队互动过程中竞争的产物，任何团队都有可能跻身于权力场域的中心位置，因而组织绩效水平的高低不仅依赖各团队为提高自身地位而进行的竞争，还依赖中心团队对边缘团队的强约束。

最优接受模式过分夸大组织"精英"——权力中心的作用，忽视了群体在组织演化历史过程中的作用；过分强调个别团体（"小我"）的作用，忽略了组织整体（"大我"）和其他组成部分（"非我"）的作用。权力中心只是作为组织一部分的意识者用完全意识关照自身时的产物，它的存在和统一性的实现依赖与其他部门即"非我"的相互作用。所以，"小我"的中心地位只具有相对意义，而"大我"的中心地位具有绝对意义。因此只重视局部，忽视整体的结果只能是局部功能的发挥，完全的"拿来主义"往往又使得组织陷入"智者千虑，必有一失；愚者千虑，必有一得"的矛盾之中。

（三）渐进接收模式

在渐进接收模式组织中，权力的集权度进一步下降，组织中的"强者"依然占据权力场域的中心位置，但是，中心团队对他人的支配力有所下降，已丧失了"绝对领导权"，只拥有"相对领导权"。换句话说，基于能力的权力中心只不过是他人优化的"标杆"。其他团队的优化原则已不是完全的"拿来主义"，而是"取其精华，去其糟粕"，对于权力中心的命令，边缘团队是有选择地接收。此时，组织绩效水平的高低不仅依赖各团队为提高自身地位而进行的竞争，还依赖中心团队对边缘团队的弱约束。

一般而言，实行渐进接收模式的组织，往往会在其内部营造一种平等协商的组织氛围，权力中心会为人的发展提供一些建设性意见，但是对于这些建议，边缘团队可以根据自身条件做出判断，接收"中心团队"对"我"发展有益的部分，而抛弃"中心团队"对"我"发展有害的部分。因此，中心团队更多的是充当参谋角色，而不是专制的独裁者。经过互动后，"弱者"不仅吸取了"强者"的精华，而且还保留了自身的长处，那么在组织演化的下一个阶段，"弱者"转化成"强者"的可能性大大增加。

（四）局部自治模式

当实行局部自治模式时，组织的集权度最低。此时，组织中没有了占据支配地位的权力中心，各个团队都是以自我为中心，实行局部自治。因此组织绩效水平高低只依赖各团队局部优化的结果，与组织系统整体的协同性无关。

局部自治模式强调"各自为政"，漠视由于人们在影响力和支配力上存在的差异，人际关系中不同程度地存在着权力的性质，人们之间需要用命令—服从加以整合（即所谓"权力整合"）。但是，组织不仅是一个稳定的、有机统一的结构，更是一个相互作用、相互制约、相互挤压的博弈过程（卡普拉，1989）。而且，系统之所以能够维持它的整体性，正是由于组成系统的元素之间保持着有机的联系，形成一定结构的缘故。否认相互联系、相互作用的结果只能是"部门中心主义"，团队之间的交互、协作及协同能力的下降。

第二节　权力配置模式对组织适应度的影响

多主体模型是用计算机仿真软件产生分布于计算机屏幕的许多主体，然后让这些主体按照一定的规则发生相互作用，这种随着时间变化所发生的相互作用过程可通过连续的规则"游戏"模拟其演化特征，根据简单规则发生相互作用的主体模型往往会涌现出复杂的结果。

一　衡量组织绩效的适应度指标

企业的行为结果表现在竞争力以及生存能力上，人们常用组织绩效来表达，比如用"市场份额"、"利润增长"等指标来衡量。但是，对于CAS的组织而言，其最重要的绩效应该是"适应性"。因而笔者借助生物学研究中的"适应度"[①] 作为衡量组织绩效的指标。

在生物学中，生物体可以用基因型和表型来表示。基因是生物体基因

---

① 适应度的概念由赫伯特·斯宾瑟（Herbert Spencer，1864）最早提出，是用来衡量生物生存和繁殖的能力。赖特（Wright，1932）对适应度进行了发展，提出适应度地形概念，适应度地形是定义在相应基因型表型上的搜索空间，每个基因型都分配适应度数值。

型的构成元素，基因的变异可以导致生物体变化。表型是特定基因构成所决定的生物体全部性质的外在综合表现，这种外在性质通常可用生物体的适应度来衡量（Kauffman，1993）。基因承载着生物体各种遗传信息，是决定生物体表型的基础，而生物体的表型和性状是通过基因的一系列活动表现出来的，如基因重组、基因修复和变异等。基因的不同组合可以成就不同的功能，通过基因的漂变、突变①等形式，生物体功能得以进化或退化。和生物体类似，组织是由若干成员组成的有机联合体，这些成员可视作为组织的构成元素（基因），成员属性以及他们之间的上位关系②决定了组织的适应度（Kauffman，1993）。由于组织各基因型的适应度是有差异的，因而就形成了类似"山峰状"的适应度景观。组织的进化可以看成是在适应度景观中寻找高点的过程，组织优化效果越好，适应度越高，组织绩效越大。

　　现实生活中，个体所表现出来的行为总是由某种属性或某几种属性所支配的。由于属性不同，因而导致了个体行为的差异，但是个体的属性不是一成不变的，会伴随着互动过程中的调整而发生改变。因而，个体行为不仅取决于自身的知识、技术、能力以及其他方面特质所规定的属性，还取决于组织规则所引发的互动。对于 CAS 的组织而言，其适应度并不是由离散状态下的个体属性及其所导致的个体行为决定的，而是个体属性配比组合而引起的组织整体行为的结果，即个体协同行为的结果。因此，组织适应度的基础是个体属性，关键在于个体之间的协同行为。

　　从上述分析可以看出，对组织绩效起作用的并不是成员实体，而是成员的属性及成员之间的协同行为。本章主体属性具体表现为"耦合性"与"自治性"。所谓耦合性是指主体与其他实体共同运行时，他们之间相互制约与相互适应的能力，用"0"表示；所谓自治性是指主体可以在没有其他实体干预的情况下运行，并有对其行为和状态进行控制的能力，用"1"表示。个体的属性是可观测的，并具有可调节性，会伴随着交互过程中个体之间的相互模仿、学习而得到改变。

　　模拟中交互可分为两个层次：一是个体层次的交互。为了达到局部优

---

　　①　基因漂变，通常是指微小的基因变异；基因突变，是指较大的基因变异。
　　②　上位关系是指复杂系统中元素之间的相互作用关系。一个元素对另一个元素有上位关系意味着：当一个元素发生变化时，这种变化不仅将影响该元素本身的机能，而且还将影响该元素与之有上位关系的元素的机能。

化目标，主体必须要保证自己和周围的人步调一致。因此，主体会依据自己"视力"值的大小观测周围"邻居"（相邻主体）的属性，然后拿自己的属性与之进行对比。如果自己的属性与大多数"邻居"的属性不同，则改变自己的属性，使之与大多数"邻居"的相同。二是团队层次的交互。虽然经过个体层次的交互作用后，实现了一定程度的局部优化，但是，由于个体的初始状态的不同，视力值各异，因而决定了局部优化的结果（团队适应度）的不同。为了达到全局优化的目标，必须要设定各种各样的组织规则（权力配置模式）来强化团队之间互动，取长补短，从而提高团队之间的协调性，进而提高组织适应度。从理论上讲，组织适应度应该是全部成员属性配比组合的函数，不可分解。但是由于现实生活中的组织往往被划分为若干团队，团队常常又被分成若干工作小组，因而模拟中也将组织适应度分解到工作小组层次，也就是说，团队适应度是工作小组适应度的叠加，组织适应度是团队适应度之和。

二　多主体模型构建

（一）研究的组织假定

本章以"联邦制"的组织作为模拟研究的对象。"联邦制"组织广泛存在于企业、医院、学校、地方政府以及大多数慈善机构等各类组织中，这里的"联邦"意指不同的团体联合到一处，以某种共同的身份站在同一面旗帜下。联邦的追求是做大，做大的途径却是保持小型化，至少是保持独立，把自治和合作结合到一处。由于任何规模的任何企业都有联邦倾向，也需要联邦主义提供的所有东西，因而任何规模的任何企业都可以被看作是联邦主义的——局部的和分离的活动被结合在一个整体里，由一个共同中心提供服务。联邦主义的关键在于：双（多）重公民身份和反向授权。双（多）重身份——个体不仅属于自己的工作小组，又属于一个更大的工作小组联合体（团队），甚至又属于团队的联合体（组织）。反向授权——中心的权力是由成员单位共同授予的。各成员单位之所以愿意放弃权力，是因为他们相信在一个集体决策基础上的权力中心能够把事情做得更好（汉斯，2000）。

不失一般性，本章假定 N 个体被组织成为 G 个工作小组，j 个工作小组构成 1 个团队，那么，G/j 个团队组成联邦制组织。在不影响模拟结果的情况下，取 $M=20$，$G=20$，$j=5$，$i=G/j=4$；N 分别取值为 40、100、200、400。

（二）个体描述

本章采用 Netlogo 4.0.2 软件作为模拟工具，假定组织活动的背景范围是 NetLogo 模拟界面上的 $M \times M$ 块构成的正方形区域。模拟开始时，借助计算机生成 N 个主体，它们随机分布在 $M \times M$ 正方形区域内，且虚拟地属于不同工作小组和任务团队；各个主体属性（$a_n \in \{0, 1\}$，$n \in \{1, 2, \cdots, N\}$）的初始状态是随机生成并且是可调节的。如果属性值为"0"，表示主体具有耦合性；如果属性值为"1"，表示主体具有自治性。本章中，相同字母所代表的含义相同，但是随着表示方法的不同，下标可能会有变化，下不再赘述。

主体的"视力"就是主体获取周围资源、信息的能力。仿真开始时，我们设定所有主体的"视力"值都随机地分布于（0，2]范围内。如果一个主体的"视力"值是2，即表示他可以观测到自己所属团队的前后左右 2×3 个方格内"邻居"的属性。

（三）绩效表达

假定团队适应度是团队内各主体属性集合的函数，t 时刻第 i 个团队的适应度可表示为：

$$f(team_{t,i}) = f(a_{t,i,1}, a_{t,i,2}, \cdots, a_{t,i,\frac{N}{4}})$$

其中：t 为系统演化的时间，$t = \{0, 1, 2, 3, \cdots, 100\}$；$i$ 为团队编号，$i \in \{1, 2, \cdots, 4\}$。

因为只有当其他条件相同，权力配置模式不同，才能比较出各权力配置模式的优劣，所以模拟中假定4个团队执行的都是同质任务，且任务可分解为5个子任务，各团队每个工作小组各执行一项子任务。假定团队适应度是工作小组适应度的叠加，且第 i 个团队的第 j 个工作小组的适应度函数可表示为：

$$f(group_{t,i,j}) = f(a_{t,i,j,1}, a_{t,i,j,2}, \cdots, a_{t,i,j,\frac{N}{20}})$$

$$= \begin{cases} 1.6 \times \dfrac{N}{20} & \text{当 } a_{t,i,j,1} = a_{t,i,j,2} = \cdots = a_{t,i,j,\frac{N}{20}} = 0 \\ \sum\limits_{k=1}^{N/20} a_{t,i,j,k} & \text{其他} \end{cases} \qquad (5-1)$$

其中：j 表示工作组的编号，$j \in \{1, 2, \cdots, 5\}$。那么，第 i 个团队的适应度函数可改写为：

$$f(team_{t,i}) = f(group_{t,i,1}) + \cdots + f(group_{t,i,j}) + \cdots + f(group_{t,i,5})$$

$$= f(a_{t,i,1,1}, \ a_{t,i,1,2}, \ \cdots, \ a_{t,i,1,N/20}) + \cdots + f(a_{t,i,j,1}, \ \cdots, \ a_{t,i,j,k}, \ \cdots,$$

$$a_{t,i,j,N/20}) + \cdots + f(a_{t,i,5,1}, \ a_{t,i,5,2}, \ \cdots, \ a_{t,i,5,\frac{N}{20}}) \qquad (5-2)$$

假定组织适应度是互动后团队适应度之和，t 时刻组织适应度可表示为：

$$P_t = f(team_{t,1}) + f(team_{t,2}) + \cdots + f(team_{t,4}) \qquad (5-3)$$

（四）个体寻优规则

假设个体行为受相邻个体影响，他们首先依据自己的"视力"值，观察自己前后左右"邻居"的属性状态，然后根据占优势地位"邻居"的属性来调整自己的属性。[①] 这样的假设是符合实际情况的，因为在现实中，人们一般只愿意和自己比较熟悉的人做比较，所以在模拟中，"邻居"才是对自己最有影响的人。如果大多数"邻居"的属性值都为"0"，而自己属性值为"1"，则调整自己的属性值，使其变为"0"；如果大多数"邻居"的属性值都为"0"，而自己属性值也为"0"，则维持自己的属性值不变；如果大多数"邻居"的属性值都为"1"，而自己属性值为"0"，则调整自己的属性值，使其变为"1"；如果大多数"邻居"的属性值都为"1"，而自己属性值也为"1"，则维持自己的属性值不变。

（五）权力配置模式刻画

1. 中心追随模式。假设团队 1 是中心团队，只有团队 1 有优化的自主权，其他团队只能依据团队 1 的优化结果来调整自己的属性状态。具体做法如下：如果 $f(team_{t+1,1}) > f(team_{t,1})$，则团队 1 强制团队 2、团队 3 和团队 4 改变自己的属性，使之与团队 1 内主体的属性相同。因为团队规模是相同的，执行的是同质任务，且有相同的适应度函数，所以通过交互后，第 $t+1$ 期每个团队都有着相同的适应度。因而随着团队 1 的优化，团队之间的交互作用，系统在不断地优化。

2. 最优接受模式。在这种权力配置模式下，每个团队都有优化的自主权，都可以参与权力的争夺。在系统演化过程中的任意时点 t，以适应度最大的团队为中心，强制边缘团队主体改变自己的属性，使之与中心团队的主体的属性相同。在 $t+1$ 时刻，重复 t 时刻的优化策略。

3. 渐进接受模式。在这种权力配置模式下，每个团队也都有优化的

---

① 模拟中，优势地位是通过拥有某类属性的主体个数的多少来体现的。例如，如果大多数邻居的属性值都是"0"，说明耦合性占优；相反，则自治性占优。

自主权，且可以参与权力的争夺。在系统演化过程中的任意时刻 t，也是以适应度最大的团队为中心。但是和最优接受模式不同的是，渐进逼近模式不是强制边缘团队无条件地接受中心团队的命令，而是依据边缘团队自身条件有选择地接受。虽然从团队整体看，中心团队和边缘团队相比有比较优势，但不能保证中心团队的每一个工作小组都比边缘团队相对应的工作小组有优势，于是边缘团队会拿自己的工作小组和中心团队相对应的工作小组进行比较，如果中心团队内的第 j 个（$j \in \{1, 2, \cdots, 5\}$）工作小组的适应度大于边缘团队相对应的工作小组适应度，则边缘团队的该工作小组改变自身属性，使之与中心团队对应的工作小组相同。否则，边缘团队的该工作小组维持其属性不变。

4. 局部自治模式。在这种权力配置模式下，每个团队都是独立的权力中心，在优化过程中，组织不对团队施加任何影响，任凭其自由发挥，给予其充分自治权，因此每个团队只依据自身的情况，实行自我优化。

第三节　模拟及结果分析

根据上文的假设，组织规模 N 分别定为 40、100、200 和 400，每一种规模的组织分别采用四种权力配置模式进行四次模拟，每次模拟的周期为 $T = 100$。结果如下：

一　中心追随模式下的组织适应度

当组织实行中心追随模式时，组织适应度的演变曲线如图 5-2 所示。从图 5-2 可以看出，组织规模不同，组织适应度随时间增长而增长的速率不同。但是，从整体上看，组织适应度的总量偏低，增长速度缓慢，组织优化的效果不显著。比如，当 $N = 40$ 时，100 期的组织适应度之和 $F = 3649.9$，平均增长率 $\bar{r} = 0.76\%$；当 $N = 100$ 时，100 期的组织适应度之和 $F = 7056$，平均增长率 $\bar{r} = 0$；当 $N = 200$ 时，100 期的组织适应度之和 $F = 12516$，平均增长率 $\bar{r} = 0.38\%$；当 $N = 400$ 时，100 期的组织适应度之和 $F = 24888$，平均增长率 $\bar{r} = 0.48\%$。

导致这种现象发生的原因可分为两个层次：一是从边缘团队角度，一方面，中心追随模式使其丧失了改善自己属性的自主权，他们的工作就是"照葫芦画瓢"，只要按照中心团队的要求完成任务就行了，这会严重削弱边缘团队的工作积极性，抑制其主观能动性的发挥，促成其形成"事不关己，高高挂起"的不良心理；另一方面，在这种模式下，既定的等级结构一旦形成则永恒不变，那么其直接的后果就是中心团队的"能上不能下"，边缘团队的"能下不能上"，不利于在组织内部营造"优胜劣汰、适者生存"的局面。事实上，等级结构的破坏—建立—再破坏—再建立的过程是大浪淘沙——淘出组织发展亟须人才的过程，这是组织进化的必然选择。不破难立，因而组织失去了前进动力。二是从中心团队角度，中心追随模式所崇尚的"夫唯不争，故无尤"，奉行的"舍我其谁"的理念，往往会使中心团队产生自我优越感，引发惰性。首先，中心地位不动摇会淡化其忧患意识，使其失去了前进的压力；其次，"绝对领导权"会淡化中心团队的协同意识，使其误认为自己任何方面都是最好的，没有必要向他人学习了；最后，边缘团队的唯命是从，也会助长中心团队"刚愎自用、独断专行"的气焰，从而使组织陷入危险境地。因此，这些原因的最终结果只能是组织绩效的无明显改善。

二　最优接受模式下的组织适应度

在最优接受模式下，组织适应度的演变曲线如图 5 - 3 所示。和中心接受模式相比，无论组织适应度的总量，还是组织适应度的平均增长速度都明显提高，组织优化的效果更显著。比如，当 $N = 40$ 时，100 期的组织适应度之和 $F = 4933.6$，增加了 1283.7；衡量各期组织适应度波动的"离散系数"，在 $N = 40$ 时，则由 0.2476 下降到 0.1378。

从权力、地位角度，首先，最优接受模式下，权力总是钟爱于"强者"，权力竞争的动力学机制有力地保证了权力中心的先进性；其次，组织所奉行的"权力基于能力"的理念，有效地保证"组织精英"能够占据中心统治地位。这种"精英"统治原则可能是组织绩效提高的最根本的原因。从互动关系角度看，最优接受模式是"'精英'统治下的独裁专制"，一旦某个主体或团队在某次互动关系中的中心地位确定，其就拥有了"绝对领导权"，他人必须是完全的"拿来主义"，严格服从其命令。当组织规模较小时，需要处理的信息量较少，信息成本不高，因而最优接受模式的表现是优的。但是，当组织规模扩大时，最优接受模式所藐视的"寸有所长、尺有所短"的缺陷就明显地表现出来了，这种绝对的等级观念不利于"精英"统治过程中"强者"与"弱者"之间的互动。

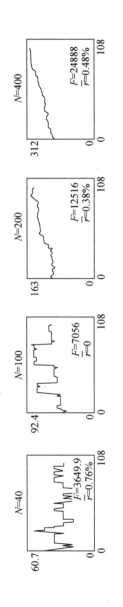

图 5－2 中心追随模式下组织适应度的演化

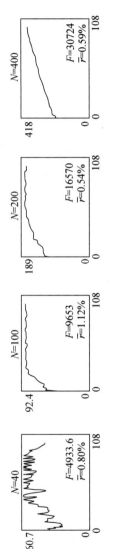

图 5－3 最优接受模式下组织适应度的演化

注：F 是 100 期的组织适应度之和；$\bar{r}$ 是 100 期内组织适应度的平均增长率，下同。

三 渐进接受模式下的组织适应度

在渐进逼近模式下，组织适应度的演变曲线如图 5 - 4 所示。和中心接受模式相比，组织适应度的总量和平均增长速度都有明显的提高，比如，当 $N = 40$ 时，100 期的组织适应度之和 $F = 4967.2$，增加了 1327.7；衡量各期组织适应度波动的"离散系数"，在 $N = 40$ 时，则由 0.2476 下降到了 0.0599，但和最优接受模式的组织的各项指标相当。

和中心接受模式相比，组织之所以能够快速优化是因为从权力、地位角度，组织总是把权力赋予"强者"，主体能否拥有权力是基于"能力"的竞争的结果，这能有效地保证中心团队——这个"标杆"具有比较优势。中心团队优化速度越快，优化效果越明显，为边缘团队树立的目标就会越高，组织适应度就越有快速提高的可能。从互动关系的角度，渐进接受模式已摒弃了"绝对领导权"，在组织演化的过程，中心团队只是大家学习的榜样，只拥有"相对领导权"，边缘团队对其命令可以有选择地接受，有效制止了完全的"拿来主义"。因此，渐进接受模式更像是"'精英'统治下的明主协商"。对中心团队而言，互动过程就是自身的知识、能力得以传承的过程；对边缘团队而言，互动过程是汲取别人长处的过程，更是超越的过程。所有这些原因最终导致了组织适应度的明显提高。

一般而言，组织规模越小，管理越是落后，越是需要加强控制力来整合组织资源，避免混乱和不必要的消耗。可能正是由于最优接受模式的适度集权性质迎合了这一要求，所以，当组织规模较小时，最优接受模式的组织适应度增长得更快。但是，组织规模越大，需要处理的事务越多，组织与环境的关系越是密切，环境的细微变化都需要企业能够迅速做出相应的对策，这时，渐进接受模式就显示出自身的优势，权力更接近于底层，易于迅速解决问题，因而组织适应度的增长速度更快。

四 局部自治模式下的组织适应度

当实行局部自治模式时，组织适应度的演变曲线如图 5 - 5 所示。与最优接受模式、渐进接受模式相比，无论是组织适应度的总量，还是组织适应度的平均增长速度，在不同组织规模情况下都偏低；反映组织绩效波动的"离散系数"也是四种模式中最小的。

采用局部自治模式时，组织没有了权力中心，只有地位相当的四个团队。因为地位相当，任何一支团队都没有足够的权力发号施令，所以局部

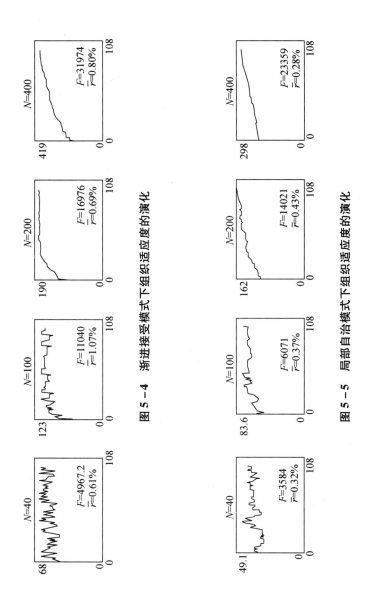

图 5 - 4　渐进接受模式下组织适应度的演化

图 5 - 5　局部自治模式下组织适应度的演化

自治模式鼓励的是"各自为政、各干各的"。这就相当于把系统分割为孤立的、互不相干的若干部分，因此，组织系统失去了竞争与协同。各团队不会再因为争夺权力场域中心位置而竞争，也不会因为权力中心的强制力以及学习先进、超越先进的愿望而互动，团队之间是"老死不相往来"。没有竞争，团队就没有了不断优化的压力，因而也就失去了不断前进的动力；没有协同，团队之间就没有了相互学习的机会，因而也就失去了快速优化的可能。哈肯（1988）认为，只有通过竞争而形成协同，系统才能向更高阶段前进。因此，在局部自治模式下，组织适应度未能得到明显的改善。刘洪（2007）认为，组织复杂性程度越高，别人模仿的难度就越大，组织的竞争优势就越明显。而组织的复杂性来源于个体之间、个体与环境之间的动态作用关系。然而，在局部自治模式下，主体之间的相互作用关系是弱的，因而组织的复杂性程度是低的，这也有可能是组织适应度难以快速提高的原因之一。

经过对不同组织规模情况下、四种权力配置模式下组织适应度的模拟数据综合处理，如图 5-6 所示，我们可以清楚地观察到不同权力配置模式下组织适应度的优劣。其中，总量 F 是指各种规模的组织在 100 周期内组织适应度之和，反映组织绩效水平总量的大小；均值 $\overline{F}$ 是指在不同规模条件下，100 周期内个体的平均适应度，可以反映个体绩效水平的高低；离散系数 CV 是指在不同规模条件下，100 周期内组织适应度的标准差偏离组织适应度均值的程度，这项指标可以反映组织适应度的平稳程度。对比图 5-2 至图 5-5 还可以发现，无论组织规模大小，无论采用何种权力配置模式，都有以下结论：①组织的适应度随着组织规模的增大而逐渐增加；②就个体而言，其适应度却随着组织规模的增大而逐渐下降；③组织规模越小，组织适应度水平波动的频率越高、幅度也越大；组织规模越大组织适应度水平波动的频率越低、幅度也越小。这表明，组织规模越大越稳健，越小稳定性越差。

导致第①类现象发生的原因很简单，组织成员数量规模越大，组织适应度总量也就可能越大。第②、③类现象之所以能够发生，可能是帕金森定律（Parkinson's Law）起作用的结果。组织规模越大，参与组织管理的人员越多，就越容易促成臃肿、低效的管理机构的产生，从而会降低个体的工作效率，最终导致个体适应度的下降。但是，组织规模越大，参与组织管理的人员越多，权力越分散，决策的理性程度越高，因而组织的表现

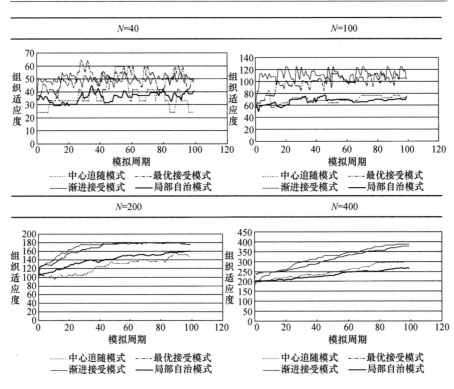

权力配置模式	N = 40			N = 100		
	总量 $F(\bar{r})$	均值 $\bar{F}$	离散系数 CV	总量 $F(\bar{r})$	均值 $\bar{F}$	离散系数 CV
中心追随模式	3649.6（0.62%）	0.9124	0.2476	70.56（1.07%）	0.7056	0.0843
最优接受模式	4933.6（0.32%）	1.2334	0.1378	96.53（0.37%）	0.9653	0.1351
渐进接受模式	4967.2（0.61%）	1.2418	0.0599	110.40（1.07%）	1.104	0.0917
局部自治模式	3584.0（0.32%）	0.8960	0.0982	67.01（0.37%）	0.6701	0.0742
权力配置模式	N = 200			N = 400		
	总量 $F(\bar{r})$	均值 $\bar{F}$	离散系数 CV	总量 $F(\bar{r})$	均值 $\bar{F}$	离散系数 CV
中心追随模式	12516（0.69%）	0.6258	0.1444	24888（0.80%）	0.6222	0.1328
最优接受模式	16570（0.43%）	0.8285	0.1106	30724（0.28%）	0.7681	0.1521
渐进接受模式	16976（0.69%）	0.8488	0.0995	31974（0.80%）	0.7994	0.1718
局部自治模式	14021（0.43%）	0.7011	0.1120	23359（0.28%）	0.5840	0.0913

图 5-6　四种权力配置模式下组织适应度的分布情况

就越稳健。相反，组织规模越小，参与管理的人员就越少，权力就越是集中，组织优化的好坏越是取决于极小部分人的一念之间，因而决策的偶然性就越大，所以组织适应度振动得就越厉害。

第四节　结论与展望

集权程度对组织绩效有重要影响，不是集权度越高越好，也不是越低越好。过度集权（中心追随模式）或过度分权（局部自治模式）组织绩效低，适度集权（最优接受模式）与适度分权（渐进接受模式）组织绩效高。因而，适度集权与分权有助于实现组织内部竞争与合作的动态平衡，充分发挥组织整体优势，促进组织绩效快速增长。

组织规模与组织绩效、组织稳定性紧密相关。当组织规模较小时（$N = 40$），采用适度集权的最优接受模式的组织绩效更高；当组织规模较大时（$N = 100, 200, 300$），采用适度分权的渐进接受模式的组织绩效更高。另外，研究还发现，无论采用何种集权—分权模式，组织规模越小，组织绩效水平的波动频率越高幅度越大。

通过研究发现，在企业的实际管理中，要树立权—能动态匹配理念，把权力赋予有能力的人或对企业发展起关键作用的部门；同时，还要运用各种措施，鼓励和诱导组织成员之间积极互动，以减少高层员工和低层员工心理上的对立，强化交流与合作。组织规模较小时，组织应该选择最优接受模式（适度集权），以强化命令的执行力度，这样，可以有效地克服不确定性所带来的危害；组织规模较大时，组织应该选择渐进接受模式（适度分权），给予低层员工充分自主权，这样，可以有效地发挥低层员工的主观能动性。

本书把集权—分权连续带划分为四种权力配置模式，虽然牺牲了集权度与组织绩效之间一一对应的精确关系，但是，提高了集权度在组织管理中的可操作化程度。由于本章着重探讨的是成员属性及成员之间的上位关系对组织绩效的影响，因而没有充分考虑外部因素对组织行为及其结果的影响，这方面的研究有待于日后进一步完善。

本章小结

本章从个体互动关系和组织模式选择视角探讨组织管理的集权—分权模式与组织绩效之间关系。

传统理论认为，小企业知识分布相对集中，管理层级较少，知识传递给有决策权人的成本相对较低，集权有助于提高运行效率。相反，大企业知识分布分散，企业管理层级较多，知识向高层管理者集中的难度与成本较大，不利于集权的形成。然而，在现实中，情况并非如此，小企业往往会采用分权管理模式，大企业往往会采用集权管理模式，即便是规模相当的企业，有可能会采用集权管理模式，可能采用分权管理模式。本章针对这一问题进行了研究，为了便于对组织管理的集权—分权程度的界定，按照权力的集权程度由高到低顺序，将组织管理划分为中心追随模式、最优接受模式、渐进接受模式和局部自治模式四种权力配置模式，并确定将适应度作为衡量组织绩效的指标，在此基础上建构不同集权—分权模式下组织绩效的多主体模型，探讨不同模式下的组织适应度。研究发现，集权程度对组织绩效有重要影响，不是集权度越高越好，也不是越低越好。过度集权（中心追随模式）或过度分权（局部自治模式）组织绩效是低的，适度集权（最优接受模式）与适度分权（渐进接受模式）组织绩效是高的。适度集权与分权有助于实现组织内部竞争与合作的动态平衡，充分发挥组织整体优势，促进组织绩效快速增长。组织规模与组织绩效、组织稳定性紧密相关。无论采用何种集权—分权模式，组织规模越小，组织绩效水平的波动频率越高，幅度越大。

第六章　群体互动关系对组织学习的影响[*]

　　市场在变、用户需求在变、竞争对手状况在变、政治经济体制和政策在变、产业结构在变、人们的观念和社会文化在变、科学技术在变、员工的状况和要求在变、生产方式在变、管理思想在变……一切都变得"复杂"了，所以，对于企业经营管理而言，根本不存在固定不变的最佳模式，只有不断地进行学习，才能有效应对快速变化的环境（陈国权，2001）。因此圣吉（1990）认为，未来企业唯一持久的竞争优势，就是要具有比你的竞争对手更强的学习能力。所以，只有积极主动地推进组织学习，把传统组织改造为学习型组织，学会驾驭复杂性，才能赢得未来的市场竞争。

　　所谓"学习"，就是"通过自主学习和经历获得新知识；保持和运用知识、技能、能力、态度和观点的艺术；基于经验的改变"（Gilley and Eggland，2000）。虽然学习的过程会涉及信息的接收和发送问题，但是圣吉（1990）认为，"学习与吸收信息几乎没有关系，学习是有关提升能力的一个过程，学习是有关培养创新能力。学习最终与行动相关，而信息不是"。所以真正的学习发生在导致明显的行动时，而且当行动发生改变时才会表现出来。对于组织学习而言，不同人的认识往往不同，目前得到普遍认可的组织学习的定义有很多种，例如从经济学视角、从管理学视角、从创新学视角以及从组织行为学等视角定义的组织学习。

　　通过文献梳理可以发现，学者们从不同层面、不同研究视角，运用逻辑推理、案例分析、归纳演绎、假设检验、实证分析等研究方法对组织学习，动力学机制进行了深入探讨，得到很多有建设性意义的结论。例如，从学习行为角度看，雷丁（Readding，1997）在对多份组织学习的评价量

　　* 本章参考卞吉华、陶厚永、沈晓笑《论"四位一体"的组织学习动力学机制》，《科学学与科学技术管理》2010年第4期。

表进行整理的基础上，通过归纳指出组织愿景、组织文化、组织结构、绩效反馈、沟通和信息系统等因素对组织学习效果有着重要的影响；陈国权（2005）在实证研究后得出结论，企业的学习能力在组织学习过程中非常重要，若企业缺乏足够学习能力，那么在合作过程中必然无法完全吸收外部知识并转化为本身的竞争优势，组织的学习能力又与组织学习的设计原则（组织学习能力的机理要素）有着高度的正相关关系。从战略联盟与组织学习的关系角度看，由于组织学习往往会跨越组织边界，因而 Inkpen（1998）以及 Kale、Singh 和 Perlmutter（2000）认为，合作伙伴之间的信任关系对组织学习的成功与否至关重要。哈默尔（Hamel，1991）在研究战略联盟中的组织学习时，指出企业的接受度、学习意图、合作伙伴的透明度会影响战略联盟中的组织学习行为。而我国学者龚毅、谢恩（2005）通过实证研究得出的结论表明，管理差异、技术差异、联盟中的沟通、社会控制、正式控制等因素对联盟中知识的转移效率有着重要的影响。从知识特性与组织学习的角度看，自从波兰尼（1967）根据知识的性质把知识划分为隐性知识和显性知识之后，围绕着知识特性而进行的组织学习研究就陆续展开。Badaracco（1991）通过研究指出，内隐知识镶嵌在复杂的社会互动和团队关系中，因而不像可移动知识那样容易通过文件、手册加以明确说明并学习。野中郁次郎（1994）研究时发现，隐性知识比显性知识更难以被组织吸收、共享和整合，因而隐性知识的共享与学习才是影响组织学习的关键。

　　虽然国内外学者从组织行为、联盟管理、知识特性等维度对组织学习进行了深入研究，但是，通过对比分析可以发现，以往的组织学习的相关研究往往是从某一点出发，然后以此为基准，深入挖掘组织学习的动力学机制。但是，由于研究视角是局限在某一点上，所以导致不同的研究所得到的结论各异，彼此之间很难相互融合。所以，需要运用系统的观点来整合各派的分歧，重新审视组织学习的动力学机制。因此，本章将从组织学习的主体（包括个体和群体①）、内部张力和外部动力四个视角来探讨组织学习的动力学机制，根据组织学习的特性尝试构建系统的组织学习机制。

---

　　① 严格意义上讲，学习的主体有个体、群体和组织，但因为本章探讨的是组织学习的动因，所以组织是自己学习的动因属于同义重复，所以，本章只探讨个体、群体作为动因对组织学习的影响。

第一节　个体对组织学习的推动作用

　　个体学习是组织学习的基础和起点，当个体从组织内部或外部接受知识时，会向组织内其他成员及外界输出，这就构成组织学习。严格意义上讲，组织是不可以作为学习的主体的（至多只能算是学习的虚拟主体），当我们把组织当作研究对象来研究其学习时，首先暗含了对组织进行了人格化的过程，而后自然而然地将组织成员之间、组织成员与环境的主体之间所引发的学习当作为组织学习。其实，组织的学习行为是靠组织内部成员的推动而产生的。

　　在组织的演化过程中，当组织成员觉察到期望绩效与实际绩效之间的差距（一般情况下，期望绩效都会大于实际绩效），即知觉到的两种绩效差距是驱动部分成员产生缩小绩效差距而学习的内部动因，但是，知觉到这种绩效差距还不足以驱动组织学习，它只是产生组织学习的必要条件（Jeffrey et al.，2001），组织学习最终能否发生还要取决于两个条件：第一，组织成员是否有查询消除绩效差距的动机、能力和机会。第二，由个别成员进行的学习必须能将个人隐性知识转化为所有成员能够使用的组织知识形式。因而从某种意义上说，组织学习行为是单、双环学习的内在动因和"收益分享"制度的外部动因共同作用于个体而推动的结果（Jeffrey et al.，2001），个体推动是组织学习的动力机制之一。通过个体推动式组织学习的分析可以看出，如果想实现从个体层面学习向组织层面学习的跨越，首先需要给予员工消除期望绩效与实际绩效差距的动力，使他们心甘情愿地为提高个体绩效与组织绩效而共享知识和努力学习，不断帮助他人，不断实现自我超越。具体而言，对于那些能力比较差、底子比较薄的员工，要给予充分的关心和帮助，使他们有机会、有能力改变自身状况；对于那些能力强、底子厚的员工，要提高他们的积极性和主动性，实现隐性知识显性化，以便于组织所有成员共同分享。因而，在组织学习的实践和理论研究过程中，需要侧重于从组织流程、组织文化、规程惯例、产品设计、方案模型、产品或技术工具、管理系统以及价值规范、组织文化、制度结构、保障措施等方面构建有利于隐性知识显性化的组织系统，加速和引导组织学习，推动组织健康发展（Levitt and March，1988）。

第二节 个体基础上的群体互动与组织学习

虽然组织由个体组成，没有个体学习就不可能有组织学习，但是个体学习只是组织学习的起点，并不能代表组织学习，组织学习高于个体学习。如果要使个人层次的学习上升到组织层次，就必须充分发挥处于个体和组织中间层次的群体在组织学习中所具有的不可替代的作用。普拉哈拉德和哈默尔（Prahalad and Hamel，1990）认为，组织核心竞争能力的塑造依靠的是组织学习，而组织学习的核心是组织中的群体学习，特别是如何协调各种不同的生产技能和整合不同的技术流（Prahalad and Gary，1990）。Kessler 和 Bierly（2000）后来的研究也证实了具备某一领域技术专长的"关键群体"对组织学习所起的重要作用。韦文辉（2004）指出，组织学习是一个合作性的学习过程、一个强有力的群体学习过程，只有通过多学科、多领域知识和经验的交融，通过群体互动来共享和更新组织化知识，才能产生突破性思维，才能促进组织学习的深化。

个体在"行动"中产生的某种知识，这种知识以自己经验或对环境的理解为基础，只能解决组织发展过程中的某一类或某一方面的问题，也只是被个别人所占有；为了克服个体知识的局限性，必须通过群体互动（"集体学习"）把片面的、局部的知识（个体知识）转化为全面的、整体的知识（集体知识）；为了使整个组织都能得到个体知识，必须通过"制度化"手段来诱使或强制个体知识转化为组织知识。维系个体学习和组织学习相互转化的纽带是个体心智模式①与共享心智模式②的相互作用。这就是说，个体心智模式会影响组织的共享心智模式，从而实现个体学习向组织层次学习的转化（即前文所述的个体推动式组织学习）；反之，组织共享心智模式也会影响个体心智模式，实现了组织层次学习向个体学习的转化（即群体拉动式组织学习）（Kim，1993）。另外，从学习的层次看，个人学习总是处于某一群体中，直接受该群体的影响，而群体中的互

---

① 个体心智模式反映了一个人对世界的看法，包括清晰和不清晰的理解。它可以让个人去观察和思考新的事物，并决定如何将这些信息同相关的情况存储下来。

② 共享心智模式包括组织的世界观和组织常规两个部分，它可以具体表现为组织的主导逻辑、战略假设、企业文化等。

补和协同，又能对个人知识进行重构和整合，形成更高效能的群体知识和能力，并扩散到组织。因此，圣吉将群体学习称为学习型组织的第四项修炼，目的就在于发展群体成员整体搭配与实现共同目标的能力，即使组织成员能够了解到如何取长补短，将所有成员的力量调节到同一个方向发展，使群体的力量得以充分发挥，最终推动组织学习（第五项修炼）（Senge，1990）。

　　就学习本质看，Cook 和 Yanow（1993）认为，学习实质就是人与人之间的交流与互动，组织学习就是组织中人与人之间正式或非正式的集体探索和实践过程。因此，群体的推动作用就变得十分重要。首先，只有通过群体互动，个人知识才能融合为组织共享的知识，个体学习才能有机会升华为组织学习，才能够产生更大的知识生产力，使得组织学习超越个体学习的简单总和。其次，个体所拥有的知识可能是千差万别的，个体知识的异质性会导致组织学习的无序性，个体知识的片面性又会造成组织学习的盲目性，使组织学习很难取得实质性效果。群体互动可以有效地克服个体知识的异质性所导致的组织学习的无序性以及个体知识的片面性所导致的组织学习的盲目性，使得组织学习变得井然有序并具有较强的正对性。最后，从个体学习到组织学习，强调的是整合优势。一般而言，对个体行为最具影响力的是自己周围的人（小群体），所以在行为整合过程中，群体内部的行为规范、文化以及价值观等无疑会对整合效果产生非常重要的影响。如果群体作用发挥得好，组织学习的效果就会好。因此，组织学习是群体驱动式的，群体驱动是组织学习重要的动力机制之一。由于学习往往先从特定的群体内部展开，因而在组织实际运行过程中，需要格外重视群体驱动式组织学习，特别是组织中那些非正式群体（非正式组织），它们是个体学习与组织学习中间的桥梁，是组织学习的"孵化器"。群体互动学习过程中所形成的群体规范、心理契约以及共同的价值观等对组织学习来说具有极高的借鉴意义。基于此，在实践过程中，需要大力扶持和培养群体互动来驱动组织学习，实现个体学习→群体学习→组织学习的跨越。在实际生活中，群体互动式学习往往是基于心理契约或者情感纽带的，因而群体互动往往要比整个组织的互动要容易。但是，对于组织而言，如果学习仅仅停留在群体层次肯定是不够的，因而在理论研究和实践过程中，需要注重群体与群体之间的互动与学习，例如，财务部门、销售部门、人力资源管理部门、生产部门等之间的相互学习，从而实现群体学习向组织学习的转化。

第三节　内部张力对组织学习的拉动作用

一　组织历史和社会网络的"嵌入性"张力能够促进组织学习行为的产生

"嵌入性"最初是一个经济学概念，意旨人类经济嵌入并缠结于经济与非经济的制度之中，与所处历史和社会制度相互作用（Granovetter and Mark，1985）。

从某种意义上说，每个人都是自己过去的奴隶。摆脱别人的控制可能比较容易，或至少是可以做到的，但摆脱自己的过去可能非常困难，甚至是不可能的。过去总会以这种或那种方式影响我们的今天和/或未来（陈传明，2006）。对组织而言，也是如此。在企业经营过程中，那些被实践证明是成功的行为方式以及这种行为方式所体现的行为准则和价值观念，可能会以规章、制度等形式被固化下来（表层文化），也可能以价值观、愿景等形式存储在组织记忆中（深层文化）。它们会对组织的学习行为起积极推动作用。斯科特（1995）研究发现，保留体制持续性的某些要素能够为改革的成功和巩固作出贡献，体制连续性和变革（组织学习）的结合能够保存大量宝贵知识，特别是那些隐性知识。因而有些学者认为，组织学习就是企业内部以共享规则或规制为基础，个体之间在寻求解决问题的过程中所产生的知识积累过程。

社会网络是处于一个共同体内的参与者（包括个人、组织）在传递和共享各种资源过程中，基于长期的情感关系及文化认同而形成的各种社会关系的集合。由于关系无处不在，因而社会网络无处不在。但是，无论是格兰诺维特（Granovetter）的弱关系和强关系理论，还是罗纳德·伯特（Rorald Burt）的"结构空洞"理论，都表明嵌入社会网络的企业间的关系分布是不均匀的。为了赢得竞争优势，组织必须获得互补资源、位置资源和协同资源，这就要求企业必须与社会网络中的其他企业积极互动、相互学习。

二　领导者控制与员工自主之间的组织张力能够促进组织有效学习

领导是组织的固有成分，是组织制度的制定者，是形成和控制组织发展方向的决定因素，是学习的重要推动者。已有研究充分表明，领导权威可成为组织学习的有效推动力，彻底摆脱落后文化禁锢的变革必须在高层领导下进行（Senge et al., 1999）。在组织学习过程中，如果采用无领导干预的分布式学习策略，组织的绩效水平是低的，而采用有领导干预的强制式学习策略或互动式学习策略，组织的绩效水平明显提高。

虽然组织学习需要有领导进行干预、控制，但也不是强度越高越好。组织学习的真谛是要缔造组织的创造性，因而有学者指出，组织学习就是指组织不断努力改变或重新设计自身以适应不断变化环境的过程，是组织的创新过程（陈国权、马萌，2000）。要想激发组织中的个人或团队的创造性，必须要给他们一定的自由度和自主权。所谓自由度意味着不要对他们的工作给予过多的规定和限制，即所谓"最少的说明原则"。其中心思想是，组织中必须具备一定的"自由空间"，以利于创新。"自由空间"可以充分保证组织成员拥有足够的自由度，于是他们可以大胆创新、不怕犯错，可以充分发挥自身的主观能动性和创造性。

管理层控制着组织学习的方向，而组织成员在认知和行为上有一定程度的主动性和自主性能够保证产生新知识，这种张力关系，即领导者控制与下属自主可以在一定程度上促进新知识的产生，同时会诱发组织整体的学习行为。

三　组织内部边界在学习伙伴之间起着区分和结合的张力作用，能促进组织学习行为的产生

组织内部边界的张力作用具体表现为对信息流动的开放和限制。通过区分专业群体、部门和下属单位，组织来确立内部边界。组织内部各类专业群体都有特定术语编码和表达的能力和知识，因为这是他们的社会身份和市场价值的反应。因此，沟通内部边界、将不同群体的专业知识结合到组织学习中是很困难的，不同群体对学习过程的贡献与他们追求自利目标之间存在很大反差（Lawrence and Lorsch，1976）。所以，分化会导致组织内部形成不同群体，不同群体就会形成不同的群体规范，这些群体规范可能会成为组织学习的障碍。另外，组织又必须通过起用不同专家群体的能力和知识，为组织学习作出各自有实质意义的贡献。因此如何做到既保持组织内部边界，又允许知识的渗透，在沟通与封闭内部边界之间寻求平衡便成为组织学习管理的重点问题。已有研究表明，有效的组织要求专业和部门有一定程度的分化和互补合作，业绩良好的组织正是那些实现了分化

和结合最佳均衡的单位（Lawrence and Lorsch，1976）。

四　组织内部显性知识和隐性知识相互转化的张力作用可以促进组织学习的产生

波兰尼根据知识的性质把知识分为两类：隐性知识和显性知识。显性知识指的是可编码的，可以用文字、数据、公式、说明书、手册以及数字表达的知识，具体表现为数据库、说明书、文档、规章制度等形式。隐性知识是指依附于个人的、不能编码、难以清晰化和难以通过正式途径获得的知识，具体表现为个人经验、印象、感悟、技术诀窍、心智模式和组织惯性等（Polanyi，1966）。在对知识进行分类基础上，野中郁次郎构建了"组织知识创新的螺旋理论"，认为组织的知识创造需要经过四个阶段，分别为知识的社会化、外在化、组合化、内隐化（SECI 模型），并认为，组织知识创新是一个不断使自身升级的过程（Nonaka，1994）。当隐性知识与显性知识的相互作用从低级的本体层面向高级的团队或组织层面能动提升时，一个螺旋上升运动就出现了。知识创新的螺旋上升运动会推动组织学习行为的产生，如图 6-1 所示。

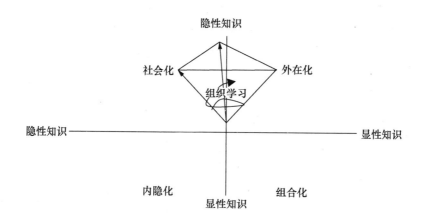

图 6-1　显性知识和隐性知识相互转化的张力所推动的组织学习

知识的社会化是指知识从隐性知识到隐性知识的过程，它是通过体验、观察、模仿等感性经验而不是言语来获得知识的状况，比如师徒相授、企业文化的熏陶等。知识的价值在于它能在特定环境下指导人们的决策和行动，使得人们的行动和决策更加符合客观规律。当今社会，任何产品的生产、服务的提供都不可能是个别人能完成的，只有相互合作、共同发展才能赢得个人的进步。因而个体通过实践、思维等活动获得的关于事物客观规律的正确认识，只有得到别人的认可，才有可能发挥其社会价值，也才能为自己带来更大的收益。因此在组织中，知识的社会化不仅是通过互动实现知识社会价值的过程，更是知识得到传承的过程，知识的社会化过程与组织的学习过程相生相伴、相互促进。知识的外在化是指隐性知识到显性知识的过程，即在个人和团队的隐性知识得到共享和集成基础上创造出新知识的过程。这个转换过程不但需要借用比喻、类推、模型等思维方式，而且还要依赖科技的发展水平，比如打铁的"火候"（即钢热处理的温度）过去是依靠师傅口传身授传播的隐性知识，而现在通过金相和温控技术可以轻易将其显性化。知识的外在化是在知识共享和集成基础上实现的，知识共享与集成过程本身就是组织的学习过程，因而知识的外在化使得组织学习变得更加重要，知识外在化之后也使得组织学习变得更加方便。知识的组合化是指显性知识到显性知识的过程，即为个人和团体把各种知识综合集成并创造出更复杂、更系统的新知识过程。这个过程有点和分形理论类似，即简单的事物通过叠加或积累等质变成为复杂的事物，而且转变的速度是呈加速发展的，因此才造就了知识爆炸的当今世界。知识的组合化过程也是新知识的创造过程，新知识创造后，如何掌握和运用这些新知识变得尤为重要，这时组织学习的作用凸显。因而知识的综合化会拉动组织学习行为的产生。知识的内在化是指显性知识到隐性知识的过程，体现了显性知识对隐性知识的促进作用。显性知识就像一个圆，而圆周长是隐性知识，圆越大则圆周长越大（吴素文等，2003）。知识的内在化本质就是将企业经过梳理的知识经过综合学习和训练应用后转化为员工个体的内在能力，转化为员工本能和习惯，最终实现知识的有效应用。

从上述分析可知，知识的社会化就是组织内外中个体相互学习，知识的外在化是为了使组织学习更加方便，知识的综合化就是创造新知识，促进组织学习；知识的内在化就是把知识转化为员工的能力过程，所以知识的创新螺旋会促进组织学习的产生。因此内部张力也是组织学习重要的动力机制之一。内部张力拉动式的组织学习告诉我们，组织学习需要协调好个体动机张力和集体动机张力之间的关系，使学习朝着组织利益最大化，而非个体利益最大化的方向发展。在实际管理中，协调就是要创建共同愿景，弱化个人狭隘的学习动机张力，强化集体主义观念和大局观，使组织学习动力向"帕累托最优"方向启动、发展和维持的过程。因而内部张力拉动式组织学习的管理是一个十分重要的研究课题，它是组织学习管理实践的理论基础。组织学习的启动、发展和维持依赖参与者合作"预期和信心"程度，受组织成员的分享意愿以及学习行为是否具有"可重复性"影响。此外，组织学习还受激励制度、学习文化、学习的领导能力等影响。其中，领导者的学习领导能力是关键。

第四节　外部环境对于组织学习的带动作用

传统理论把环境视为组织系统生存与发展的外部条件，只有与外部环境进行物质、能量和信息等快速交换的组织才是有生命力的组织，并把环境的不确定性视为组织行为产生的重要推动因素之一（刘洪，2007）。为了快速应付不断变化的环境，组织往往被分成一系列分立单位（部门），每一个单位负责处理外部环境的一个方面或几个方面，因而组织中各分立单位之间的相互合作与相互学习就成为可能，也显得尤为重要（Lawrence and Lorsch，1976）。当各分立单位或组织成员通过共同观察、评价并采取一致行动时，组织的学习行为就会随之发生。虽然不同组织、不同分立单位可能采用不同的学习策略，但是无论采用何种策略，组织的学习行为都是组织与环境相互作用的结果。例如，当采用适应性学习策略时，组织必须通过监控环境的变化，来解释反馈信号，辨别错误，并改正错误；当采用创造性学习策略时，组织必须具有感知外在环境变化以利于改正错误的监控机制。所以，传统理论把组织学习看成应付不确定性的手段和方法。

随着科学、技术的发展，组织与环境的关系日趋复杂，这种把环境与组织完全割裂开来的思想已经不合时宜，也遭到越来越多的质疑。与之相反，随着组织与环境之间界限日益模糊，并且呈现出相互渗透的趋势，人们对企业的认识逐渐从传统的科层组织和企业的行政边界思想中解放出来，转向新型的网络组织和企业的关系边界上来。由于企业生存和发展越来越倚重于与企业活动有关的所有信息单元之间的互动关系及其所组成的 n 维向量空间（黄泰岩、牛飞亮，1999），所以，可以把企业组织看成由投资者、经营管理者、员工以及供应商、消费者、规制者等利益相关者组成的超契约联合体，利益相关者所组成的关系网络的限度和范围直接决定着企业的关系边界和组织可利用资源的多少。而组织的学习网络①又是嵌入在组织的社会关系网络之中，所以，社会关系越广、联系越强，学习网络往往也越广，互动的机会也越多，因而组织才会有不断扩张的倾向，即把外部环境中的个体吸纳到组织网络中去（组织环境内生化过程）。随着组织环境内生化，新成员会不断加入组织，新成员不仅改变着现有组织的网络结构，还会带来新知识、新理念，从而引发更大范围的互动行为。所以组织与环境的交互作用越强、结合越紧密，学习就会越频繁，竞争优势就越强。已有研究也充分表明，一些公司之所以不能保持长久竞争力的原因之一就在于不能正确认识和把握它与环境的关系，从而正确引导组织学习（陈国权，2001）。因而，为了在环境中更好地生存与发展，学习已经成为组织自觉行为。

事实上，外部环境与组织学习之间的联系不仅仅表现为组织学习离不开环境的参与和配合，组织学习的内在机理决定了外部环境必然会带动组织的学习。首先，从组织学习的主体看，虽然学习的根本主体是个体，但是这里的个体显然不是自然意义上的人，而是处于一定社会历史活动背景中的人，是具有社会属性的人。其次，从组织学习的过程看，虽然组织学习是组织的集体探索和实践过程，但是集体探索的对象总是存在于社会大环境中，而且实践过程的组织总是和环境有着千丝万缕的联系。因而没有离开环境的集体探索，也没有离开环境的实践活动。相反，当组织不能适应环境的要求时或当环境发生改变时，环境会迫使组织进行探索并把探索所得经验付诸实践，否则组织将被环境淘汰，所以组织学习是环境造就的，即所谓的"时势造英雄"。最后，从组织学习的动力因素看，组织学习总是与社会变革所带来的人际关系、组织与组织之间关系的改变是分不开的。当今社会，以日益加剧的不连续性、高度不确定性和对未来的不可预测性为主要特征的市场变化给组织提出了巨大的挑战，新技术所带来的新材料、新工艺广泛应用，顾客需求的多样性以及新产品开发成本加大的同时，产品生命周期却在缩短、经济全球化等因素导致企业与企业、个人与个人之间的竞争日益加剧，为了更好地生存，个体必须要提高自身的"核心竞争能力"，创造自身竞争优势的一个重要途径就是积极主动地学习，从而培养多种技能和实践经验。因此，环境的变化会对个体产生长期

---

① 学习网络是指企业因创新和知识学习的需要而结成的合作与协作的关系。

的无形压力，为了更好地参与竞争，个体不得不积极努力地学习。因此，笔者认为环境的带动是促进组织学习的重要的动力学机制之一。

外部环境带动式的组织学习说明，外部环境越复杂多变，越需要组织成员主动地学习；外部环境越不利，越容易激发员工的合作意识。因而从某种程度上讲，组织学习就是企业根据外部环境变化和内部需要，动态吸收、内化、共享和创造知识的过程。外部环境带动式的组织学习要求，在组织的经营管理过程中，应力求精简、终生学习、不断自我组织和再造；不断培养终生学习的理念和机制，形成终生学习习惯；形成多元反馈和开放的学习系统，开创多种学习途径，运用各种方法引进新知识；营造学习共享与互动的组织氛围，建设适应外部环境的企业文化；强化实现共同目标的不断增长的动力，推动共同目标的不断创新；赋予工作学习化激发人的潜能，提升员工的人生价值，提高企业的应变能力。

第五节　结论与启示

通过以上分析可知组织学习是建立在个体学习基础上，在组织内部张力和外部环境影响下，通过群体互动不断促进的。因此，建立学习型组织，首先要立足于个体学习，在此基础上充分发挥群体互动对于组织学习的影响作用；并借助于组织内部张力拉动组织学习，发挥外部环境带动作用。

虽然组织学习的动因紧密相关，各个动因之间"你中有我，我中有你"，但是不同的动因所强调的重点有所不同。个体推动式的组织学习强调个体在组织学习中的能动作用，是组织学习的基础；群体推动式的组织学习则强调群体互动在知识整合、集体行动中所起的作用，通过群体内部的行为规范、文化以及价值观等，可以克服个体知识的异质性所导致的组织学习的无序性以及个体知识的片面性所导致的组织学习的盲目性；内部张力拉动式的组织学习重点突出的是组织历史和社会网络的"嵌入性"张力，领导者控制与员工自主之间的组织张力、组织内部边界在学习伙伴之间起着区分和结合的张力以及组织内部显性知识和隐性知识相互转化张力对组织学习起到的拉动作用；外部环境带动式的组织学习突出的是环境对组织学习的能动作用。一方面，组织学习是为了更好地适应环境，创造竞争优势；另一方面，环境变化会给个体、组织带来生存压力，逼迫组织进行学习。

本章小结

本章探讨群体互动关系对于组织学习的影响，并建构了"四位一体"组织学习机制。

在新的时代背景下，市场环境变化日新月异，依靠一成不变的经营管理模式来运营组织已经无法达到预期效果。组织只有不断学习，才能有效应对快速变化的市场环境，才能在市场竞争中脱颖而出。

本章从个体与群体、内部张力与外部动力视角探讨组织学习的动力学机制，论述了个体、群体、内部张力和外部环境对于组织学习的影响；要使个人层次的学习上升到组织层次，就必须充分发挥处于个体和组织中间层次的群体在组织学习中所具有的不可替代的作用，组织核心竞争能力的塑造依靠的是组织学习，而组织学习的核心是组织中的群体学习，群体互动可以克服个体知识的局限性，把片面的、局部的知识（个体知识）转化为全面的、整体的知识（集体知识）；组织历史和社会网络的"嵌入性"张力、领导者控制与员工自主之间的组织张力、组织内部边界在学习伙伴之间起着区分和结合的张力、组织内部显性知识和隐性知识相互转化的张力作用可以促进组织学习的产生和有效性的提高；外部环境与组织学习之间的联系不仅仅表现为组织学习离不开环境的参与和配合，组织学习的内在机理决定了外部环境必然会带动组织的学习。在分析四者之间内在逻辑联系后，根据组织学习的特性，构建起系统的"四位一体"式组织学习的机制。

第四编

组织层次员工关系对
组织行为的影响

第七章　组织用工关系对员工及组织的影响

改革开放 30 多年以来，社会主义市场经济逐渐建立并得到迅猛发展。国有企业改革在打破计划经济体制的同时，也造成了大量工人的下岗。此外，农业生产技术的提高也促使更多农民离家外出务工，两者共同造就了巨大的待业大军，就业压力伴随着市场经济的发展日益凸显。

为了应对激烈的市场竞争，降低人工成本，国有企业改革使用了"老人老办法，新人新办法"的用工制度，根据员工不同身份给予有差别的工资福利。这种灵活的用工制度在缓解国有企业改革过程中的矛盾起到了一定的作用，但是也带来了不少问题。在组织中，同时存在着正式工和派遣工两种身份的员工，员工的不同身份意味着不同的组织待遇，这就促使了组织中员工身份的"差序格局"的形成。而这种身份"差序格局"会通过影响派遣工的相关心理状态和自我效能感等个体因素而对员工的工作行为产生影响；并且，身份"差序格局"也会通过影响派遣工的工作安全感、组织支持感、组织公平感以及归属感等工作情境因素而对其工作投入产生重要影响。双轨制已经逐渐成为组织中劳动关系矛盾的焦点。那么，从组织层面来看，用工"单轨制"对于组织效率的影响是否优于"双轨制"？

本章将围绕劳务派遣以及相应的双轨制展开论述。具体而言，首先，探讨经济体制改革以来，我国市场经济转型中出现的极具特色的代表性的用工形式——劳务派遣，以及国有企事业单位的双轨制的内涵。其次，进一步研究由于劳务派遣这种用工制度产生劳动分工的不平等所造成的身份"差序格局"。再次，进一步分析和探讨这种身份"差序格局"对于劳务派遣员工工作投入的影响。最后，从组织层面出发，通过构建抽象的组织多主体模型，探讨用工"双轨制"对组织适应性效率的影响。

第一节　劳务派遣与双轨制用工

一　劳务派遣内涵

劳务派遣又称为劳动派遣、劳动力派遣、人才派遣，人才租赁。劳务派遣是市场经济条件下，劳务主体自发选择的结果，实现劳动力有效配置的一种形式。劳务派遣用工形式最早出现于欧美，并于 20 世纪六七十年代开始盛行。劳务派遣产生的重要原因主要有：一是第三次科技革命进一步刺激欧美各国经济快速发展，企业之间的竞争愈演愈烈，为了提高竞争力，便开始采用劳务派遣形式降低生产成本，将用人成本和风险尽可能降低。二是劳动力市场出现供过于求，为劳务派遣的发展提供了条件。20 世纪末期，中国开始引入劳务派遣这种用工形式，用以解决国有企业下岗员工的再就业问题。在当时我国经济发展情境下，劳务派遣对于经济改革和稳定发展起到了促进作用。

劳务派遣是指劳务派遣单位根据用工单位岗位要求，由劳务派遣单位与劳动者签订劳动合同，将其派遣到用人单位提供劳务，但劳动者报酬由劳务派遣机构代发。在这种用工形式下，劳务派遣单位与用工单位签订劳务派遣合同，形成劳务关系；劳务派遣单位则与劳动者签订劳动合同，形成劳动关系，形成劳动力的雇佣和使用相分离，"有关系没劳动，有劳动没关系"的特殊形态。

随着经济体制改革的深入和企业的快速发展，劳务派遣制作为一种新型的用工形式在我国企事业单位中被广泛采用，成为传统用工形式的替代方式。在这种用工制度下，劳务派遣机构"招人不用人"，而用人单位则是"用人不招人"，实现了招人和用人的分离。劳务派遣在促进人力资源自由流动，实现有效资源配置方面起到了一定作用；同时有利于节省用工单位用工成本，减少劳动争议和纠纷，提高人力资源管理效率和组织竞争力；此外，还促进了就业机会的增加。但是，劳务派遣也造成了一系列问题。这种用工形式造成组织中两种类型员工的存在，即正式员工与劳务派遣工。在薪酬福利方面，劳务派遣工福利待遇较差，无法享受与正式员工同等的劳动保护和社会保险。在职业发展方面，劳务派遣员工几乎不可能获得晋升机会，没有职业发展前景。此外，由于特殊的组织身份，劳务派遣工在组织中也常常遭受歧视和不公平对待。

二　用工"双轨制"

在我国，国有企事业单位多使用双轨制来进行人员的管理。用工"双轨制"是指在国有企业、事业单位中，同时存在有"编制"的正式员工（简称"正式工"）和没有"编制"的劳务合同员工（简称"合同工"）两种不同的用工形式。"正式工"与"合同工"的区别在于是否具有国家（人事部门）的正式编制，基本工资和地方性补助是否由国家财政拨款。用工"双轨制"之所以能够产生，而且在国有企业事业单位中普遍存在的主要原因有三：（1）用工"双轨制"既是经济改革不彻底的产物，又是改革不彻底的结果（姚先国，1992）。（2）由于我国普通劳动力资源长期供过于求，"强资本、弱劳动"状况突出，客观造成用工"双轨制"的产生。（3）国有企业、事业单位的垄断性质也是用工"双轨制"产生的重要原因。

在我国国有企事业单位发展过程中，由于用人需求的增加和编制人数的限制，这些单位开始采用人事代理的形式，大量聘用"合同工"。而如今很多国有企事业单位中，"合同工"的人数甚至超过正式员工。

在双轨制下，合同工与正式工虽然都是组织的员工，但是两者之间的身份和地位存在着巨大的差距。编制外的合同工即使工作表现极佳也很难获得职务的提升，也无法享受正式员工的福利待遇。作为组织中的"二等公民"，付出同质、同量的劳动却得到不同的回报，遭受不公正待遇。而作为不公正待遇的受益者，正式工中很多人不但没有表现出积极努力的态势，反而因为一贯的养尊处优而呈现出"贵族化"倾向，脏活、累活不愿意干，轻活、易活不想干。用工"双轨制"已经逐渐成为组织中劳动关系矛盾的焦点。

第二节　劳务派遣与组织中身份差序格局的形成*

"差序格局"概念自从 20 世纪中叶被提出以来，一直备受社会学、

---

　　*　本节参考陶厚永、胡文芳、李玲《身份"差序格局"的测量及其效应研究》，《华东经济管理》2015 年第 6 期。

法学、政治学等研究领域的高度关注。费孝通先生把中国传统社会的人际关系形容为"差序格局","是以'己'为中心，像石子一般投入水中，和别人所联系的社会关系，不像团体中的分子一般大家立在一个平面上的，而是像水的波纹一般，一圈圈推出去，越推越远，也越推越薄"。"每个人都是他社会影响所推出的圈子的中心，被圈子的波纹所推及的就发生联系"。早期的"差序格局"理论认为，"差序格局"的基础是以家庭为核心的血缘关系，而"血缘关系的投影"又形成地缘关系，血缘关系与地缘关系不可分离。也就是说，中国传统社会的人际关系以血缘关系和地缘关系为基础，形成差序模式（费孝通，1998）。然而，在现实生活中，伴随着社会的变迁，"差序格局"的理论内涵和外延都发生了重大变化：首先，由于工业化、全球化的到来，家庭的变迁，人口流动的频繁，大多数社会成员被组织到一个个具体的"单位组织"中。其次，由于单位组织在社会资源配置和社会调控中起到关键性作用，以血缘关系为纽带的家庭关系不断弱化，因而单位群体逐渐取代了单一的家庭群体作为离个体最近的关系，构成城市个体对其所在单位的依赖，形成中国人的"单位意识"（宋煜，2009）。如果以组织为研究对象，因为现代组织是一个分工明确、层次分明、等级森严的结构体系，所以，嵌入组织中的"差序格局"已不仅包含有横向的弹性的以自我为中心的"差"，也包含有纵向的刚性的等级化的"序"。它不仅仅涉及以己为中心的"别亲疏"的社会关系，更重要的是"殊贵贱"的等级结构向度。

由于"差序格局"理论的变化，其研究视角也应不断调整。但是，已有的理论研究大多是从儒家伦理视角进行的，很难解释当下由利益驱动所形成的关系共同体中个体的心理和行为，于是一些学者开始不断丰富和拓展"差序格局"理论，并积极探索"差序格局"测量问题。郑伯埙（1995）认为，如果把"差序格局"的观点引入组织行为研究，单一的关系格局已经不合时宜了，很难解释华人组织中的管理行为。由于费孝通提出的"差序格局"解释的是社会现象，而对于现代的单位组织而言，其经营管理是有目标任务的，因此，单一维度的关系格局不足以说明管理者和员工在差序格局上的判断，所以至少还需加入忠诚格局和才能格局，才能解释华人企业管理行为。于是他在综合前人观点基础上，对"差序格局"概念进行了综合演绎，提出了包括"亲"、"忠"、"才"三方面的"差序格局"，"亲"关注的是关系，如个体之间是否具有血缘或类血缘关联；"忠"关注情感赤诚与服从；"才"则是胜任能力与动机。郑伯埙所提出的"差序格局"三大归类标准获得某些学者的认可，樊景立（1996）认为"亲"、"忠"、"才"可以用于华人企业管理者与部属的关系。

为了研究主管对于亲信、自己人和外人的亲近关系以及信任关系，戚树诚（1994）与林行宜依据上述归类标准，将"差序格局"划分为关系格局、忠诚格局、才能格局三个维度，并开发出相应测量量表。学者们在研究领导与部属关系时，很多都套用了这一量表。虽然有些学者对此量表尝试改进，但大致思路基本没变。如刘贞妤（2003）将"差序气氛"划分为"偏私对待"、"相互依附"和"亲信角色"三个构面，所谓"偏私对待"指的是领导给予不同下属在待遇、升迁方面的差异；"相互依附"指的是领导与特定成员在情感上抱团；"亲信角色"是指少数下属能在公事上充当领导的左右手而获得领导信任，并开发出 12 个题目的量表。黄章汶（2006）认为，"差序格局"应该包括"关系位置知觉"和"差序知觉"两个构面。"关系位置知觉"是指员工与主管的亲疏关系与互动关系，是一种非正式权力距离。"差序知觉"可以采用刘贞妤（2003）的研究成果，从"偏私对待"、"相互依附"和"亲信角色"三个维度去考量。由此可见，目前的"差序格局"量表基本都是从"亲"、"忠"、"才"三个角度发展出来的，而以"亲"、"忠"、"才"为基础的差序格局最终目的还是服务于横向的关系格局，因此从本质上讲还是属于传统的关系的"差序格局"。

处于转型期的中国，"差序格局"已不再仅仅是儒家的伦理差序，而逐渐演变为一个包括伦理、情感和利益的多维构念（陈俊杰、陈震，1998），在差序格局的背后，是一种对稀缺资源（包括权力、财产、地位等）占有、配置和使用的模式或格局。所以学者们提出，未来研究还应更加关注纵向的等级格局，尤其是在我国经济转型的特殊时期，基于行政权力、社会制度和国家政策合力作用的社会等级结构已逐渐分化和成型，并对市场经济的健康发展、社会阶层的和谐建构产生深层次影响。如果将上述的社会等级结构具体到企事业单位的实际运营中，其现实表现的一个重要方面就是用工制度、劳动分工的不平等所造成的身份"差序格局"。但是，从现有的研究成果看，目前尚缺乏完整的、能够有效反映转型期企业组织中员工身份"差序格局"的理论框架。

一 理论背景

(一) 相近概念剖析

聚焦在"差序格局"研究主题上，中国台湾学者已从社会政治结构视角进行了探索。例如，吴介明 (2000) 提出了"身份差序"的概念，将其定义为在一个政治社群中，以身份地位的区隔化和等级化作为划分组织、生产和分配的原则，而导致公民团体之间权利分配上的不平等。由于这种身份区隔的现象，与中国传统社会结构有深刻关联，因此"身份差序"这个概念与费孝通的"差序格局"概念既有联系，又存在区别。

二者的联系主要表现为身份差序与"差序格局"的内涵上，有两点是相通的：第一，中国社会一直欠缺一个类似于西方（基督教、资本主义）社会的普遍而平等的公民权体系。第二，由宗族亲属关系扩展而出的个人社会网络是中国社会人际组合方式的主轴。而这种网络关系的特质是界限不清、权利义务关系暧昧。二者的区别在于，"差序格局"是费孝通先生在亲身感受中国社会关系运作模式后，相对于西方社会的"团体格局"而提出来的一个概念，旨在描述亲疏远近的人际关系格局。而身份差序的本质是基于公民权利分配不均所产生的员工团体之间的不平等。意指一个特定社会行动者的身份地位 (Status)，乃源于外在结构力量的形塑。换言之，社会内生和国家外塑的双重强制性，建构了公民身份的不平等。

(二) 相关理论评述

员工身份地位不平等的研究由来已久。Doeringer 等 (1971) 早在1971 年就提出了二元劳动力市场理论。他们认为：在劳动力市场中存在一级劳动力市场和二级劳动力市场；一级劳动力市场收入高、工作稳定、工作条件好、培训机会多、具有良好的晋升机制；二级劳动力市场则与之相反，其收入低、工作不稳定、工作条件差、培训机会少、缺乏晋升机制；并且，一级劳动力市场和二级劳动力市场之间的流动较少。之后学者们从劳动力市场结构以及工资决定机制等方面深入分析了员工身份差异存在的原因。一级市场以结构性的内部劳动力市场为主体，市场力量基本不发挥作用。而二级劳动力市场与新古典经济学描述的劳动力市场一致，企业按照劳动的边际贡献与边际成本的比较及时增减劳动雇佣，并按照劳动的边际贡献或市场工资支付报酬。米切尔等 (Mitchell et al., 2005) 认为，从员工管理和激励视角看，二级市场上的劳动依靠市场力量就能实现完美监督，所以只能获得边际生产率工资；而一级市场上的劳动很难监督，为了更好地激励员工努力工作，所以必须给予一级市场的工人高于市场出清水平的效率工资。林德贝克等（Linderbeck et al.，1988）把已经在企业就业的工人称为"内部人"，把劳动力市场上的失业者称为"外部人"。和外部人相比，内部人在工资决定上更具讨价还价能力；另外，工会在与雇主进行谈判和签订劳动合同时往往只代表内部人的要求，而不会考虑外部人利益，因而内部人与外部人所处的竞争地位不同，外部人只能接受比内部人更低的工资。

　　虽然西方二元劳动力市场理论对于解释劳动力市场的价格差异具有一定说服力，但是它们都是以发达国家成熟的劳动力市场为研究对象，而中国的劳动力市场还很不成熟，并且正处于新旧体制转轨的过程中，所以我国企业中员工身份"差序格局"的成因和表现形式非常复杂，不仅存在由于产业结构、技术进步、企业组织形态等带来的市场性分割，更为本质的是一种体制性和制度性分割，即宏观劳动力市场可分为两大部分，一部分是原来就业模式的延续，另一部分是市场化就业模式的兴起。相应地，组织微观层面的就业形式可分为体制内就业和体制外就业（双轨制）。所谓体制内就业，是指在接纳就业、工资福利发放和社会保障等方面基本上沿用传统体制的做法，变革非常有限；而体制外就业则完全按照市场化的模式运作。并且体制内就业人员与体制外就业人员之间存在着流动壁垒，总体上呈现出单向流动的趋势，即体制内就业人员可以流动成为体制外就业人员，但体制外就业人员则很难流动成为体制内就业人员。因而从某种意义上说，目前企事业单位员工身份的"差序格局"首先产生于以户籍制度和劳动用工制度为代表的一系列歧视性制度安排。这些制度中的一部分仍在继续沿用，而基于这些不合理制度所产生的各种利益集团则在维护着这些带有明显歧视色彩的传统制度（Hudson，2007）。

　　在现实生活中，这种身份的"差序格局"到处可见。虽然组织性质不同，其称谓可能会有所差异。例如，银行称为正式工和劳务派遣员工；学校为在编教师和编制外教师；医院体现为职工和临时工；部分事业单位中，称作正式编制人员与非正式编制人员……已有的研究充分表明，基于身份的不平等已对员工的公平心理和认同感造成了巨大负面影响。费尔德曼（Feldman，1994）调查发现，普遍觉得自己受到了受雇公司的不公正对待；福特（Foote，2004）指出，受雇公司因为劳务派遣员工不是正式员工，因此觉得没有必要将公司资源投资在劳务派遣员工身上，于是公司的会议与活动都刻意将劳务派遣员工排除在外，这种做法引起劳务派遣员工组织公平感的失衡，并直接导致了离职率的上升。同正式员工相比，劳务派遣员工大多从事外围工作，企业一般也不会对这些员工进行投资，忽略了他们的组织忠诚和组织承诺。在缺乏认同和忠诚的情况下，希望劳务派遣员工能够积极工作是不切实际的（汪纯孝等，2006）。

二 开放式问卷调查与维度初探

（一）员工身份"差序格局"概念界定

根据上述分析可知，由于社会体制以及用工制度等原因，企事业单位员工被强行分割为"体制内员工"和"体制外员工"，并进而引起员工之间基于身份区隔的"殊贵贱"等级樊篱。事实上，纵向的等级结构和横向的关系结构均适用于"水波纹"之喻。

无论是横向关系结构，还是纵向等级结构都是竞争的结果。就前者而言，人们热衷于关系运作，争夺的是所谓的社会资本，即关系网络；对于后者而言，人们争夺的则是其他维护一般性特权的各种资本（如经济资本、文化资本、社会资本和符号资本等）。而"差序格局"的再生产则是由行动者性情决定的习惯和策略予以保证。所以，纵向的等级结构与横向关系结构是互相作用的：前者是后者得以形成的结构性前提，后者又促进了前者的再生产。因此，把纵向等级结构理念引入"差序格局"理论，形成一个更切合组织实际的概念，即身份"差序格局"。这个概念指：①对于员工个体而言，组织是一个存在明显身份差异的"差序格局"；②身份"差序格局"是社会体制演化和具有人为社会建构特点的组织制度进化作用的结果，所有员工都可以被纳入此格局；③身份定格的差序有别于"别亲疏"的关系结构以及"殊贵贱"的等级结构；④身份"差序格局"中的强势群体可以比弱势群体获得更多的"优待"以及物质利益。

身份"差序格局"反映了基于固化的身份樊篱而导致员工经济上的被剥夺、互动交往中的歧视以及权力分配上的不公正，具有以下特征：首先，身份"差序格局"是人们的主观心理感受，是社会比较的结果。其次，需求结构及其内含的价值观是员工进行社会比较的标准，所以个体的心理特征会影响对身份"差序格局"的感知。再次，身份"差序格局"还与社会特征和民族文化等紧密相关，它是决定个体对身份"差序格局"认知的社会心理因素。最后，身份"差序格局"会影响资源配置和利益分配的公平性，进而对员工的心理和行为产生差异化影响。

（二）施测与归纳分析

依据上述定义及其特征，要求被试者根据他们的认知和体验列出5—6条本单位表现出来的、符合身份"差序格局"定义的行为模式。为保证取样的代表性，本研究在全国的六城市（包括上海、南京、广州、合肥、武汉和成都）共调查了22家企事业单位的214名被试者。

214名被试者总共列出了1106条描述（平均每人5.17条）。所有描述都输入计算机，并在数据输入之后由两名HRM专家对所有描述根据标准进行筛选。标准为：①被试者的描述必须有清楚的含义；②必须反映本单位员工对身份"差序格局"的认知；③必须包含横向的"关系结构"和纵向的"等级结构"。根据以上标准，总共有112项（10.13%）描述被认为是"不可用的"。

由于部分被试提供的描述的含义不具备单一性，同一描述包括两个不同含义，甚至包括三个不同的含义。因此，对每一描述两名研究者都进行充分讨论，并判断被试列出来的描述含义是否单一。对于含义不单一的描述，两名HRM专家经过讨论之后进行相应处理，有些进行了微调，以保证描述含义的单一性；有些进行了拆分，即把原来的描述拆分为含义单一的描述。最后发现被试列出的描述有147项可以拆分为两项含义单一的描述，有35项可以拆分为3项含义单一的描述。这样，本书研究总共得到1211（1106 – 112 + 147 + 35 + 35）项含义单一的描述。然后，两名HRM专家对得到的1211项描述进行归纳，最后得到三大类，这三大类的名称和典型描述如表7 – 1所示。

为了检验两名HRM专家归纳的正确性和有效性，我们又请3名研究生对所有的描述重新进行归纳。在3名研究生进行归纳之前，我们先对3名研究生进行了培训。首先，让这3名研究生认真阅读三大类的名称和典型描述，并就这些内容与两名HRM专家进行了充分讨论。然后，两名HRM专家从三大类每一类中挑选了20项描述，总共60项描述。并以这60项描述作为培训材料，对3名研究生进行培训。培训之后，HRM专家又从三大类每一类中挑选了20项描述，并随机组合在一起。然后让3名研究生把这60项描述归纳到这三类中去，在归纳的过程中，3名研究生随时可以互相讨论，两名HRM专家也在旁边进行指导，最后所有60项描述都得到了与两名HRM专家相同的归类。

表 7 -1   三类特征的典型描述

类别名称	典型的描述
差序对待感	• 单位（公司）中，体制内员工的升迁机会多于体制外员工 • 新政策实施过程中，领导会向体制内员工提供解释，体制外员工很少能享受此种待遇 • 主管会与单位（公司）中体制内员工分享他的想法和做法 • 不同身份的员工从事岗位的重要性差异很大 • 体制内员工被辞退的概率远远小于体制外的员工
权力偏移感	• 单位（公司）的重大决策能够反映体制内员工的意志，很少听取体制外员工的心声 • 体制内员工有机会被选为职工代表去参与政策的制定，而体制外的员工没有 • 体制内的员工拥有更多的工作自主权，而体制外的员工有较少的自主权 • 体制内员工比体制外员工可以获得更多的组织资源支持 • 在工作过程中，如果出现意见不一致，体制内员工拥有更多的话语权
经济剥夺感	• 我的收入与岗位价值很不相称 • 相同或类似岗位上体制内员工与体制外员工的收入差距非常大 • 我工作的剩余价值遭到别人无偿侵占 • 目前单位（公司）中的薪酬制度很不合理，只能代表部分人利益

培训结束之后，让 3 名研究生独立对剩下的 1091 项描述进行归纳。由于是 3 名研究生独立对描述进行归纳，因此对于任何一项描述有四种可能结果：①3 名研究生的归纳与 HRM 专家的归纳一致；②两名研究生的归纳与 HRM 专家的归纳一致；③1 名研究生的归纳与 HRM 专家的归纳一致；④3 名研究生的归纳与 HRM 专家的归纳都不一致。具体的结果如表 7 -2 所示，从结果可以看出，3 名研究生和两名研究生与 HRM 专家归纳一致的描述项占总项目的 87.5%，说明 HRM 专家的归纳是合理的、有效的。据此，我们最后确定身份"差序格局"主要包括三个维度特征：差序对待感、权力偏移感和经济剥夺感。

三　深度访谈与维度构建

（一）样本选择与研究过程

为了不遗漏员工对身份"差序格局"及其关联特征的认知、体会和情感等方面的重要信息，同时也为发展量表题项提供条目支撑（Church-ill，1979），在开放式问卷调查的基础上，选择了部分员工为样本，对其进行深度访谈。本书以 10 名体制内员工（包括 6 名编制内员工，两名无固定期合同制员工，两名固定期合同制员工），10 名体制外员工（包括 8 名劳务派遣员工和两名临时工）为研究对象，对他们进行多阶段深度访谈。

表 7－2　　　　　　　　　　　归纳的一致性

可能的结果	数目	百分比（%）
3 名研究生的归纳与 HRM 专家的归纳相一致	823	75.4
两名研究生的归纳与 HRM 专家的归纳相一致	132	12.1
1 名研究生的归纳与 HRM 专家的归纳相一致	92	8.5
3 名研究生的归纳与 HRM 专家的归纳都不一致	44	4

访谈分两批次进行，每人访谈时间为 1—2 小时。第一批次对象是体制外员工，主要为劳务派遣员工，对其进行三次访谈：第一次的访谈主题是组织中的差别对待行为以及体制外员工对此的主观感受；第二次则主要是针对组织中的权力配置和使用的"差序格局"来展开；第三次主要围绕收入"差序格局"以及体制外员工所知觉到的相对剥夺感。第二批次的访谈对象是体制内员工，同样进行了前后三次的访谈。虽然所选取的样本单位中都存在"差序格局"现象，但是员工在谈论此事时大多心存疑虑。为了消除顾虑，调研人员在访谈进行之前，首先澄清本访谈数据只作学术研究之用，并且会严格保密。同时为了减少外部压力和避免环境对访谈样本产生干扰，把访谈安排在独立房间中进行。当遇到比较谨慎的员工时，如果他们在单位时有所忌惮而不愿意表达自己的真实想法和观点，我们会要求调研人员额外安排一个非正式场合（比如，上下班途中、咖啡厅里等），进行一次 1—1.5 小时的追踪访谈。

每次访谈都进行录音，结束后给予被访者报酬。累计总访谈时间约为 36 小时。全部访谈结束后将录音转成文字稿，总计 20 万字。在此之后，运用扎根理论对文字资料进行了开放式、主轴和选择性三级编码的资料分析工作。为了提高编码的可信度和科学性，笔者首先邀请了 3 名全日制博士研究生一起进行预编码，让其在"干中学"中进行编码练习，并形成编码词典；其次从预编码者中，筛选出识别身份"差序格局"指标准确率最高、编码一致性最高的编码者两名；最后在仔细阅读文本资料基础上，依照编码词典对文本资料独立地进行编码并记录。

（二）研究结果

通过深度访谈，可有效识别身份"差序格局"基本特征，经过现实资料的收集以及资料与分析的持续互动，初步确立了身份"差序格局"的三个维度。

1. 差序对待感。以员工能够知觉到的"差序气氛"来刻画，即组织常会因为员工身份的差序有别，而采取不同的态度和行为。差序式组织会自然而然地对员工的身份进行差序归类，并进而依据身份阶序建构人际关系。在人际互动过程中，员工往往会被归类为"身份高贵者"（如在编职工、无固定期合同制员工等）和"身份卑微者"（如劳务派遣员工、临时工等）。身份高贵者更容易被接纳，也更容易赢得组织的关怀和支持；而低身份卑微的员工更容易被忽视，对于组织而言，他们更像是"外人"。

这种差序对待行为会通过组织政策和互动方式表现出来，甚至可能会从组织或者个体生活上渗透出来。访谈中可以明显感觉到，不同身份的员工在组织中的地位和同事们心目中的"分量"明显是不一样的。在对体制内员工的访谈的过程中，可以明显察觉到这些员工的主人翁意识非常强烈，自豪之情溢于言表。他们对劳务派遣等体制外员工总有些不以为然。而在对体制外员工访谈过程中，可以发现单位领导对这些体制外员工不太重视，体制外员工也很少能够得到足够的组织支持和发展机会，所以他们总觉得自己是单位的"外人"，说话底气不足，而且言语中间流露着对自己遭受到的不公正待遇非常不满。

2. 权力偏移感。权力偏移感产生的前提是权力配置失衡，差序式组织中的权力配置会向"身份高贵者"倾斜，从而导致那些"身份高贵者"可以形成对权力相对垄断的态势，员工对此状态的主观感受。在差序气氛下，不同身份员工对组织的正式影响力和非正式影响力①的差异很大。员

---

① 非权力性影响力又称自然影响力，与权力影响力不同，它既没有正式的规定，也没有组织授予的形式，它是以个人的身份、威望和情感等因素为基础形成的。本书之所以分为权力影响力和非权力影响力，是因为有些员工即使身份很高，也并不一定就能够在组织的权力层级中拥有高职位。并且在现实生活中，还有一些从组织高权力层级中退居"二线"的高身份员工，他们虽然失去了权力影响力，但是非权力影响力依然存在。

工一旦跻身于身份"差序格局"的优势位置，组织就会相应地赋予各种权力，包括信息提供、事务决策及资源分配，这三方面的权力运作分别形成三种相互关联的方式，即沟通方式、决策方式和分配方式。

　　沟通方式方面。体制内员工不仅是各方面信息的主要接触者，而且也是信息运作的垄断者。在信息传递过程中，组织中信息的发送对象是有选择的，通常也是差序有别的。领导（代表组织）在信息传递或告知决定过程中所做的沟通通常既是单向的，也可能是突如其来的，只有当和有身份的员工进行沟通时才有可能是面对面的。决策方式方面，集地位和权力

表 7 -3　　　　　　　　　　员工真实感受与口头表达示例

维度	内容描述	样本特征
差序对待感	我觉得，自己是这里的"二等公民"。怎么干都没有出路，更不用说往上爬了。如果有合适机会，我随时准备走人	黄××，26 岁，大专学历，出纳员，某国有企业劳务派遣员工
	系里聚餐就不用带上那帮临时工了，有那些钱，还不如我们自己乐呵乐呵……一帮临时工，没必要	张××，54 岁，研究生学历，教师，某高校编制内员工
	单位根本不把临时工当回事，前段时间在我们这儿干了整整 8 年的一位临时工，在不知原因情况下就被辞退了，单位领导没有给出任何解释	陶××，35 岁，高中学历，司机，某科研所劳务派遣员工
权力偏移感	最苦最累的活都被我们这帮临时工干了，但是他们还总喜欢指指点点的，唉……正式工动动嘴，我们临时工跑断腿	包××，27 岁，专科学历，导医，某医院劳务派遣员工
	我们单位的政策从制定到实施全部被领导和有编制的正式工把持着，我们这帮人压根就没有话语权，单位领导在制定决策时也从来未向我们征求过什么建议，总有些"人为刀俎，我为鱼肉"的感觉	谭××，32 岁，大专学历，行政管理人员，某科研院所劳务派遣员工
	我们单位实行的是财务包干制度（即为二级财务包干），各个院系为了实现减员增效的目标，大多都实行的是用工双轨制……说实话，这帮临时工与正式工的身份差距蛮大，由于处于相对弱势低位，他们很难左右自己的命运	何××，45 岁，本科学历，人力资源部师资科主任，某高校编制内员工

续表

维度	内容描述	样本特征
经济剥夺感	我们忍受着最残酷的剥削,正为正式工阶级打工,医院就是残酷剥削的血泪工厂……天天操着卖白粉的心,却赚着卖白菜的钱	王××,23岁,本科,医生,某医院劳务派遣员工
	我们单位正式工每年享受公司组织的职工体检,每年发放两千元以上取暖费,多年来我们劳务工从来没有过。正式工还有"烤火费"、"防暑降温费"、饭补、车补等多项补贴,就连话费补贴也是我们的两倍多	陈××,25岁,本科,技术员,某国企劳务派遣员工
	近两年我校面向全球招聘了不少学术带头人,受编制所限,相当一部分未纳入正式编制。"编外人员收入不低,但在福利待遇方面则很难平等"。例如,编外人员的子女很难上我校的附属幼儿园、附小、附中,但编内人员,包括保卫人员、食堂工作人员,都可以享受这些福利	薛××,51岁,硕士,人力资源部副部长,某高校编制内员工

于一身的领导通常是处理问题的最后决策者。对于一般事务,领导常常独自决定,不会征询员工意见。当遇到棘手问题,在做决定之前,可能与少数有身份的员工商议。分配方式方面,体制内员工也占据绝对优势地位。一般情况下,组织资源可分为权力性资源和财产性资源两类,与权力偏移感相关的是权力性资源分配。在差序式组织中,权力资源常常被体制内员工所独享,而体制外员工基本没有任何权力。

3. 经济被剥夺感。经济被剥夺感是指由于身份的差序有别而造成收入的高低不同,借此而生出的相对剥夺感。对于员工个体而言,这种剥夺感会因个人主观感受的差异而迥然不同。虽然工作内容、承担责任以及个体能力大小等方面的差异,客观上决定了员工收入不可能完全相同。但收入差距本身并不是决定经济剥夺感的主要因素,身份的差序有别对分配公平的破坏性影响才是导致经济剥夺感的主要根源。大部分员工主观上可以接受因个人才智和技能不同而导致的收入差异,但对于非能力因素的身份所造成的收入不公平却非常痛恨。

被剥夺感根源在于社会不平等，与歧视性社会体制和用工制度有关，针对不同的社会群体实行不同的制度安排，给予不同的待遇，实质上也就是赋予不同社会群体不平等的权利，让其承担不同的风险。社会不平等，反过来加剧了经济不平等，造成收入差距的扩大。从表面现象看，收入差距体现为一种经济差距，即经济的不平等，但群体性收入差距实质是经济不平等与社会不平等两者双重叠加的结果，已经失去了纯粹的经济性质。

四　身份"差序格局"问卷的编制

(一) 身份"差序格局"预测问卷的编制

确定了身份"差序格局"所包括的特征或者行为方式之后，借鉴"关系格局"、"忠诚格局"、"才能格局"以及"差序知觉"和"差序气氛"等比较成熟的量表，并参考开放式问卷调查所得到的描述，以及两名 HRM 专家提取的身份"差序格局"条目，我们预编了身份"差序格局"问卷。为了确保条目的内容效度，总共 10 名专业人员（包括 1 名教授，两名副教授，3 名博士研究生，4 名硕士研究生）就身份"差序格局"的每一条目进行了讨论，最后综合考虑内容效度、文字表述以及是否符合企业实际情况等，得到了身份"差序格局"问卷的初稿。之后邀请武汉某高校 21 名教职员工实际填写问卷，问卷填写完之后，研究者与这 21 名员工进行了个别访谈，征求他们对问卷的意见，并对部分用词进行了调整。

最后形成了身份"差序格局"预试问卷，共 14 道题。以 Likert 式五分等级量表来测量被试所感同身受的"差序格局"的特征及行为方式，由"1——非常不同意"到"5——非常同意"，分别为"非常不同意"、"不同意"、"不确定"、"同意"及"非常同意"。

(二) 探索性因子分析

本次研究的被试主要来自国有企事业单位的管理者和员工。总共发放 400 份问卷，实际回收 274 份问卷，回收率 68.5%。所有问卷回收之后，就对废卷进行处理，将漏填过多、反应倾向过于明显的问卷剔除，最后得到有效问卷 237 份，有效率为 86.5%。

样本中的在职 MBA 学员的调查是由任课教师在上课时间段发放问卷，并当场回收；企业调查由企业的人力资源部负责人召集，在相对集中的时间内完成，研究者在场对个别问题进行解答。在所有问卷搜集结束之后，进行废卷处理的工作，最后进行资料的统计分析。

为了检验数据是否适合做因素分析，首先对调查所获得数据的取样适当性进行检验。取样适当性 Kaiser – Meyer – Olkin 值为 0.901，Bartlett 球度检验 χ^2 值为 2114.34，$df = 66$，$p < 0.001$，说明各项目之间有共享因素的可能，进行因素分析是恰当的。

运用探索性因子分析方法，对身份"差序格局"问卷的结构进行分析。具体的统计处理采用 SPSS 16.0 实现。对本次调查所获得数据进行了探索性因子分析，采用主成分分析法，方差最大旋转法抽取因子。以特征根大于等于 1 为因子抽取的原则，并参照碎石图来确定项目抽取因子的有效数目。判断是否保留一个项目的标准定为：①该项目在某一因子上的负荷超过 0.50；②该项目不存在交叉负荷，即不在两个因子上都有超过 0.35 的负荷。经过几次探索，最终得到员工身份"差序格局"的三因子结构，三个因子的特征根都大于 1，累积方差解释率达到了 64.232%，各个项目在相应因子上具有较大的负荷，处于 0.51—0.95。因子分析结果的摘要，以及各个因子的内部一致性克隆巴赫 α 系数见表 7 – 4。

表 7 – 4　　　　　　身份"差序格局"问卷因子分析摘要

变量	因子 1	因子 2	因子 3
1. 相同或类似岗位体制内员工与体制外员工的收入差距非常大	0.828	0.291	– 0.020
2. 目前单位（公司）中的薪酬制度很不合理，只能代表部分人利益	0.815	0.193	0.231
3. 我工作的剩余价值被别人无偿侵占	0.707	0.289	0.324
4. 我的收入与岗位价值很不相称	0.679	0.089	0.264
5. 主管会与单位（公司）中体制内员工分享他的想法和做法	0.127	0.764	– 0.160
6. 政策实施时，领导会向体制内员工提供解释，但体制外员工很少能享受到此种待遇	0.270	0.735	0.221
7. 在单位（公司）中，体制内员工得到的升迁机会远远大于体制外员工	0.319	0.657	0.235
8. 体制内员工被辞退的概率远远小于体制外的员工	0.057	0.648	0.332

续表

变量	因子1	因子2	因子3
9. 体制内员工有机会被选为职工代表参与决策制定,而体制外员工没有	0.147	0.068	0.847
10. 在工作过程中,如果出现意见不一致,体制内员工拥有更多的话语权	0.291	0.179	0.623
11. 体制内员工能够享有更多的工作自主权,体制外员工的权利有限	0.246	0.322	0.585
12. 单位(公司)的重大决策能够反映体制内员工的意志,很少听取体制外员工的心声	0.298	0.332	0.514
特征根(旋转前/旋转后)	5.481/2.933	1.186/2.744	1.041/2.031
解释率(累积方差解释率为64.232%)	45.673	9.881	8.678
克隆巴赫α系数	0.84	0.82	0.81

从因子分析结果看,因子1有4道题,主要内容包括薪酬—岗位的匹配性、薪酬制度的合理性、收入差距的主观感受以及剩余价值的被侵占4道题目,把这一因子命名为经济剥夺感。其中"不同身份的员工所从事岗位的重要性差异很大"在身份"差序格局"两个维度上的载荷都超过0.35,所以删除该题目。从现实情况来看,目前很多企事业单位都存在"假派遣、真用工"现象,并不只是在临时性、辅助性与替代性的岗位上才会使用体制外用工形式,因而导致不同身份员工对岗位差异感知的分散。因子2也有4道题,其主要内容涉及领导—成员关系、受重视程度、升迁机会与被辞退概率差异,我们把这一因子命名为差序对待感。其中"体制内员工比体制外员工可以获得更多的组织资源支持"在两个维度上的载荷都超过0.35,删除之。因子3有4道题,主要涉及决策参与权、意见分歧时的话语权、工作自主权以及意志表达机制等因素,我们把这个因子命名为权力偏移感。

通过以上研究可以认为员工身份"差序格局"问卷的结构由经济剥夺感、差序对待感和权力偏移感三个因子构成。从探索性因子分析的结果看,三个因子的项目分布合理,而且每个题目上的载荷较高;三个因子累计解释了64.232%的变异,这个累计方差解释率是比较高的。因此,可以认为员工身份"差序格局"的结构和内容可以接受。

五　身份"差序格局"问卷验证

(一)问卷调查

采用预试后所得到的身份"差序格局"问卷,以 Likert 五分等级量表来测量被试者所感知的身份"差序格局"的特征和行为方式。为了获得校标效度,本书还在问卷中放入了王燕等(2007)在 COLQUITT(2001)的研究基础上修改的组织不公正问卷;组织负面认同问卷[MILLER 等(02000)的组织认同问卷,经过反向处理];MAEL(1992)的伤感度问卷;以及 SPECTOR 等(2006)的反生产行为问卷。

选择 74 家国有企事业单位(其中高校 5 家,国有企业 7 家,研究所 2 家)作为调查对象,总共发放问卷 800 份。为了控制研究中的同源方差,本书分为两轮施测。① 在第一轮的时点 1 收集了身份"差序格局"、伤感度和反生产行为的数据,第二轮在隔 1 周到 1 个月的时间段后的时点 2 收集组织不公正、组织负面认同的数据,然后,将时点 1 和时点 2 的数据进行样本配对。在时点 1 收集的第一批问卷中,有效问卷有 586 份,有效率为 89.6%;时点 2 向已回收的 586 位有效填写问卷者发放第二批问卷,共收集有效问卷 519 份,有效率为 88.56%。将时点 1 和时点 2 的问卷配对后,有效问卷为共 519 份。

(二)统计分析

本书先从内部一致性系数、单题与总分相关系数以及删除该题后内部一致性系数变化三个方面对经济剥夺感、差序对待感、权力偏移感三个维度进行项目分析和信度分析。然后,采用统计软件包 Amos 21.0 进行验证性因子分析(Confirmatory Factor Analysis,CFA)。最后,运用层次回归技术考察了在控制人口统计学变量之后,身份"差序格局"对组织不公正、组织负向认同、伤感度以及反生产行为的影响。

验证性因子分析的关键在于通过比较多个模型之间的优劣,来确定最佳匹配模型。通过前面的探索性因子分析可知,身份"差序格局"是一个三因子结构,但是,这三因子之间具有中等程度相关(分别是 0.80、0.80、0.72),身份"差序格局"有没有可能是一个单因子的结构或者是一个二因子结构呢?因此,对单因子模型、二因子模型和三因子模型进行

① 这种收集数据方法虽然不能完全消除同源方差,但是能够很大程度降低同源方差影响(Atwater and Carmeli, 2009)。

比较，并确定最佳模型。

（三）研究结果

1. 项目分析和信度检验

身份"差序格局"问卷的内部一致性系数（克隆巴赫 α 系数）为 0.898，问卷各个维度的内部一致性处在 0.79—0.83，均高于信度的推荐要求值（0.70）。从题目与总分的相关来看，所有题目与总分之间的相关系数均比较高，而删除任何一道题目之后都不会引起信度的提高。因此，从项目分析和信度分析结果看，身份"差序格局"问卷的题目设计是合理、有效的。

表 7-5　　员工身份"差序格局"问卷的题目和信度分析

题目	内部一致性系数	该题与总分相关	删除该题后的内部一致性系数
经济剥夺感	0.83		
A_1		0.664	0.760
A_2		0.735	0.736
A_3		0.679	0.757
A_4		0.752	0.839
差序对待感	0.81		
B_1		0.756	0.814
B_2		0.761	0.850
B_3		0.663	0.750
B_4		0.582	0.775
权力偏移感	0.79		
C_1		0.594	0.864
C_2		0.644	0.798
C_3		0.746	0.797
C_4		0.623	0.764

2. 验证性因子分析结果

从验证性因子分析结果可以看出，三因子模型对数据的拟合是相对最佳的。RMSEA 低于 0.08，GFI、NFI、IFI、TFI 和 CFI 都高于 0.90，χ^2 与自由度的比值小于 3。因此可以认为，数据验证了身份"差序格局"的三因子模型，表明该测量工具具有较高的结构效度。

表7-6   员工身份"差序格局"问卷验证性因素分析结果（n=519）

模型	χ^2	df	χ^2/df	RMSEA	GFI	NFI	IFI	TLI	CFI
虚模型	2139.384	66							
单因子模型	385.547	54	7.140	0.123	0.847	0.820	0.841	0.805	0.840
二因子模型a	350.362	53	6.611	0.117	0.867	0.836	0.857	0.821	0.857
二因子模型b	258.855	53	4.884	0.097	0.899	0.879	0.901	0.876	0.901
二因子模型c	349.220	53	6.589	0.117	0.857	0.837	0.858	0.822	0.857
三因子模型	126.056	47	2.682	0.064	0.953	0.941	0.962	0.946	0.962

注：单因子模型：将三个因子合并为一个因子；二因子模型a：将差序对待感和权力偏移感合并为一个因子；二因子模型b：将经济剥夺感和权力偏移感合并为一个因子；二因子模型c：将差序对待感和经济剥夺感合并为一个因子。

此外，评价测量模型优劣的指标还包括各个项目与误差的标准化载荷。一般来说，观测变量在潜变量上的负荷较高，而在误差上的负荷较低，则表示模型质量好，观测变量与潜变量的关系稳定。表7-7列出了三因子模型各项目和误差的标准化载荷，从中可以看出，每一个项目在相应潜变量上的标准化载荷都比较高（0.71—0.86），说明每一个观测变量对相应潜变量的解释率较大，且误差较小（0.24—0.48）。

表7-7   三因子模型各题目与误差的标准化载荷

题项	经济剥夺感		差序对待感		权力偏移成	
	载荷	误差	载荷	误差	载荷	误差
A	0.75	0.41	0.77	0.34	0.74	0.29
B	0.86	0.32	0.86	0.48	0.79	0.35
C	0.71	0.37	0.85	0.47	0.85	0.48
D	0.83	0.45	0.71	0.24	0.73	0.43

3. 身份差序格局与校标变量层次回归结果

首先将人口统计学变量作为第一层变量引入回归方程，然后将身份"差序格局"作为第二层变量引入回归方程，并计算两层之间 R^2 产生的变化以及这种变化的 F 检验值，考察 R^2 是否有可靠的提高。

从表7-8结果可以看出,在控制了人口统计学变量之后,身份"差序格局"对组织不公正解释的贡献增加了18.8%、对组织负向认同解释的贡献增加了13%、对伤感度解释的贡献增加了23.5%、对反生产行为解释的贡献增加了15.6%,表明身份"差序格局"对这些效标变量都有显著预测力。此外,从身份"差序格局"与这些效标变量关系看,经济剥夺感和差序对待感对员工的组织不公正知觉有显著的正向影响;差序对待感对组织负向认同有显著的正向影响;权力偏移感、差序对待感对伤感度有显著的负向影响;权力偏移感对员工的反生产行为有显著的负向影响,差序对待感对员工的反生产行为有显著的正向影响。从身份"差序格局"各因子与效标回归关系看,仅差序对待感对所有效标变量都有显著预测作用,但是每个因子至少对一种效标变量有极其显著的预测作用,这也为身份"差序格局"的区分效度和效标效度提供了证据。

表7-8 身份"差序格局"与效标变量的层次回归结果

变量	组织不公正		组织负向认同		伤感度		反生产行为	
	第一步	第二步	第一步	第二步	第一步	第二步	第一步	第二步
1. 人口统计学变量								
性别	-0.107	-0.097	-0.072	-0.070	0.099	0.103	0.097	0.090
年龄	0.114	0.077	0.064	0.003	-0.226***	-0.198***	0.029	-0.060*
职称	-0.224***	-0.158*	-0.149	-0.071	0.065	0.033	-0.080	0.026
学历	-0.143	-0.145*	-0.105	-0.095	-0.154*	-0.162**	-0.031	-0.009
2. 身份"差序格局"								
经济剥夺感		0.310***		-0.013		0.021***		0.041
差序对待感		0.202*		0.342***		0.162***		0.507***
权力偏移感		0.108		-0.162		0.142		-0.363***
F	10.302***	9.406***	4.177**	6.094***	8.549***	6.038***	1.326	11.200***
R^2	0.125	0.313	0.055	0.185	0.106	0.129	0.018	0.234
ΔR^2	0.125***	0.188***	0.055**	0.130***	0.106***	0.235***	0.018	0.156***

注:***$p<0.001$;**$p<0.05$;*$p<0.01$。

六　身份差序格局作用效应分析

从上述回归结果还可以看出，身份"差序格局"对员工心理和行为产生了非常显著的影响，但具体到身份"差序格局"的不同维度，其作用特点和强度各有差异。

（一）经济剥夺感的作用效应

经济剥夺感对组织不公正和伤感度的影响最显著，而对组织负向认同和反生产行为的影响不显著。这表明，尽管金钱并不是激励员工的唯一方式，但倘若企业无法奖赏给"正确"员工，除了会引发员工的伤感情绪，还有可能会导致公平感失衡（Griffeth et al.，2000）。目前，在双轨制用工单位组织，财富是集体创造的结果，但是财富分配极不均衡，收入待遇往往采用集体分肥方式进行分割，具有严重的排他性，体制内员工可以享受体制内的相关待遇，体制外员工根本没有办法得到"体制内的红利"。这种分配方式从制度源头上赋予体制内员工可以无偿侵占体制外员工经济利益，实际一种变相的剥削方式。由于体制内员工的待遇丰厚，而体制外员工极其微小，不同身份的员工之间已形成了巨大的待遇落差，收入分配极不公平，体制外员工对此积怨很深，所以就体制外员工而言，经济剥夺感对组织不公正的影响显著。

作为既得利益群体，体制内员工的组织不公正知觉本应该弱一些，但是从调研结果来看，情况恰恰相反。公平是一种主观感受，是参与社会合作人们通过比较产生的，因而参照对象的选择至关重要。体制内员工在进行公平比较时，往往不会仅仅以本单位的体制外员工为参照，而是以体制内员工或者劳动力市场上所有的体制外就业人员为参照对象。首先，体制内也存在行业、部门差别，所以当体制内员工将自己和其行业、其他部门的体制内员工相比时，对不同单位、不同部门的收入差距有意见。其次，在体制内员工看来，体制外就业人员的收入差距大恰恰是一种激励机制，只要你努力，你的收入就能产生显著的改变。但是在体制内，即使能力强、工作努力，最后也是"被平均"的对象。因此，体制内员工也存在经济剥夺感，进而深刻影响他们的组织不公正知觉。

至于经济剥夺感对组织负向认同和反生产行为的影响不显著，其中原因可能在于，用工双轨制大多存在于国有企事业单位或者一些大型企业组织，这些单位在当地乃至全国都拥有很高的知名度，人们往往为能够成为组织一分子而感到荣耀，所以即使是体制外员工，对组织的认同感也有可能不会低。员工的组织认同越高，反生产行为出现的概率会越小（Wong，2003）。此外，部分体制外员工家庭条件较好，他们上班不是为了获得薪水，而是为了找点事做，他们对劳动力价格的弹性不敏感，这也可能是经济剥夺感对员工的组织负向认同和反生产行为影响不显著的一个原因。

（二）差序对待感的效应

个体所能知觉的"差序对待"究竟会对员工心理和行为产生怎样影响？"心理疏离"为其提供了一个很好的解释方向。心理疏离是一种防御性解离，即将个体成功或者失败的结果与其自尊的关联分开的心理机制。个体达到"心理疏离"状态主要有两条路径：一是降低评价；二是降低回馈的可信度，前者促使个体不再重视先前获得的成果，不再重视所处的团体，后者让个体相信所获得的信息或结果是不正确的（Schmader et al.，2001）。但无论何种机制，如果在社会性团体情境中，最终结果将导致个体不再认同内团体，因而往往会促使个体出现冷漠和不作为态度，甚至可能出现"退缩行为"（Tougas et al.，2005）。由此可以推论，当差序对待行为导致个体出现外人知觉后，因为心理疏离感的作用，会使外人知觉的员工不认同组织，甚至退缩。

双轨制以身份为基准对员工进行差序归类，给员工贴上"编制内、编制外、临时工、合同工"的身份标签，这种三六九等的身份划分，本身就是一种歧视行为，会直接威胁人的两种基本需要：（1）自尊的需要。自尊是个体维持和产生积极情感（如自信、成就感和幸福感等）的重要因素。差序对待会伤害体制外员工的自尊，因为差序对待往往和忽视、惩罚等联系在一起，它向员工传递一个隐含信号：体制外员工是低人一等的、不受欢迎的或是无足轻重的。（2）有意义存在的需要。差序对待会削弱体制外员工在组织中存在的意义，因为差序对待不可避免地造成员工之间相互排斥，被排斥往往象征员工在组织中的"社会死亡"（Solomon，1991）。已有研究表明，当员工知觉组织不公正时，便会产生愤怒、怨恨等负性情绪，渴望报复，并且实施包括偷窃、破坏公共财物、怠工等反生产行为来疏解这些负性情绪（Skarlicki and Folger，1997；Greenberg，1990）。

此外，还应该认识员工不会仅以客观事实来评价组织意图，而会以自己主观的知觉作为其反映的判断依据。当员工知觉到组织的差序对待时，可能会因基本归因错误而放大自己与其他人的不同，产生自己与组织之间的关系位置外移或者不公正感受。当员工认为自己在组织中没有受到公正待遇，便会相信组织违反了社会交换的公平原则，就有可能做出不利于组织的行为。事实上，组织与员工之间除了物质交换关系外，彼此之间还存在内隐的心理交换关系。当员工感受心理契约违背时，就会引发其内心的不安和焦躁情绪，产生对企业的抵触，甚至产生抱怨、违规违纪、消极怠工等反生产行为。伯恩（2005）研究证实，当员工觉察到组织将自己视为外人时，容易让员工觉得组织只是将自己视为达成企业目标的工具，从而会对组织产生不信任，不仅不愿意为组织付出额外的努力，甚至会为了达到个人目的而出现伤害组织的行为。因此，差序对待感对组织不公正、组织负向认同、伤感度和反生产行为均有比较显著的影响。

（三）权力偏移感的作用效应

权力偏移感之所以对组织公平、组织负向认同和伤感度影响不显著，而对反生产行为有显著负向影响，这可能与中国特殊的文化背景有关。Hofstede（1980）认为，东方文化影响下的权力距离①较高。在高权力距离文化中，权力通常被看作赋予个人的，是借助强制手段而非法律手段获得的，因此即使个体知觉到权力发生了偏移，但是个体往往还是选择接受"既定的权力配置"而不是质疑和反抗。所以，较高的权力距离不仅反映人们对上下级差距的认同，也表明对权力拥有者享有权力的认可。这种社会意识有意或无意教育人们，"在这个世界上，人与人是不平等的，每一个人都有与自己相应的位置"，人们对权力分配不平等的态度是漠然、忍受；西方则相反，较低的权力距离使得人们对等级制等现象具有强烈反抗精神。

通过上述分析可以发现，中国情景下高"权力距离"为权力分配"不公平"提供了较大的容忍空间，中国人会综合比较、全方位看待和分析问题。在西方社会，"公平"与"不公平"的边界是清晰的，而在中国人眼里还存在着"合理的不公平"这样的评价尺度。高权力距离以及中国传统文化和儒家价值观对尊卑有序和身份等级的强调会直接影响员工个体的权力偏移感，削弱它的负面作用。James（1993）研究后指出，在高权力距离的文化情境中，人们会承认和接受人与人之间的差异，对权力不公平有更高的接受程度。因而，人们对拥有权力的个体更多的是崇拜，而

---

①　"权力距离"是指人们相信权力和地位不平等分布的情形，以及接受权力不公平分布的程度。

不是质疑和反叛。所以中国人很崇拜权威，并且采取绝对化的倾向。由于认为权威是可信的、全能的、永远的，因此在行为上会对权威产生依赖。这种依赖表现在面对权威时常常会产生一种暂时性的心理失能，比如即使最能干的部属，在上司面前也会自觉无能。另外，组织中掌握核心资源的人物对"亲、忠、才"的评价直接决定员工绩效评估结果以及员工未来的职业发展，从个体利益最大化出发，员工只有接受和顺从权威才是最优选择。

正是因为这种对权力不公平的接受和对权威的顺从，下属更有可能去接受而不是为了反抗去从事反生产等负面行为，因此权力偏移感对员工的消极影响较弱。吴隆增等（2009）从个体文化入手，实证研究证实了权力偏移感的负面影响对高传统性的下属来说相对较弱。他们认为，这类下属有强烈的等级观念，对组织中权力分配不公平有更强的耐受力，即使领导的权力来源不合规、不合法，他们也会恪守自己作为下属的角色规范和义务而遵从、信任和维护处于领导地位的管理者。张新安等（2009）认为，较高的权力距离就意味着优势群体的绝对权威地位，这在某种程度上有助于协调不同身份员工的执行意愿和团队整合，因而才会导致我们观测到权力偏移感与反生产行为之间存在显著的负相关关系。

七　结论与启示

身份"差序格局"是一种涉及身份归类、利益分配和资源配置等特质性概念的建构本质是基于身份"差序格局"而形成的差序管理和行为模式。首先，对于双轨制组织而言，往往会根据员工身份对其归类，于是员工自然而然地被划分为三六九等，即形成所谓的"差序格局"。在此基础上，形成差序管理和行为模式。其次，身份"差序格局"的"物化"表现是经济剥夺感。对于不同身份员工而言，即使在相同的岗位上，从事类似的工作、付出相同的劳动，由于身份"差序格局"的存在，得到的收入也不可能对等。因此，身份"差序格局"最重要的结果是实现了不同身份员工收入的差序有别，它从利益分配角度深刻地反映着员工身份"差序格局"的强度。再次，身份"差序格局"的基础是差序对待感。员工身份与其在组织中的声望地位紧密相关，体制内地位高，也更易于得到组织的重视，赢得同事们的尊重，这是其获得更多权力和利益的前提条件。所以差序对待感是实现经济剥夺感、权力偏移感的基础。最后，身份"差序格局"的趋"力"倾向产生权力偏移感。一般情况下，体制外员工无法在组织的正式权力体系中获得较高职位，而体制内员工容易在正式权力体系中赢得较高的职位。即使身份较高的员工在正式权力体系中未能获得高职位，也有更多的机会参与组织的决策，从而对同事、对组织产生较大的影响力。无论何种形式的权力结构，都与员工的身份密切相关，都是身份"差序格局"异化的结果。

第三节　身份差序格局对劳务派遣员工工作投入的影响*

近些年来，劳务派遣制①作为一种新型用工形式在我国企事业单位中已被广泛采用，成为传统用工形式②的替代方式。在这种用工制度下，劳务派遣机构实现了"招人不用人"，而用人单位则是"用人不招人"，实现招人和用人的分离。由于二元或多元用工制度的存在，企业员工被强制划分为两类：一类是正式员工，企业负责他们的招聘、选拔、工资和福利的发放以及离职手续的办理等；另一类是非正式员工如劳务派遣员工，企业只需按合同支付给劳务派遣机构费用，劳务派遣机构则按法律规定承担作为雇主的大部分义务，主要包括劳务派遣员工的工资、福利、招聘、离职等方面的非生产性义务。因而，正式员工和劳务派遣员工在身份上存在明显差别。从地位上看，正式员工的身份地位高，容易得到企业的重视和提拔，被企业看作"组织内部人员"；劳务派遣员工的身份地位低，得不到企业的重视和提拔，被企业看作"组织外部人员"。从收入上看，正式员工的工资由企业发放，享受企业各种福利待遇以及工资奖励，工资收入较高；而劳务派遣员工的工资发放则是由劳务派遣机构负责管理，因而他们无法充分享受到企业的各种福利待遇。

---

　　*　本节参考李玲、陶厚永《身份"差序格局"对劳务派遣员工的工作投入影响研究》，《湖北经济学院学报》2012 年第 1 期。

　　①　劳务派遣又称人才派遣或人才租赁，是指用人单位根据工作需要，通过人才服务机构租借人才的一种新型用人模式。人才服务机构与用人单位、派遣人员分别签订劳务派遣协议、人才派遣合同，以规范三方面在派遣期间的权利和义务，在派遣期间用人单位与派遣人员仅发生人事隶属关系。

　　②　传统用工是指用工只包含劳方和资方两个主体，主要是与员工直接签订劳动合同建立劳动关系，单位支付给员工劳动报酬。

这种由于用工形式不同而造成的身份地位的不平等已对员工的心理和行为产生非常严重的消极影响：作为不公正待遇的遭遇者，劳务派遣员工的不满情绪显而易见；而作为不公正待遇的受益者，正式员工中的很多人非但没能表现出积极努力的态势，反而因为一贯的养尊处优而呈现出"贵族化"倾向，脏活、累活不愿意干，轻活、易活不想干。员工身份地位的不平等已成为制约员工积极性和主观能动性发挥的"瓶颈"。然而，综观当今世界，随着市场竞争的愈演愈烈，企业竞争优势的获得不仅取决于其人才的拥有量，更依赖于其能否很好地激发员工工作投入的热情。因而，企业能否在竞争中取胜的关键在于能否提高员工的工作投入，所以通用电气公司前总裁杰克·韦尔奇（Jack Welch）曾经说过，"任何一家想靠竞争取胜的公司必须设法使每个员工敬业，更加努力地工作"。因此了解占企业重要组成部分的劳务派遣员工的工作投入的影响机理，从而提高劳务派遣员工的工作投入程度，会对企业竞争优势的获得与保持起着举足轻重的作用。

一　身份"差序格局"的形成与员工工作投入的影响因素分析

（一）差序格局理论的演变与身份"差序格局"的形成

随着工业化、全球化的到来，家庭的变迁，人口流动的频繁，大多数社会成员被组织到一个个具体的"单位组织"中。因而对于个人而言，单位组织的作用越发重要，在社会资源配置和社会调控中起到关键性作用，所以，单位群体也逐渐取代了单一的家庭群体作为离个体最近的关系，构成了城市个体对其所在单位的依赖，形成了中国人的"单位意识"（宋煜，2009）。与此同时，学者们也逐渐意识到"差序格局"是立体结构。因此，目前的"差序格局"理论已经不仅仅强调以己为中心的"别亲疏"的社会关系特征，而且还重视社会结构向度的"殊贵贱"的等级特征在"差序格局"的背后，实质上是一种对稀缺资源，包括权力、财产、身份地位等进行配置的模式或格局。尤其是在我国经济转型的特殊时期，基于行政权力、社会制度和国家政策合力作用的社会等级结构已逐渐分化和成形，并对市场经济的健康发展、社会阶层的和谐建构产生了深层影响（陈占江，2007）（见图7－1）。

学者们也已逐渐意识到员工身份不平等带来的危害，并对此进行了大量研究。例如，费尔德曼（1994）对劳务派遣员工调查发现：他们普遍觉得自己受到了受雇公司的不公正对待；福特（2004）指出，受雇公司因为劳务派遣员工不是正式员工，因此觉得没有必要将公司资源投资在劳务派遣员工身上，于是公司的日常管理和培训活动都刻意将劳务派遣员工排除在外，这种做法引起劳务派遣员工心理意义感以及心理安全感的减弱、归属感和工作安全感的缺乏、组织公平感的失衡以及组织支持感的降低，并直接导致劳务派遣员工离职率的上升和工作投入的降低。

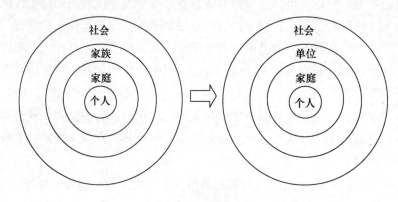

图 7-1　"差序格局"理论的现实演化

资料来源：宋煜：《基于"差序格局"理论的家庭和社区信息化应用策略》，《学习与实践》2009 年第 9 期。

（二）劳务派遣员工工作投入的影响因素

学者们从不同视角出发，提出不同的工作投入定义。卡恩（Kahn，1990）将工作投入定义为"组织成员控制自我以使自我与工作角色相结合"，并将工作投入分为生理、认知和情绪三个维度。Maslach 等（2005）则从工作投入与工作倦怠关系的角度来界定工作投入，并提出两极观（见图 7-2）。他们把倦怠与投入视为两极，精力、卷入和效能则构成了连续体的三个维度。工作投入位于积极的一端，是感觉到精力充沛，能有效地进入工作状态并与他人和谐相处的状态。通过分析可以看出，虽然学者们表述不尽相同，但是存在一些共同之处，他们普遍认为工作投入发生于日常工作中，并能通过个体的具体工作行为或其他角色活动而表现出来。

由于工作投入是一个立体多维概念，因而其影响因素很多，但归纳起来可分为三类：第一，个体特征因素，如个体的心理状态和自我效能感等对工作投入均存在一定的影响。第二，与工作情境相关的因素，如组织支持、工作安全、组织公平、归属感等。其中一些因素的影响比较直接，而另一些因素则要通过一定的中介变量发挥作用。第三，与家庭相关的因素，但由于目前涉及这类因素的相关研究还比较少，而且影响不稳定，所以本章不做重点讨论（见图7-3）。

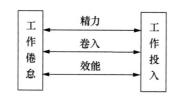

图7-2 工作投入与工作倦怠的两极观

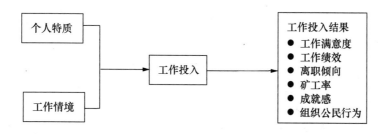

图7-3 Robinowitz 和 Hall 工作投入综合理论模型

（一）个体因素对劳务派遣员工工作投入的影响

学者们普遍认为，员工个体的心理状态以及自我效能感是其工作投入的重要影响因素。已有研究充分表明，心理意义、心理安全以及心理可获得性会对员工工作投入起重要作用（May，2004）。在企业运营管理过程中，如果劳务派遣员工感到工作目标的价值与自己的理想或标准相近，心理意义感越强，则工作投入程度越高；如果劳务派遣员工有机会充分利用企业内外部资源，并且拥有一定的自主权来开展工作，无须承担失败等负面性后果，即心理安全感越强，则工作投入程度越高；倘若劳务派遣员工觉得自己有能力和信心去完成特定的工作任务，即心理可获得性越强，则工作投入程度越高；劳务派遣员工自我效能感越强，则工作投入程度越高；反之，劳务派遣员工的工作投入越低。

（二）工作情境对劳务派遣员工工作投入的影响

除个体因素外，组织因素也对劳务派遣员工的工作投入程度产生重要影响。

1. 组织支持感。组织支持感是员工希望获得的，它能够为员工带来积极的心理感受，对于员工来说是一种工作资源，组织支持感与工作投入高度呈正相关。Demerouti 等（2001）提出工作要求—资源模型（Job Demand and Resource，JDR），他们认为，当工作资源（如组织支持、组织公平等）不足以应对工作需求时，就会导致员工工作投入的下降；而当工作资源足以应对工作要求时，会导致员工工作投入的提高。因此，如果劳务派遣员工能够获得较强的组织支持感，对组织拥有积极的心理感受，就会积极投入到工作中；反之，则会降低工作投入。

2. 组织公平感。Saks（2006）研究后指出，程序公平和分配公平是影响工作投入重要的前因变量，而工作态度包括工作满意度、组织承诺、离职倾向以及组织公民行为。还有大量的研究成果表明，组织公平与积极的工作态度（McFarfin and Sweeney，1992）、角色内绩效（Konovsky and Cropanzan，1991），以及角色外绩效（Farh，Earley and Lin，1997）正相关。组织公平是影响劳务派遣员工工作投入的重要因素。

3. 工作安全感。工作安全感关注员工对失业的担忧、薪酬的降低、职业发展机会的缺乏、工作环境的恶化以及个体与工作岗位不匹配等方面影响。在身份"差序格局"下，劳务派遣员工很难被看作为企业内部人，企业只负责"用人不招人"，工资和福利发放主要由劳务派遣机构负责，而劳务派遣机构还要对劳务派遣员工的工资和福利提取一定的费用，使得他们的工资和福利与正式员工相比差很多，并且工作稳定性较差，工资和福利缺乏保障。此外，企业一般很少为他们提供职业发展机会和晋升渠道，工作环境较差，劳务派遣员工一般都是迫于就业或生存压力而暂时在该企业工作。有合适机会就会跳槽。工作安全感是劳务派遣员工工作投入的重要影响因素。

4. 组织归属感。组织归属感是指员工经过一段时期的工作，在思想上、心理上、感情上对企业产生了认同感、公平感、安全感、价值感、工作使命感和成就感，这些感觉最终内化为员工的归属感。盖洛普公司调查后发现，如果想要劳务派遣员工努力工作，必须在发挥他们的优势的基础上，使每个员工产生一种归属感，产生"主人翁责任感"。归属感对劳务派遣员工的工作投入有着重要的影响。

二　身份"差序格局"对劳务派遣员工工作投入的影响机理

(一)身份"差序格局"影响劳务派遣员工的心理状态

身份"差序格局"会影响劳务派遣员工的心理意义、心理安全。首先,在身份"差序格局"下,劳务派遣员工被看作为"组织外部人员",企业经营效果的好坏与劳务派遣员工的关系不大。在此种状况下,劳务派遣员工不可能有很高的工作积极性。其次,由于身份地位低下,因而在实际工作过程中,劳务派遣员工不愿意通过"干中学"汲取营养和总结经验来解决问题,对他们工作投入的程度产生非常消极的影响。最后,由于所从事的基本都是些临时性、辅助性或者替代性较强的工作岗位,在工作过程中不易得到组织资源的支持以及相关的工作培训和信息指导,也不易获得上级的授权进而没有自主权来决定如何开展工作。因而劳务派遣员工的心理可获得性较弱,致使其工作投入较低。

表7-9　　　　　　　　　劳务派遣员工工作投入的影响因素

影响因素	描述
心理意义	个体对工作目标的价值及与自己的理想的评价和判断
心理安全	反映个体对自己利用内外部资源以完成工作任务,并在此过程中表现自我的一种信念
心理可获得性	个体相信自己拥有必要的生理、认知和情绪资源以便执行特定的工作角色,完成特定的工作任务
自我效能感	个体对自己是否有能力实现组织特定领域行为目标所需能力的信心或信念
工作安全感	是指企业员工对自身资源占有状况以及对未来失去与获得相关资源的价值与可能性的综合认知
组织支持感	员工对组织如何看待其贡献并关心其利益的知觉和看法
组织公平感	员工对组织对待他们的公平性、公正性的感知程度
组织归属感	是指员工从思想、心理、感情对企业产生的认同感、公平感、安全感、价值感、工作使命感和成就

资料来源:根据工作投入综合理论和工作要求—资源理论整理而得。

(二)身份"差序格局"影响劳务派遣员工的自我效能感

劳务派遣员工通常较难引起上级领导的注意和重视,因而其工作投入程度较低。首先，劳务派遣员工被看作外部人员，工作过程中较难获得同事以及组织提供的资源支持和信息指导，遇到工作问题较难得到及时解决，通常对完成工作任务的信心不大，自我效能感较低，工作投入也较低。其次，面临工作困难时，那些能力被怀疑的劳务派遣员工就会放松努力，或完全放弃。最后，当劳务派遣员工的自我效能感较低时，会过多想到自己的不足，并将潜在困难看得比实际严重。这种思想会产生心理压力，他们会将更多注意力转向可能的失败和不利后果，而不是如何有效运用其能力实现工作目标。因而，身份"差序格局"影响劳务派遣员工工作投入。

（三）身份"差序格局"影响劳务派遣员工的工作安全感

由于身份"差序格局"的存在，劳务派遣员工被看作企业的外部人员。涨薪、升职等，企业优先考虑正式员工。而裁员、降薪等，企业优先考虑劳务派遣员工。行业或者企业发展景气时，劳务派遣员工的工作岗位和薪水可能会有暂时性的保障，如果遇上"风吹草动"，劳务派遣员工轻则降薪，重则下岗、被解雇。劳务派遣员工一般是迫于就业或生存压力而暂时在该企业工作，一旦有合适的机会就会辞职。因此，身份"差序格局"导致劳务派遣员工的工作安全感较低，带来其较低的工作投入。

（四）身份"差序格局"影响劳务派遣员工组织支持感

由于身份"差序格局"的存在，企业很少将资源投资在劳务派遣员工身上，劳务派遣员工能够觉察到的组织支持感较低，导致其缺乏足够的工作热情和积极性，进而劳务派遣员工的工作投入、工作满意度和工作绩效以及组织公民行为都较低。

（五）身份"差序格局"影响劳务派遣员工组织公平感

由于身份"差序格局"的存在，劳务派遣员工和正式员工在地位、权力、收入以及职业发展机会上不平等。劳务派遣员工经常会遭到不公正待遇，产生工作懈怠、减少自己的工作投入便成常事。因此，身份"差序格局"通过影响劳务派遣员工的组织公平感而对其工作投入发生影响。

（六）身份"差序格局"影响劳务派遣员工组织归属感

员工对企业是否有归属感，取决于员工与企业双方的价值体系以及员工与企业交换过程中投入与回报的性质，具体表现为工作的稳定性和工作前途。由于身份"差序格局"的存在，企业或多或少都会出现激励机制失衡现象——同工不同酬。劳务派遣员工很少有机会与领导交流，在团队里也低人一等，很难参与企业重大决策，劳务派遣员工往往会觉得自己对企业影响不大，归属感不强。身份"差序格局"通过影响劳务派遣员工的组织归属感而影响其工作投入。

综上所述，身份"差序格局"通过对影响劳务派遣员工自身个体因素以及工作情境因素，而对其工作投入和工作投入结果产生影响（见图7-4）。

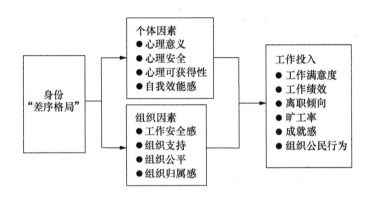

图7-4　身份"差序格局"下影响劳务派遣员工工作投入机理

三　基于身份"差序格局"的劳务派遣员工工作投入机制的构建

劳务派遣制已成为企业中的普遍现象，劳务派遣员工在企业员工中占有相当大比例，因而劳务派遣员工能否努力工作对企业竞争优势具有重要作用。但是，由于身份"差序格局"的存在，导致劳务派遣员工的工作投入程度较低，极大地阻碍了企业运营效率的提高。因此在了解身份"差序格局"对劳务派遣员工工作投入影响机理基础上，企业有必要采取积极的人力资源政策来干预和改善目前境况，提高劳务派遣员工的工作投入。

（一）弱化身份"差序格局"，实现员工身份"低"与"高"的双向流动

为了加大对劳务派遣员工的激励，可以适当采用更具竞争性的人力资源管理政策，实现员工身份"低"与"高"的双向流动，强化优胜劣汰的淘汰机制。对专业知识过硬、敬业度高，对企业贡献大的劳务派遣员工，应使其向正式员工身份转变。同时，弱化身份"差序格局"，开放岗位"身份"限制，将平时表现好、敬业度高的劳务派遣员工放到重要岗

位，解决人事管理的扭曲带来的种种问题。

（二）引入竞争机制，建立公平合理的薪酬体系

在薪酬设计时，除了为劳务派遣员工提供有竞争力的薪酬外，需要重视薪酬的内部公平性。更多关注薪酬管理过程，而不仅仅是结果。在薪酬设计体系前需对企业内部进行系统调查，充分了解劳务派遣员工对薪酬的期望，在制定薪酬体系时应让劳务派遣员工广泛参与，并适时做出薪酬调整。此外，要完善劳务派遣员工参与制度，提升他们的组织公平感。

（三）增强员工对组织的归属感，构建尊重人的组织文化

需要营造一个和谐的、尊重人的企业文化确保员工与企业的价值观念和行为准则相符合，充分认可劳务派遣员工在企业发展中的价值，尊重劳务派遣员工，创造一个良好的工作、生活、文化环境，使劳务派遣员工在舒适的环境中工作和生活，减少劳务派遣员工的精神压力。

此外，对于处于相对弱势的劳务派遣员工应给予重点关注，增强他们的组织归属感。充分信任他们并吸纳其参与企业决策，加强组织文化方面的培训，促使他们认同组织的目标和文化，强化主人翁意识、归属感，进而提高他们的工作投入。

第四节　用工制度对组织适应性效率的影响*

本节从制度适应性效率视角，将组织看成由多主体组成的复杂适应系统，通过构建抽象的组织多主体模型，借助计算机仿真软件 Netlogo，动态模拟实行不同用工制度下组织绩效演化规律，对比和分析用工"双轨制"与用工"单轨制"的优劣及其效率的高低，从而探讨问题的解决方案。

一　用工"双轨制"产生原因及其后果

用工"双轨制"是指在国有企业、事业单位中，同时存在有"编制"的正式员工（以下简称"正式工"）和没有"编制"的劳务合同员工（以下简称"合同工"）两种不同的用工形式。用工"双轨制"之所以能

---

*　本节参考陶厚永、刘洪《何种用工制度更具适应性效率？——用工"双轨制"与"单轨制"的比较研究》，《中国工业经济》2009 年第 1 期。

够产生，而且在国有企业、事业单位中普遍存在主要原因有：

（1）用工"双轨制"既是经济改革不彻底的产物，又是改革不彻底的结果（姚先国，1992）。在劳动力统包统配，工资水平由中央统一管理的计划经济时期，企业无权决定用工的方式与数量，也无权决定自己的收入分配，同时国家严格禁止计划外用工，禁止从事报酬兼职，在这种情况下，用工"双轨制"根本不可能存在。但是在计划经济向市场经济转型过程中，中央对劳动工资的集中管理有所松动，于是企事业单位就拥有了部分劳动就业与工资分配决策权，为用工"双轨制"的产生提供了政策上的可能。

在转型过程中，企业虽然获得了用工方式的自主权，但是为了保持稳定，大多数企业对于历史遗留问题采用"老人老办法"，依旧维持他们的正式工身份。而对于新加入企业的部分新员工采用了"新人新办法"，实行聘任制。统计资料显示，从国有企业体制改革以来，只有约45.7%的国有企业进行了员工身份置换的改革，即职工通过变更、解除劳动合同，接受一定的经济补偿，由全民所有制职工置换为社会从业人员，从而消除其与国有企业以及国家的依赖关系，在形式上实现了聘用制。而绝大部分企业（占54.3%）都没有实行员工身份置换的改革，这部分仍留在企业的员工依然延续着原有的用工方式（"老人老办法"），他们构成了企业正式工的主体。随着企业不断成长、扩张以及正式工不断地退休、离职等原因，企业需要注入新鲜血液，当招聘新员工时，往往采用"新人新办法"。因而导致了国有企业、事业单位的用工"双轨制"。

此外，虽然我国《劳动法》明确规定"同工同酬"，但这更多体现为原则性要求，在具体的实施过程中还缺少详细、可操作性规定，因而在实际生活中对企业的约束作用微乎其微。

（2）由于我国普通劳动力资源长期供过于求，"强资本、弱劳动"状况突出，客观上造成了用工"双轨制"的产生。从新中国成立起，截至2006年，我国人口增长1.43倍，劳动力增长2.24倍。其中，目前我国农村现有劳动力4.81亿多人，占整个社会劳动力人数的62.9%。根据工业化国家的发展经验推算，即使保持目前农村劳动力人数不变，如果我国农村劳动力占社会劳动力总人数的比例达到工业化国家重工业化前期平均40%的水平，也有1.86亿过剩劳动力；如果达到目前工业化国家平均20%的水平，则将产生3.3亿剩余劳动力（李建伟，1998）。劳动力供求关系的严重失衡，使企事业单位有机会利用劳动力市场的供求矛盾降低劳动力成本，而就我国现实状况看，降低劳动力成本的最主要办法就是执行用工"双轨制"、"同工不同酬"；此外，劳动力市场的严重失衡也使得劳动者在与企业组织建立劳动关系时处于劣势地位，因而也就丧失了讨价还价能力，只能被动接受企业组织的分配方式（同工不同酬）。

（3）国有企业、事业单位的垄断性质也是用工"双轨制"产生的重要原因。经过多年市场经济的竞争和淘汰，能够生存的绝大多数都是垄断性或者半垄断性组织，比如电力、铁路、烟草、民航、通信、邮政、石油、科研院所等。虽然这些组织的所属行业有所不同，但无论是行政垄断下的，还是自然垄断下的，它们的垄断优势是共通的。正是因为有这样的优势，使它们在市场竞争中感受到的风险很小，甚至根本就没有什么风险。因此，需要国有企业、事业单位经营管理人员考虑和应对的，主要不是外部压力，而是来自组织内部的各种矛盾。其中，维护老员工们的既得利益非常重要，保护了他们的既得利益，也就基本上保住了企业稳定的大局。于是，拥有薪酬分配自主权的国有企业，以身份来划分不同利益群体就成了顺理成章且十分普遍的做法。至于如何留住优秀人才、淘汰落后分子，以及如何诱发员工的积极性等问题，都不是需要经营管理者过多考虑的主要矛盾。因为对于这类具有垄断优势的组织而言，即使存在这样或那样的问题，大多也不会存在破产危险。

虽然用工"双轨制"受到越来越多的质疑与批评，但是作为伴随着中国经济改革而产生的一种客观存在的现象，用工"双轨制"也有其历史意义。它不仅帮助国有企业、事业单位实现了"人工成本控制"的目的，提高了竞争力，而且还帮助它们实现了"减肥瘦身"运动的"软着陆"，有效地保证了组织的稳定。来自国资委的统计数据表明，截至2006年3月底，全国共有1216家国有大中型企业实施主辅分离辅业改制，涉及改制单位8547个，分流安置富余人员196.9万人，其中，改制企业安置富余人员130.3万人。经济改革之所以能够顺利进行，用工"双轨制"所发挥的作用不可低估。

随着经济改革的逐步深入，用工"双轨制"所强调的身份差异和收入分配的不平等已成为影响员工满意度、制约员工主观能动性发挥的"瓶颈"（Janssen，2001），并直接导致员工之间的"同工不同酬"和组织的生产效率低下。

（1）用工"双轨制"导致."同工不同酬"。2007 年劳动与社会保障部对 43 家国有大型国有企业调研发现，所有企业都或多或少存在"同工不同酬"现象，其中国有企业改革进展较慢的地区（特别西部地区）更为普遍。某些国有企业，从事相同工作的正式工和合同工的收入差距甚至高达 10 倍。"同工不同酬"现象在事业单位中也普遍存在。广东省省情调查研究中心发布的《2006 年省情调查报告》显示，广东省绝大多数事业单位都存在"同工不同酬"现象。

"同工不同酬"的后果是国有企业、事业单位员工收入差距扩大。由于国有企业和事业单位的职工占就业总人口的比重较大，这也就决定了国有企业、事业单位职工收入差距及差距程度会对全国居民收入差别的基尼系数产生十分显著的影响（邢春冰，2005）。另外，"用工"双轨制"直接违反《劳动法》关于同工同酬的相关规定，因而从严格意义上讲，正式工得到的超出其劳动实际价值的收入属于非法非正常收入，它是导致我国居民收入非正常扩大的根本因素（陈宗胜、周云波，2001）。改革以来，中国居民正常收入差别持续扩大。但是如果考虑非正常收入，从1993 年开始，连续五年的基尼系数高于 0.43（转轨经济中基尼系数为0.43 可视为两极分化）（陈宗胜、周云波，2001），如图 7 - 5 所示。

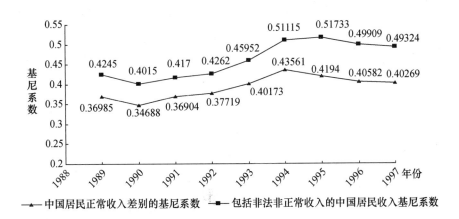

图 7 - 5　包括非法非正常收入的全国居民收入差别基尼系数（1988—1997 年）
资料来源：《中国统计年鉴》（1989—1998）和陈宗胜、周云波（2001）有关数据整理。

（2）用工"双轨制"导致生产效率低下。大量研究表明，员工工作满意度不仅受报酬数量影响，更受对报酬分配公平性感知的调节，也就是说，即使员工的绝对收入在整个社会中相对是高的，但是当他感知到收入分配的不平等时，员工也不会感到满意。只有具体的需求得到满足，且分配是公平的，员工才会感到真正的满意，才能够努力工作（Janssen，2001）。这就意味着，无论何种性质的组织（垄断性的或非垄断性的）、无论收入绝对量的高低，用工"双轨制"和"同工不同酬"都会引发员工的不满，最终导致组织的效率低下，缺乏竞争力，这是导致现阶段我国国有企业缺乏运行效率的主要原因（表 7 – 10 中的人均营业额为其主要的衡量指标）。

表 7 – 10　　　　　世界 500 强企业运行效率对比（2006 年）

世界 500 强排名	中文常用名称	总部所在地	主营业务	营业额（百万美元）	员工数量（人）	人均营业额（万美元）
炼油行业						
1	埃克森美孚	美国	炼油	33993800	83700	406.14
3	皇家壳牌石油	英国/荷兰	炼油	306731.00	109000	281.40
4	英国石油	英国	炼油	267600.00	96200	278.17
23	中国石化	中国	炼油	98784.90	730800	13.52
39	中国石油	中国	炼油	83556.50	1090232	7.66
汽车行业						
5	通用汽车	美国	汽车	192604.00	335000	57.49
8	丰田汽车	日本	汽车	185805.00	285977	64.97
17	大众汽车	德国	汽车	118376.60	344902	34.32
31	丰田汽车	日本	汽车	87510.70	144786	60.44
470	一汽集团	中国	汽车	14510.80	137.175	10.58
475	上汽集团	中国	汽车	14365.20	64297	22.34
计算机及电子电气行业						
29	IBM	美国	计算机	91134.00	329.373	27.67
33	惠普	美国	计算机	86696.00	15000	57.80
46	三星电子	韩国	电子电气	78716.60	80594	97.67
454	广达电脑	中国台湾	计算机	14900.50	44687	33.34

资料来源：《财富》（2006）。

二　组织制度的适应性效率与研究假设

从上述分析可以看出，导致国有企业竞争力不强，事业单位运营效率低下，居民收入差距扩大的原因之一是用工制度缺陷造成的。制度的和政策的因素会对组织竞争能力、运营效率以及居民收入产生重要影响，特别是在中国这样的经济体制转型的国家中（金碚，2003）。因此下面将从制度适应性效率角度分析和研究用工"双轨制"和"单轨制"优劣。

制度所以能够促进组织绩效的增长，其实质是制度的约束功能和激励功能起作用。制度的约束功能划定了一条行为边界，起到预防和制止对组织有害行为发生的作用；制度的激励功能是指个体的行为合乎制度规定的行动逻辑时，组织会给予行为主体某种奖励。这种对行为的激励反过来又会强化行为的产生，因而可以对组织所期望的行为起到诱发和强化作用。从微观个体视角，个体之所以加入组织并愿意留在组织中从事生产性或服务性劳动，是因为个体受到刺激的驱使去从事合乎组织需要的活动。所以对于组织而言，应当设计某种机制使组织收益率和个体收益率近乎相等（诺斯，1999）。如果个体成本超过个体收益，个体通常不愿意从事活动，虽然此活动对组织来说可能是有益的；与此类似，如果个体收益超过了个体成本，就会存在未经同意的情况下，某个第三方额外承担了某些成本。此时第三方的个体成本就会超过个体收益，那么第三方也不会愿意去从事此活动。因此，如果想要降低流失率，提高员工忠诚度、能动性和业绩，必须使员工真正享受到公平待遇，感受到分配上与程序上的公正（Folger and Corpanzano，1998）。然而用工"双轨制"的作用机制正好相反，它过分强调员工之间的身份差异，导致了收入分配的不公，已经在经济运行中产生了一系列不良的经济效应（姚先国，1992）。

（1）用工"双轨制"已成为现阶段国有企业、事业单位员工积极性不高和人才"逆向流动"的最主要原因。正式工的相对优势地位易使其产生自我优越感，脏活、累活不愿干，轻活、易活不想干，因而常常会出现动口不动手、人浮于事。合同工的相对劣势地位导致其主观能动性难以发挥，但由于地位低下，他们又不得不干，因而造成了消极怠工情绪蔓延。员工的工作积极性不高就会导致组织绩效的恶化，组织绩效的恶化进而会引发员工收益的下降，收益的下降又会进一步引起人才的流失。特别是高能力个体，对于他们而言，跳槽可以明显增加收益。而对于低能力个体而言，由于自身缺乏竞争力，留在组织中往往是最优选择，所以他们是不愿意离开组织的。最终结果只能是国有企业、事业单位人才"逆向流动"现象十分严重。

（2）用工"双轨制"造成职工队伍分化，形成地位错觉。正式工觉得高人一等，合同工觉得低人一等。这不仅会影响职工队伍的团结，而且还会损害国有企业、事业单位员工素质的提高。正式工的优势地位使其易于产生"贵族化"倾向，易于形成"小事不想干，大事干不了"的局面，这无益于正式工自身素质的提高。合同工的劣势地位又会造成合同工的严重不满，当他们学到了组织中的先进技术后，就会离开组织，选择更好的生存环境。这也在一定程度上也解释了为什么人们把国有企业、事业单位戏称为低素质劳动者的培训基地。

（3）合同工和正式工的地位悬殊，也使得国有企业、事业单位招聘合同工变得十分困难。高素质劳动者不愿充当合同工，只能招聘素质较差的劳动者，这本身就不利于职工素质的提高。综上所述可以看出，用工"双轨制"扰乱了劳动力资源的合理配置，阻碍了劳动力资源的充分利用，增加了劳动成本，损害了员工的工作积极性，最终导致了组织的适应能力下降，竞争力匮乏。基于以上分析，我们提出以下假设：

假设1：用工"双轨制"不利于员工积极性和创造性发挥，其适应性效率低于用工"单轨制"。

由于用工"双轨制"的改革直接涉及很大一部分人的经济利益，打破既有的利益平衡可能对社会的稳定造成不利影响。为了降低用工制度改革的成本，避免社会出现动荡，推行用工"单轨制"是一个渐进的过程，只能分步到位。期望在整体上将"单轨制"这种用工模式移植过来，立即取代现有的国有企业、事业单位的用工"双轨制"是不现实的（苏海南，2008）。因为改革是渐进式的，所以现行的用工制度暂时会维持不变。在这种情况下，企事业单位会采用两种办法弥补用工"双轨制"的制度缺陷：第一，压缩有编制的正式工数量，提高合同工占员工总人口的比例，使有编制的正式工逐渐淡出组织。当企事业单位在招聘新员工时，大多不提供编制指标，只为少数重要岗位的少数人提供正式的编制。这样就可以使得正式工的流出数量大于流入数量，因而随着已有的正式工的退休、离职等流出最终实现正式工的自然淘汰。第二，在合同工和正式工之间进行岗位轮换，让部分合同工参与组织管理，适当改善合同工的地位。适当增加合同工收入，逐步缩小合同工与正式工的收入差异，弱化正式工和合同工的身份差异。

在现实生活中，这两种手段是相辅相成的，企事业单位一般会综合运用这两种手段共同克服用工"双轨制"的制度缺陷，尽可能提高用工"双轨制"的适应性效率。因此企事业单位在压缩正式工编制数量的同时，往往也会提高合同工占员工总收入的比例。但是组织自行纠正的效果如何，至今尚无定论。因此，提出以下两个对立的假设：

假设 2a：减少正式工占员工总人口的比例，提高合同工占员工总收入的比例，能够促进用工"双轨制"适应性效率的提高。

假设 2b：减少正式工占总员工的比例，提高合同工占员工总收入的比例，不能促进用工"双轨制"适应性效率的提高。

三　组织的多主体模型构建与模拟分析

（一）不同用工制度下组织模型的构建

现实生活中的主体总是异质的，即不同的主体在性质或行为上表现出一定的差异或扮演不同的角色。在"双轨制"组织中，正式工群体往往会占用组织绝大部分收入，而合同工群体只占用组织的一小部分收入。正式工群体和合同工群体具体的收入差距往往会随着身份差异程度变化而不断变化。在"单轨制"组织中，员工不存在身份差异，因而个体参与收入分配的机会是均等的。

根据上述思想，在阿克斯特尔（1999）经典组织模型基础上做如下假定：

（1）假定组织是由 N 个主体构成，它们的初始努力水平为 $e_n \in (0, 1)$，$n \in \{1, 2, \cdots, 100\}$，并具有不同的收入—闲暇偏好特征 $\theta_n \in (0, 1)$，$n \in \{1, 2, \cdots, 100\}$；假定该组织所处环境中有 K 个组织，它们是半径为 R 的圆形区域，且组织边界（物理边界）互不相交，组织中有 j 个主体（j 的大小随着主体加入或离开组织而不断变化）。不失一般性，设定 $M=60$，$N=100$，$K=2$，$R=5$，且组织 A 与组织 B 分别位于 NetLogo 模拟界面的右上方和左下方；依据本节研究目的，假定组织 A 实行的是用工"双轨制"，组织 B 实行的是用工"单轨制"；为了使模拟更贴近实际情况和方便比较，假定模拟开始时，组织 A 和组织 B 各有 40 个主体，其他的 20 个主体游离于组织之外，处于择业状态。

（2）组织的总努力水平是组织中各成员努力水平的简单叠加，组织中各群体的努力水平是群体中各成员的努力水平的简单叠加。那么对于组织 A 而言，正式工群体的努力水平为：

$$\bar{E}_{\mathrm{A}} = \sum_{i=1}^{\bar{m}_{\mathrm{A}}} \bar{e}_{\mathrm{A},i} = \bar{e}_{\mathrm{A},i} + \bar{E}_{\mathrm{A}, \sim i} \tag{7.1}$$

其中，$\bar{e}_{\mathrm{A},i} \in (0, 1)$，$\bar{m}_{\mathrm{A}} \in \{1, 2, \cdots, 100\}$，$\bar{E}_{\mathrm{A}, \sim i}$ 为组织 A 的正式工群体内除第 i 个主体外其他主体努力水平之和。

合同工群体的努力水平为：

$$\tilde{E}_{\mathrm{A}} = \sum_{k=1}^{\tilde{m}_{\mathrm{A}}} \tilde{e}_{\mathrm{A},k} = \tilde{e}_{\mathrm{A}, \sim k} + \tilde{E}_{\mathrm{A}, \sim k} \tag{7.2}$$

其中，$\tilde{e}_{\mathrm{A},k} \in (0, 1)$，$\tilde{m}_{\mathrm{A}} \in \{1, 2, \cdots, 100\}$，$\tilde{E}_{\mathrm{A}, \sim k}$ 为组织 A 的合同工群体内除第 k 个主体外其他主体的努力水平之和。

组织 A 的总努力水平为：

$$E_{\mathrm{A}} = \sum_{j=1}^{m_{\mathrm{A}}} e_{\mathrm{A},j} = \bar{E}_{\mathrm{A}} + \tilde{E}_{\mathrm{A}} \text{ 其中 } e_{\mathrm{A},j} \in (0,1), m_{\mathrm{A}} \in \{1,2,\cdots,100\} \text{ 且}$$
$$m_{\mathrm{A}} = \bar{m}_{\mathrm{A}} + \tilde{m}_{\mathrm{A}} \tag{7.3}$$

对于组织 B 而言，总努力水平为：

$$E_{\mathrm{B}} = \sum_{j=1}^{m_{\mathrm{B}}} e_{\mathrm{B},j} = e_{\mathrm{B},j} + E_{\mathrm{B}, \sim j} \tag{7.4}$$

其中，$e_{\mathrm{B},j} \in (0, 1)$，$m_{\mathrm{B}} \in \{1, 2, \cdots, 100\}$，$E_{\mathrm{B}, \sim j}$ 为组织 B 中除第 j 个主体外其他主体的努力水平之和。

（3）假定"双轨制"和"单轨制"组织拥有相同的生产函数，且组织的总产出水平 O 是其总努力水平 E 的函数，即：

$$O(E) = aE + b(E)^2 \tag{7.5}$$

其中，$a \geq 0$，$b \geq 0$，并且 $a + b > 0$。不失一般性，模拟中取 $a = b = 1$。

生产函数是研究生产要素投入与产出之间的相互依存关系，其形式多种多样。按函数形式分，常用的有柯布—道格拉斯函数、CES 函数和线性生产函数；按所考虑的要素种类分，有单要素生产函数、两要素生产函数和多要素生产函数。选择生产函数时通常要考虑投入要素种类和规模报酬情况。本节采用单要素生产函数，即只考虑主体的努力水平这一种投入要素，并且生产函数中隐含着规模报酬递增这一性质。

（4）无论是用工"双轨制"组织，还是用工"单轨制"组织，其中的主体对收入和闲暇都具有柯布—道格拉斯偏好，那么第 j 个主体的效用函数可以写作：

$$U_j = W_j^{\theta_j} L_j^{1-\theta_j} \tag{7.6}$$

其中，$j \in \{\overline{m}_A, \widetilde{m}_A, m_B\}$，$W_j$ 为组织中主体所获得的收入，L_j 为主体所得到的闲暇，$L_j = 1 - e_j$。

（5）虽然假定每个主体初始都拥有一定的努力水平，但这并不意味着每个主体都有机会加入组织从事生产性或服务性工作；另外，由于生产技术和工艺流程等的日益复杂，基本上所有产品的生产或劳务的提供都不可能依靠一个人完成，所以对于游离于组织之外的主体而言，一般情况下他们不可能单独地从事生产性或劳务性工作，因而也就不会得到任何劳动收入。但是，因为社会保障体系的日益完善，这些主体往往可以通过其他途径获得少量的收入以维持最低生活水平，从而获得最低的效用水平。本节中最低效用水平的确定如下：模拟开始时，假定每个主体可以独立构成一个组织，因为模拟环境中总共存在着 100 个主体，那么就可以组成 100 个组织，然后根据式（7.5）、式（7.6）计算出 100 个处于独立状态的主体的效用值，取其中的最小值作为最低效用标准，记为 $U_{\min}$。

（6）根据我国现阶段的实际情况，假定组织 A、组织 B 都实行按劳分配，只是随着用工制度的不同，按劳分配的实际内容会有所变化。对于"双轨制"组织 A 而言，按劳分配是分"对象"的——正式工群体、合同工群体内部实行的按劳分配，正式工和合同工之间实际上并不是按劳分配。为了弄清楚合同工与正式工人口比例的不同以及正式工群体与合同工群体收入差异程度对组织的实际影响，假定组织 A 中合同工与正式工人口比分别为 8:2、7:3、6:4，正式工群体与合同工群体收入比分别为：2:8、3:7、4:6，使用 β（令 $\beta = 2:8$，$\beta = 3:7$，$\beta = 4:6$）表示。如果 $\beta = 2:8$，不仅表示正式工占组织总人口的 20%，合同工占 80%，同时还表示组织 A 80% 的总产出用于分配给占职工总数 20% 的正式工，20% 的总产出用于分配给占职工总数 80% 的合同工，β 为其他情况时以此类推。对于"单轨制"组织 B 而言，个体之间不存在身份差别，因而按劳分配实质上取决于个体努力水平在组织总努力水平中所占比重。

针对国有企业、事业单位岗位绩效工资体系实际，本节假定员工的收入分为两个部分：岗位工资＋绩效工资。其中岗位工资占员工总收入的比率为 $r(0 \leqslant r \leqslant 1)$，绩效工资占员工总收入的比率为（$1-r$），本节模拟时取 $r = 0.6$。因为组织 A 实行的是"双轨制"，所以用于分配给正式工的组织总产出中的 60% 是按岗位进行分配的，用于分配给合同工的组织总产出中的40%部分是按绩效进行分配的；而组织 B 实行的是"单轨制"，不存在正式工和合同工的区别，所以组织总产出的 60% 直接用于岗位工资分配，组织总产出中的 40% 直接用于绩效工资分配。同时，为了模拟方便，本节假定岗位是无差异的，因此按岗分配就转化为群体内部的平均分配，绩效分配就转化为群体内部的按劳分配。那么组织 A 中第 i 个正式工的效用函数可写作为：

$$\bar{U}_A^i = \left[(1-r)\frac{1}{1+\beta}O(E_A)\frac{\overline{e}_{A,i}}{\overline{E}_A} + r\frac{1}{1+\beta}O(E_A)\frac{1}{m_A} \right]^{\theta_i}(1-\overline{e}_{A,i})^{1-\theta_i} \quad (7.7)$$

组织 A 中第 k 个合同工的效用函数为：

$$\widetilde{U}_A^k = \left[(1-r)\frac{\beta}{1+\beta}O(E_A)\frac{\widetilde{e}_{A,k}}{\widetilde{E}_A} + r\frac{\beta}{1+\beta}E(E_A)\frac{1}{m_A} \right]^{\theta_k}(1-\widetilde{e}_{A,k})^{1-\theta_k} \quad (7.8)$$

组织 B 中第 j 个主体的效用函数为：

$$U_B^j = \left[r \times O(E_B) \times \frac{1}{m_B} + (1-r) \times O(E_B) \times \frac{e_{B,j}}{E_B} \right]^{\theta_j}(1-e_{B,j})^{1-\theta_j} \quad (7.9)$$

（7）为了达到自身效用最大化，主体会根据其他主体的努力状况调整其努力水平。对式（7.7）、式（7.8）、式（7.9）求导，计算出个体效用最大时所对应的努力水平即是组织中主体最优努力水平。

$$e_j^* = \underset{e_j}{\mathrm{argmax}}\, U_j \quad (7.10)$$

（8）如果组织中主体达到最优努力水平时所对应的效用水平值小于最低效用水平 $U_{\min}$，则该主体脱离组织。

（二）不同用工制度的"适应性效率"模拟结果分析

在模拟中，假定组织活动的背景范围是 NetLogo 模拟界面上的 $M \times M$ 块构成的正方形区域；主体的"视力"值随机分布于 [0, 5] 范围内，处于独立状态的主体，如果其离组织的空间距离小于或等于其"视力"值，则该主体加入组织，其他独立状态的主体，以其"视力"值为步长随机游走。每一次模拟过程分 100 阶段，通过对比分析在不同用工制度约束条件下组织总产出、主体的平均产出、组织规模、主体的平均效用水平的演化趋势以及组织对环境的适应能力，探讨何种用工制度更具适应性效率，从而找到符合我国实际情况的用工制度。

1. 用工"双轨制"的适应性效率分析。当实行用工"双轨制"时，组织绩效演化趋势如图 7-6 所示。通过图形可以发现，"双轨制"组织的规模、总产出、个体的平均产出和组织的总效用水平都比较低，而且呈现出随着时间增长而不断下降的趋势。例如当 $\beta = 2:8$ 时，组织规模总量较小，数值为564，平均增量也为负值（ -1.47% ）；与此类似，组织总产出水平的总量也较小（为338.55），并且也呈现出负增长的趋势（平均增长率为 -1.16% ）；个体平均产出水平和组织总效用水平的均值分别为0.4581和3.65，并且变异系数较大（分别为0.3077和0.6963）。当人数比、收入比改变时，也有类似结果。这些都充分表明用工"双轨制"条件下员工的工作积极性不高，组织稳定性差。

造成这种状况的原因在于用工"双轨制"形成的员工身份差异以及由于身份差异而造成的收入分配不平等。首先，在"双轨制"组织中存在两种类型的员工——正式工和合同工，正式工与企业之间形成的是劳动合同关系，合同工与企业之间形成的是劳务合同关系，合同的不同性质决定员工具有不同的身份地位，不同的身份地位又决定员工收入分配的不平等。正式工处于相对优势地位；而合同工的招聘、解聘以及日常考核等都是由组织的管理部门做出的，他们基本上没有任何经营管理决策权，所以他们在组织中处于相对劣势地位。因而用工"双轨制"直接后果就是造就了两类对立的员工群体，强化了组织内部员工之间的矛盾。此外，正式工身份一旦确立，其地位基本不变。对于合同工群体而言，他们是组织政策的被动接受者，不正当待遇的承受者，只能在既定的游戏规则下进行各类活动。无论他们如何努力地工作，也不可能得到和正式工一样的待遇，所以用工"双轨制"留给合同工的是表面上的歧视和本质上的受剥削。在这种情形下，合同工的工作积极性和主动性根本无法得到保证，这是造成合同工群体绩效不高的主要原因。所有这些原因最终导致"双轨制"组织的组织规模、组织总产出的总量较小，个体的平均产出和组织的总效用水平的均值较低，都有随时间增加而递减的趋势。

员工丧失了工作积极性，组织的总产出水平就会下降，个体的收入水平和效用水平就会随之降低。如果留在组织中不可以提高收益和自身的效用水平，那么个体就有可能会脱离组织，尤其是高能力个体。而高能力个体脱离组织反过来又会引起组织绩效的恶化。因此，"双轨制"的组织绩效各项指标不断降低，个体平均产出水平和组织总效用水平差异显著、稳定性差。

2. 用工"单轨制"的适应性效率分析。当组织实行用工"单轨制"时，组织绩效演化曲线如图7-7所示。通过图形可以发现，"单轨制"

组织的规模、总产出水平、个体平均产出水平都随时间递增，组织的总效用水平虽然没有呈现出明显的递增趋势，但也在高位上运行。例如当"双轨制"组织的合同工和正式工的人数比为 8∶2，合同工和正式工的收入比为 2∶8 时，处于相同环境中的"单轨制"组织的组织规模为 4722，平均增长率为 0.19%；组织总产出为 3465.18，平均增长率为 1.13%；个体的平均产出水平的均值为 0.7313，变异系数 0.0800；组织总效用水平的均值为 29.16，变异系数为 0.1276。和"双轨制"组织相比，"单轨制"组织的组织规模、组织总产出总量较大，且平均增长率由负变为正。同时，个体的平均产出水平和组织总效用水平均值也较大，且变异系数变小。这些都充分说明用工"单轨制"可以激发员工积极性，从而促进组织绩效快速增长。

在"单轨制"组织中，个体参与竞争的机会是均等的，不存在歧视和群体剥削现象，用工"单轨制"自然转化为平等竞争、同工同酬。此时，员工的收入来源于岗位工资及绩效工资，因而对于"单轨制"组织而言，这就意味着员工收入主要取决于自身的能力以及自己在工作岗位上所付出的努力水平，这是"单轨制"组织绩效的各项指标维持快速增长或高位运行的最主要原因。

在"单轨制"组织中，员工的身份平等，个体从事什么样的岗位工作主要取决于自身所具有的能力以及自己的以往表现，因而高能力个体去从事较重要岗位工作的可能性就会增大，于是也就存在较大的可能性去得到较高的岗位收入。而低能力个体只能去从事一般性工作，因而也只能得到较低的岗位收入。在"单轨制"组织中，虽然岗位及岗位工资之间可能会存在重大差异，岗位也可能是相对固定的，但是，用工"单轨制"所提倡的"制度面前人人平等"可以充分保证岗位的获得是基于能力的，因此任何一个个体都有机会从事比较重要的岗位而得到较高的岗位收入。因此，"单轨制"组织中身份平等的竞争规则不仅使得每个成员都有可能从事比较重要的工作，而且也使得学习与创新作用凸显，这可以极大促进组织绩效的提高。其次，在"单轨制"组织中，员工绩效工资的多少直接取决于员工自己在岗位上的表现和员工对组织发展所做出的贡献。因而用工"单轨制"和社会主义分配原则本质上是一致的，它们的组合可以确保组织成员能够各尽其能、各得其所，这不仅可以充分调动组织内部一切可以利用的资源，而且又能使得组织保持对外部人才具有较高的吸引力，进而可以促进组织绩效的快速增长。

此外，对于"单轨制"组织而言，员工的身份是平等的，所以不可能存在"因人设岗"，而只可能存在"因岗设人"，这能有效保证加入组织中的个体都能拥有岗位、都有事可做，因此每个员工都能得到一定的劳动收入。个体只要在原有努力水平基础上付出努力就能使自己的收入水平和效用水平得到提高，因而个体就会努力工作。所以用工"单轨制"和我国现阶段的收入分配政策组合能够使组织进入良性循环。

3. 模拟结果的比较分析。第一，用工"单轨制"和用工"双轨制"的适应性效率比较分析。对比图7-6和图7-7可以发现，当其他条件相同、用工制度不同时，就组织规模、组织总产出而言，无论是其总量，还是其平均增长率，"单轨制"组织都明显优于"双轨制"组织；对于个体的平均产出水平和组织总效用水平来说，"单轨制"组织的这两项指标的均值也优于"双轨制"组织，并且"单轨制"组织这两项指标的变异系数也要明显低于"双轨制"组织。因此有理由认为用工"单轨制"的适应性效率高于用工"双轨制"，假设1得到证实。

第二，人数比、收入比不同时用工"双轨制"适应性效率的比较分析。改变正式工和合同工的人数比、调整正式工和合同工的收入比对"双轨制"组织绩效的演化趋势影响并不大（见图7-6），这就说明压缩正式工编制的数量，提高合同工占总人数的比例；增加合同工的收入，提高合同工占总收入的比例等渐进式改革的效果不显著，用工"双轨制"具有刚性特征。例如当合同工和正式工的人数比为8∶2、收入比是2∶8时，"双轨制"组织的组织规模总量为564，平均增长率为 -1.74%；而当人数比为7∶3、收入比是3∶7时，组织规模的总量为342，平均增长率为 -2.20%。组织总产出也没有随着人数比、收入比变化而产生趋势性改变。个体平均产出水平和组织总效用水平均值和变异系数随着收入变化也只产生微弱变化。因此，假设2b得到了证实。

当人数比、收入比发生变化时，"双轨制"组织的组织绩效的各项指标之所以没有发生根本性改变，可能与员工心理调节作用有关。无论人数比、收入比是多少，用工"双轨制"都会削弱合同工的工作积极性和主动性，加剧组织绩效的恶化。调整员工的收入比并没有改变用工"双轨制"的本质，因此组织绩效没有发生根本性改变。

然而，改变员工的收入比会打破不同群体之间既得的利益平衡，在提

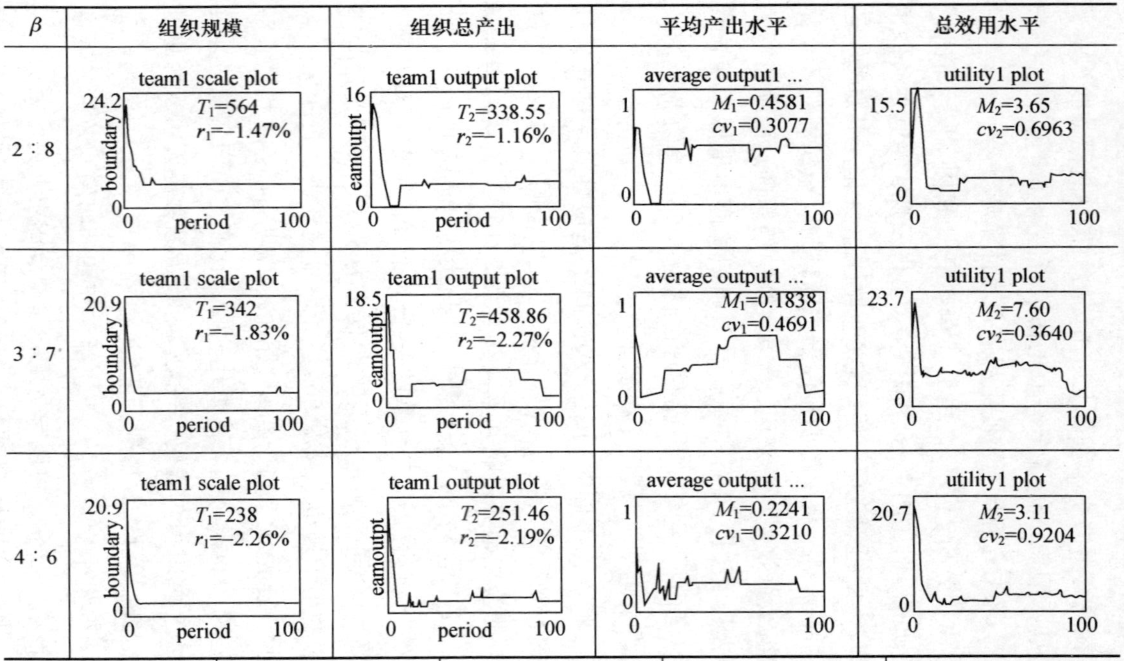

人数比·收入比	组织规模		组织总产出		平均产出水平		总效用水平	
	总量 T_1	平均增长率 r_1	总量 T_2	平均增长率 r_2	均值 M_1	变异系数 cv_1	均值 M_2	变异系数 cv_2
$\beta=2:8$	564	-1.47%	338.55	-1.16%	0.4581	0.3077	3.65	0.6963
$\beta=3:7$	342	-1.83%	458.86	-2.27%	0.1838	0.4691	7.60	0.3640
$\beta=4:6$	238	-2.26%	251.46	-2.19%	0.2241	0.3210	3.11	0.9204

图7-6 "双轨制"组织绩效的演化

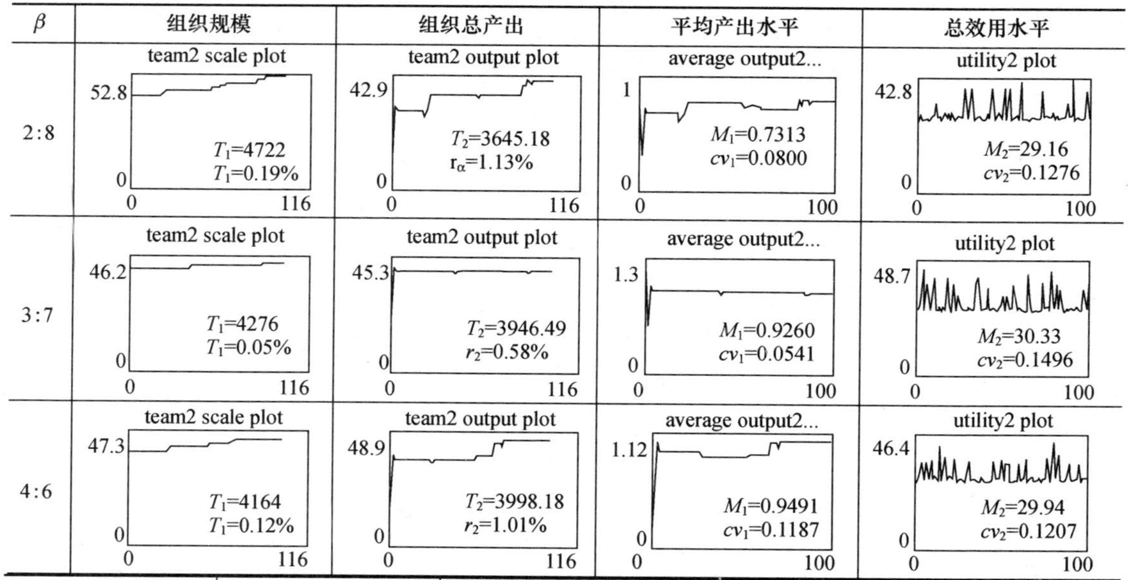

β	组织规模	组织总产出	平均产出水平	总效用水平
2:8	team2 scale plot 52.8 / 0 / 116 $T_1=4722$ $T_1=0.19\%$	team2 output plot 42.9 / 0 / 116 $T_2=3645.18$ $r_\alpha=1.13\%$	average output2... 1 / 0 / 100 $M_1=0.7313$ $cv_1=0.0800$	utility2 plot 42.8 / 0 / 100 $M_2=29.16$ $cv_2=0.1276$
3:7	team2 scale plot 46.2 / 0 / 116 $T_1=4276$ $T_1=0.05\%$	team2 output plot 45.3 / 0 / 116 $T_2=3946.49$ $r_2=0.58\%$	average output2... 1.3 / 0 / 100 $M_1=0.9260$ $cv_1=0.0541$	utility2 plot 48.7 / 0 / 100 $M_2=30.33$ $cv_2=0.1496$
4:6	team2 scale plot 47.3 / 0 / 116 $T_1=4164$ $T_1=0.12\%$	team2 output plot 48.9 / 0 / 116 $T_2=3998.18$ $r_2=1.01\%$	average output2... 1.12 / 0 / 100 $M_1=0.9491$ $cv_1=0.1187$	utility2 plot 46.4 / 0 / 100 $M_2=29.94$ $cv_2=0.1207$

人数比、收入比	组织规模		组织总产出		平均产出水平		总效用水平	
	总量 T_1	平均增长率 r_1	总量 T_2	平均增长率 r_2	均值 M_1	变异系数 cv_1	均值 M_2	变异系数 cv_2
$\beta=2:8$	4722	0.19%	3465.18	1.13%	0.7313	0.0800	29.16	0.1276
$\beta=3:7$	4276	0.05%	3946.49	0.58%	0.9260	0.0541	30.33	0.1496
$\beta=4:6$	4164	0.12%	3998.18	1.01%	0.9491	0.1187	29.94	0.1207

图7-7　"单轨制"组织绩效的演化

高合同工（或正式工）收入的同时，必须要降低正式工（或合同工）的收入。因为个体一般不会感觉到对自己有利的不公平，而对自己不利的不公平则非常敏感。所以提高一类群体收入而降低另一类群体的收入，不仅不会诱发合同工的工作积极性的增强，反而会导致正式工的消极情绪的产生。因此，如果不彻底改变用工"双轨制"，仅仅改变合同工与正式工的人数比、收入比，不仅达不到激励的效果，反而有可能会导致组织绩效的恶化，因此用工"双轨制"具有刚性特征。

本章小结

本章探讨了一些组织中形成的正式员工与劳务派遣工并存的二元用工制度，以及这种二元用工制度对于劳务派遣员工和组织产生的影响。

研究发现，二元制用工企业存在着员工身份"差序格局"，而这种身份"差序格局"会通过影响派遣工的相关心理状态和自我效能感等个体因素而对员工工作行为产生影响；并且，身份"差序格局"也会通过影响劳务派遣员工的工作安全感、组织支持感、组织公平感以及归属感等工作情境因素而对工作投入产生重要影响。二元用工制度即双轨制曾经对经济的稳定起到了一定作用，但是现阶段，双轨制已经逐渐成为组织中劳动关系矛盾的焦点。从组织层面来看，用工"双轨制"的适应性效率明显低于用工"单轨制"，用工"双轨制"条件下的组织总产出水平、个体的平均产出水平都明显低于用工"单轨制"。

第八章 员工竞合关系对组织关系边界的影响[*]

第一节 复杂适应系统理论视角下的企业边界

一 作为复杂适应系统的企业

约翰·霍兰认为，复杂适应系统是指"由用规则描述的、相互作用的主体组成的系统"，主体的适应性是"复杂适应系统生成复杂动态模式的主要根源"。复杂适应系统具有普遍性，其特征很多（刘洪，2006），CAS 的基本特征可以归结为：（1）系统由许多并行活动的主体组成，这些构成单元具有智能性，并且不断与环境、其他主体交换物质、信息、能量等。（2）具有多层次性。一个层次的主体是更高层次结合体（主体）的组成部分，但是层与层之间具有相对独立性，层与层之间的直接关联作用较少。（3）主体能通过结果的反馈和经验的积累，不断调整作用关系规则，具有动态学习能力。（4）每个主体或单元不断根据自己有关事物的认知模型做出预测，这些认知模型随着系统演化获得提炼和提高。（5）追求局部优化和不断改进。在复杂适应系统内有很多小生境，每个小生境可以为一个主体开发并占有，因此系统有追求局部优化的倾向。（6）随机性和确定性的统一。（7）复杂适应系统是动态变化的。复杂适应系统总是处于变化、转换、调整之中，系统的变化受到主体数量、行为规则以及它们之间相互作用的强度和多样性的影响。（8）复杂适应系统内外部主体的作用关系是非线性的。作用可分为线性相互作用和非线性相互作

---

[*] 本章参考陶厚永、刘洪、吕鸿江《组织管理的集权—分权模式与组织绩效的关系》，《中国工业经济》2008 年第 4 期。

用。线性相互作用的对立双方是可分离的，非线性相互作用使得对立双方成为不可分离的、有内在联系的东西，正是非线性相互作用导致的竞争与协同，系统才有整体行为，形成具有整体性的矛盾体系。

尽管 CAS 没有统一的标准，但这并不意味着不能应用 CAS 理论来研究企业组织及其边界的演变规律；恰恰相反，把复杂性科学引入企业管理是企业管理适应当今经济和社会发展的需要，也是当代企业管理理论和实践自身发展的必然趋势。

企业组织是由投资者、经营管理者、员工以及供应商、消费者、规制者等利益相关者组成的超契约联合体，这些利益相关者都是企业活动的主体。他们具有环境识别能力、问题判断能力、自主决策能力和采取行动等能力，能根据自身所处的环境，做出适应性反应，通过行为结果的反馈和学习而发展出自己的图式，并以此指导决策和采取行动，不断强化或削弱与其他主体的作用关系，调整与其他主体之间的作用关系规则。员工与员工相互作用组成部门，部门与部门相互作用联结成企业，企业与环境中其他类似企业相互作用形成行业，具有明显的层次性特征；员工之间的情感交流与相互学习，部门之间的沟通与合作，以及企业之间的业务往来与竞争，这种同一层级内的水平联系与相互作用是企业最重要的日常活动，它直接影响企业组织的发展进程与业绩指标，但是企业组织的发展状态又不能够根据其组成单元的情况简单推测出来。环境变化的复杂性和动荡性，选择的随机性，以及企业内外部主体之间的非线性相互作用关系，决定了变化的永恒性，主体行为结果的不确定性、非因果关系。使复杂适应系统容易产生"蝴蝶效应"，小的变化可能会引起大的后果，从而导致企业的长期状态的不可预测性。企业未来的状态主要取决于企业的背景和历史，这是企业成功与否的关键。显然，企业具有 CAS 的大多基本特征，因此可以运用 CAS 理论加以研究、探讨。

二　企业的关系边界及特点

在主流组织理论里，边界往往被描述成一个组织终止的地方和该组织所处的环境开始的地方（Jeffrey and Salancik，1987）。学者们往往"出于自己的分析目的而自觉地构建了一种概念框架"，企图把边界描绘成一种分开组织和其所处环境的稳定秩序，并由此为出发点，分析得到自己所预期的清晰的企业边界。然而在现实的经济社会中，根本看不到清晰、稳定的企业边界，现代企业生存和发展越来越倚重于那些与企业活动有关的所有信息单元之间的互动关系及其所组成的 n 维向量空间（黄泰岩、牛飞亮，1999），因此理论界必须要从热衷于"行政边界"的研究转到由投资者、经营管理者、员工以及供应商、消费者、规制者等利益相关者组成的关系网络（见图 8-1）——企业的行政边界及其变动规律的研究。

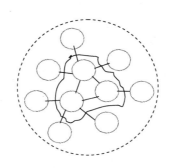

图 8-1　企业的行政边界与关系边界

可以从两个方面理解关系边界：一是，关系边界是有形的，所谓"有形"指的是关系边界具有可识别性，如利益相关者（网络中的节点）数量、功能协同、资源调配等范围；二是，关系边界又是无形的，所谓"无形"指的是那些从外部无法识别，但又能影响各节点行为的诸多因素，如互动规则、运行机制、合作文化等。与传统企业边界相比，企业关系边界具有以下特征：

（一）边界不是固定的，而是动态变化的

作为复杂适应系统的企业，其边界必须从企业与其环境共同构成的更大范围的系统视角来考察，那么，构成企业的主体就不局限于企业内部的行为主体，还要将与企业相关的外部行为主体包括在内，即将外部环境内生化。另外，与企业相互作用的外部行为主体是动态变化的，所以说，企业边界是动态变化的。界定行为主体是否在企业边界之内的一个简单评判依据，就是看他们的理念和使命是否一致。然而，传统的企业边界常常是明确清楚的、可视的，比如判断一个人是否属于企业就是看其劳动关系是否在企业内，对于传统企业来说所持的观点是"我们有多少员工"，而对于复杂适应系统的企业来说所持的观点是"有多少人为我们企业工作"（刘洪、王玉峰，2006）。

（二）边界是模糊的

从单个企业来看，在某一时点上，其边界是清晰的，但是多个企业之间的关系边界可能呈现出交错、重叠等复杂特征，其中还交织着人际关系，关系总是呈网状的，相互重叠的，因而企业的关系边界是模糊的。另外，企业总是处于动态演进之中，如果某一时点的企业边界与环境之间存在着平衡，那也是动态的平衡，伴随着环境内生化、企业外生化以及涌现现象的出现，使企业边界总是处于不断变化之中，这一时点企业边界和下一时点企业边界可能会截然不同，即使在瞬间，也依然存在更新与变化。因此无法准确地把握企业边界，企业边界是模糊的。

（三）边界具有渗透性

企业是由利益相关者组成的复杂的、多维的立体结构，这种空间结构使得更多节点有机会直接与环境接触，企业与环境的"接触面"更大了，因此环境中的信息和能量更容易渗透到企业内部。另外，网络型的结构使得信息在企业中传播的速度更快，当某一节点从环境中得到有用信息时，可以同时向四周扩散，在其他节点接收到信息后，这些节点又可以作为信息源向四周扩散，因此，可以在很短时间内实现信息从小范围向大范围渗透。随着网络节点与环境中个体的关系建立，外部个体就可能会渗透到企业内部，成为企业的一员；同时随着网络节点与其他企业关系的建立以及松散的组织结构，使得该节点易于脱离企业，成为其他企业的一员，即企业成员的向外渗透。在传统理论中，只有部分员工有机会与环境直接接触，如市场营销部门等，当他们得到有用的信息后，一般只会发生纵向传递，因此信息往往被少数人控制，难以渗透。同时，行政式管理和严格的组织结构，使得企业成员与环境中的个体很难实现相互渗透。

（四）边界是有路径依赖的

戴尼斯·迈拉特、奥利弗·克莱瓦塞和布鲁诺·莱克格等认为，关系网络是一个动态的、依照一定的路径依赖而不断演变的历史过程。从个体的角度看，企业成员在相互作用联结成企业时以及在企业的日常运作中，员工总是会根据自身所拥有的知识、经验有选择性地寻找合作对象，在找到合作对象后，和对象建立何种联系，联系的强度该如何等问题都是依据历史做出的，所以，个体决策是路径依赖的，因此企业的关系边界也是有路径依赖的。因此，从某种程度上讲历史决定了现在，企业的关系边界是有路径依赖的。

既然企业的关系边界是动态变化的、模糊的，具有渗透性和路径依赖性，那么企业的关系边界该如何度量？劳曼（Laumann，1983）给出了界定企业边界的三个特征：行为者（节点）的特征、节点之间的关系特征以及它们之间的活动特征。行为者特征强调界定成员资格的标准，即企业成员与非企业成员；关系特征通过界定特定社会关系中的行为者确定系统的边界，互动频率是其中的一个重要指标，系统边界置于互动网络的"某些薄弱的位置"；活动特征认为当个体穿越系统边界时其活动会发生变化，边界与活动控制是相统一的（Pfeffer and Salaneik，1987）。关系特征和活动特征关注的是界定企业的行为标准，而行为者特征着重强调的是成员资格。

第二节　主体关系模式对企业关系边界的影响

一　主体关系模式

主体关系模式是指在特定群体内部，针对关系冲突的解决方法中，被广泛接受并成为个体成员习惯的关系准则。群体内部特定关系模式的形成前提是，群体内部成员之间的互动行为。在一个随机配对的行为空间中，某种行为关系在特定频率中占优或有效率的事实，会被其他个体所察觉并学习模仿。而当该类关系在更广范围和更频繁的互动行为中被接受时，该关系就会逐渐演化为一种关系模式。关系模式得以形成，源于个体共识的形成，即针对特定行为群体认知所具有的某种共享的意义和知识。从竞争与合作两个维度，可以把主体关系模式分为竞争对抗模式、合作依赖模式和竞合互动模式三类，如图 8-2 所示。

竞争对抗模式是指群体内双方或多方为了夺取同一目标而争相超越的行为，常常表现为：对于共同期望的稀缺资源的夺取而展开的竞赛、争夺和角逐。合作依赖模式是指个体为了达到对自己有利的目标，而依靠群体中其他个体的行为。竞合互动模式是指为了提高群体的生存能力，通过竞争激发个体的积极性，依靠竞争达到优化种群的目的。既在合作中竞争，又在竞争中合作，合作和竞争相互依存。

竞争对抗模式强调"你死我活"、"此消彼长"的竞争关系，片面夸大了竞争的作用，忽视了系统内部、系统与环境之间的共存、依赖和共

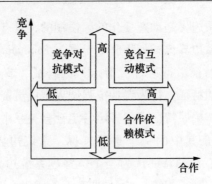

图 8 – 2　主体关系模式分布

生，容易引起群体内部的过度竞争。即使是系统内部、系统与环境之间存在生存竞争，这种竞争也应该是有层次的，系统中的个体为了获得资源和能力，以便于在系统中占据有利位置，必然要与环境以及其他个体进行竞争。但是从更高的层次来看，当以企业为基本单元参与竞争时，企业中个体采用合作的态度往往会更有效。竞争不仅仅存在于企业组织内部，而且常常表现为系统之间的竞争。这种外部的竞争对企业形成了压力，将进一步促进其内部系统的优化。竞合互动模式则认为合作是系统的基本要求，竞争是系统发展的动力。如果只有竞争没有合作，整个系统很快就会分崩离析；如果只有合作没有竞争，系统无法优化。正如哈肯所言：各种系统，"都以其集体行为，一方面通过竞争，另一方面通过合作，间接地决定自己的命运。"只有通过竞争达到合作，形成协同整合的超循环组织，系统才能向更高阶段前进；只有通过合作—竞争，系统才能走向繁荣。

　　因为企业具有复杂适应系统的特征，要在自然界观察和实验是非常困难的，更难以用数学分析方法求解。正是这种原因，很多科学家使用计算机来构建复杂系统的模型，模拟实际情景条件下系统的行为和未来，探索获得理想未来的干预途径和政策。特别是 swarm、matlab、starlogo、netlogo 等简单易用的软件平台的开发，激起了科学界的广泛兴趣并使复杂适应系统理论在社会系统、生态系统、经济学、文化、政治、科技、交通领域得到了具体应用（谭跃进、邓宏钟，2001）。

　　二　模型构建

　　多主体模型是用计算机仿真软件产生分布于计算机屏幕的许多主体，

然后让这些主体按照一定的规则相互作用。这种随着时间变化所发生的相互作用过程可通过连续的规则"游戏"模拟其演化特征。根据简单规则发生相互作用的主体模型往往会涌现出复杂的结果。

按照阿克斯特尔（1999）的观点，个体对收入—闲暇的偏好是内生的、既定的；个体效用是收入与闲暇的函数，可用柯布—道格拉斯函数刻画；收入和闲暇是对立统一的。一方面，个体越努力，收入越高，效用水平越高；另一方面，个体努力水平越低，闲暇越多，效用水平越高。因此收入与闲暇是对立的。但是个体可以调节自身努力水平，使收入与闲暇达到一个平衡点。当单独工作时，收入多少仅取决于自己的努力水平，不存在"搭便车"倾向，个体只会根据自身的收入—闲暇偏好的大小调节其努力水平，以使自身效用最大化。当组成企业时，收入多少不仅取决于主体的努力水平，而且更主要地受他人的努力水平和企业的收入分配政策的影响。因此主体需根据自己收入—闲暇偏好大小和他人的努力水平，调整自己的努力水平，以使自身效用最大化。

基于上述思想和阿克斯特尔的企业模型假定，本章采用 NetLogo 3.1.3 软件编写程序模拟主体关系模式对企业关系边界的影响。具体说明如下：

（1）模拟开始时，借助计算机随机生成 200 个主体，他们拥有一定的努力水平 $e_j \in (0, 1)$，$j \in \{1, 2, \cdots, 200\}$，努力水平是可调节的；本章借助 gamma 函数，使环境中主体的收入偏好分布具有不同的特征，$\theta_j \in [0, 1]$，$j \in \{1, 2, \cdots, 200\}$。

（2）假设企业总努力水平是每个主体努力水平的简单叠加，即

$$E^T = \sum_{j=1}^{200} e_j = e_j + E_{-j}$$

其中，$j \in \{1, 2, \cdots, 200\}$，$E_{-j}$ 为"非我群体"的努力水平。

（3）假设企业的产出水平 O 是其总努力水平 E^T 的函数，如下所示：

$$O(E^T) = E^T + (E^T)^2$$

（4）假设每个主体对收入和闲暇具有柯布—道格拉斯偏好，第 j 个主体的效用函数可以写作：

$$U_j = W_j^{\theta_j} L_j^{1-\theta_j}$$

其中，$j \in \{1, 2, \cdots, 200\}$，$W_j$ 为企业中主体所获得的收入，L_j 为主体所得到的闲暇。

（5）假设存在三种分配方式，在第一次模拟时，企业实行的是平均分配，那么第 j 个主体所获得收入为：

$$W_j = \frac{O(E^T)}{n}$$

其中 n 为企业中主体的个数。

效用水平为：

$$U_j = \left[\frac{O(E^T)}{n}\right]^{\theta_j}(1-e_j)^{1-\theta_j} = \left[\frac{O(e_j+E_{-j})}{n}\right]^{\theta_j}(1-e_j)^{1-\theta_j} \tag{8.1}$$

（6）第二次模拟时，企业实行的是按劳分配，那么第 j 个主体所获得的收入为：

$$W_j = O(E^T)\frac{e_j}{E^T}$$

效用水平为：

$$U_j = \left[O(E^T)\frac{e_j}{E^T}\right]^{\theta_j}(1-e_j)^{1-\theta_j} = \left[O(e_j+E_{-j})\frac{e_j}{e_j+E_{-j}}\right]^{\theta_j}(1-e_j)^{1-\theta_j}$$

$$\tag{8.2}$$

（7）第三次模拟时，企业实行的是岗位与绩效相结合的收入分配方式，那么第 j 个主体所获得收入为：

$$W_j = \lambda \times \frac{O(E^T)}{n} + (1-\lambda) \times O(E^T) \times \frac{e_j}{E^T}$$

其中 $0 \leqslant \lambda \leqslant 1$，$\lambda$ 为岗位工资在总产出中所占的比重（模拟中 $\lambda = 0.6$），$1-\lambda$ 为绩效工资所占的比重。为了模拟方便，本章假定岗位同质的，因此岗位工资的水平是相同的；绩效工资是依据个体的努力水平分配的。那么第 j 个主体的效用水平为：

$$U_j = \left[\lambda \times \frac{O(E^T)}{n} + (1-\lambda) \times O(E^T) \times \frac{e_j}{E^T}\right]^{\theta_j}(1-e_j)^{(1-\theta_j)} \tag{8.3}$$

（8）为了自身效用最大化，主体会根据其他主体努力状况调整其努力水平。对式（8.1）、式（8.2）、式（8.3）求导，计算出个体效用最大时对应的努力水平，即企业中主体最优努力水平。

$$e_j^* = \underset{e_j}{\text{argmax}}\, U_j$$

（9）如果企业中主体达到最优努力水平时对应的效用水平值小于单独工作时的效用水平值，则该主体脱离企业。

第三节　计算机模拟及结果分析

一　合作依赖关系模式下的企业关系边界

当实行平均分配方式时，个体收入是企业总产出和企业人员总数的函数。然而在模拟过程中的任何一期中，主体的个数是一定的，所以，个体的收入只取决于企业的总产出。根据模拟假设，企业总产出是企业总努力水平的函数，因此主体的收入主要依赖企业的总努力水平。企业总努力水平又是个体努力水平和"非我群体"努力水平的加总，而个体努力水平和"非我群体"努力水平相比，所占比重很小，因此在平均分配方式下，主体的收入主要依赖他人的努力状况，企业成员之间是过度依赖关系。在这种利益分配方式下，个体的收入水平与努力水平是相分离的，企业个体之间没有了竞争，因而也就缺少了努力的动力。企业的网络节点数的演变曲线如图 8-3 所示，呈现出明显的不规则变动，而且数量比较小，即企业的关系边界逐渐萎缩变小。

导致这种现象的原因可分为两个层次：从个体的角度，在合作依赖关系模式下，要想使自己的效用水平得到提高，最优结果是他人努力，我不努力，我去分享他人的劳动成果，这样不仅能够得到一定收入，而且还能够得到最大限度的闲暇。然而，企业中所有个体都会存在同样的动机，其结果只能是所有人都不努力，企业总产出快速下滑，个体收入水平不断下降，最终导致企业中个体的效用水平低于环境中个体的效用水平，企业成员不断与企业脱离关系，网络节点数量不断减少。从企业角度，平均分配方式致使企业行为缺乏变化性，导致企业适应能力下降。刘洪（2003）认为企业采取什么行为，依赖它所处的环境条件。当一个企业的行为变化不能满足环境变化的要求，该企业的生存能力就会降低。在模拟中，环境中的主体之间以及企业与环境中的主体之间是动态的竞争关系，而企业内部的主体之间是单一的过度依赖关系，环境的复杂性程度要高于企业，因此企业就处于非常不利的位置，不得不收缩边界。

二　竞争对抗关系模式下的企业关系边界

当实行按劳分配方式时，个体收入水平是企业总产出以及个体努力在总努力水平中所占比重的函数。在这种关系模式下，企业网络节点数的演变曲线如图8-4所示，在模拟初始阶段呈现出随时间而递增的趋势，经过短暂增长后，就不再明显递增，而在小范围内波动。和合作依赖关系模式相比，竞争对抗模式下网络节点数量有很大提高，企业的关系边界有扩大趋势，但是增长比较缓慢。

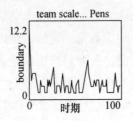

图8-3　合作依赖关系模式下
企业网络节点数的演变曲线

图8-4　竞争对抗关系模式下
企业网络节点数的演变曲线

从个体角度看，既然主体能够自组织成一个企业，就一定会存在某种程度的协同作用。在模拟过程中，协同主要体现在，企业总产出是总努力水平的函数，而不是个体产出的简单加总，因此企业的总产出要大于个体单独工作时产出之和，从而使得企业中的个体与环境中的个体相比拥有更多优势，个体以一定的努力水平在企业中工作得到的收入比单独工作状态下多，因此环境中个体会不断与企业中的个体建立联系，涌入企业，这可能是导致企业边界不断扩大的最主要的原因。但是，企业中的个体收入主要取决于自身努力水平与他人努力水平的对比，使得个体之间竞争对抗关系占主导地位，合作难以深化，这可能是关系边界增长缓慢的原因。从企业角度看，虽然企业中占主导地位的是竞争对抗关系模式，但是也存在一定程度的合作依赖关系，而环境中的个体之间仅仅存在着竞争对抗关系，因此企业复杂性程度要高于环境，企业处在比较有利的位置，企业关系边界有延展的趋势。但是，如果环境中还存在着其他企业，而且其他企业合作强度高于该企业的合作强度，那么该企业就会非常困难。

三　竞合互动关系模式下的企业关系边界

在岗位与绩效相结合的收入分配方式下，个体收入来源于岗位工资和绩效工资。模拟中，总产出分为两部分，其中一部分是用于分配给岗位工资。

假定企业中的岗位是同质的，它保证了企业中每个成员都能得到一定收入，成就了员工之间合作依赖关系；另一部分总产出用于分配绩效工资，它是按照主体对企业总产出贡献的大小分配的。模拟过程中，依据主体的努力水平在企业总努力水平所占的比重实行，因此其实质上就是按劳分配，它推动了企业员工之间的竞争，成就了员工之间的竞争对抗关系。和前两种分配方式相比，这种分配方式不仅要求员工相互合作，也强调员工之间的竞争，因此它的直接结果就是促成了员工之间竞合互动关系，在此模式下，企业网络节点数的演变曲线如图8-5所示，呈现出明显随时间递增的趋势，和前两种关系模式相比，优势明显。

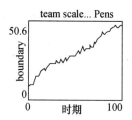

图8-5　竞合互动关系模式下企业网络节点数的演变曲线

从个体角度看，在岗位与绩效相结合分配方式下，员工之间合作依赖不仅仅是总产出与总努力水平相对应而体现出来的简单协同关系，而且总产出中相当一部分是按岗分配的，模拟过程中平均分配给每个主体，这可以使得企业中每个主体都能得到一定的收入；另外，总产出的另外一部分是依据员工贡献分配的，易于实现企业内部的优胜劣汰，调动员工积极性。因此竞合互动关系模式是"强者优先、兼顾弱者"，企业所有主体的效用都能得到普遍提高，因而环境中的主体不断涌入企业，而企业中的主体一般不愿意离开企业，从而导致企业边界不断扩张。从企业角度看，企业中不仅存在竞争关系，还存在合作关系，而且竞争与合作的强度都比较大，逼近于竞合平衡点，然而环境中的个体只存在竞争对抗关系，因此企业复杂性程度高于环境，企业处于非常有利的位置，边界不断快速延展。

经过对模拟数据的处理，得到三种主体关系模式下企业关系边界的变化趋势，如图8-6所示。

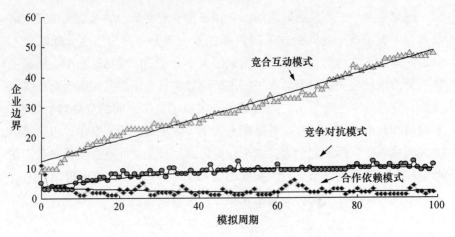

图 8-6　不同关系模式下企业关系边界的变化趋势

第四节　结论与启示

传统观念认为，企业边界就是企业行政管辖的限度与范围，即企业的行政边界。在这种观念指导下，企业更多关注的是控制力，在界定企业边界时，没有把供应商、消费者、规制者等外部利益相关者考虑在内，更多是把他们归类于市场或外部环境因素，因而导致了"企业和市场"或"企业与环境"的二分法。而复杂适应系统理论则认为，投资者、经营管理者、员工以及供应商、消费者、规制者等利益相关者都是企业的活动主体，不同主体之间以及主体与环境之间的相互适应和互动行为而建立起企业边界，而关系网络的建立与维护又依赖于主体之间的关系。因此，企业管理者必须选择与培育积极的关系模式，从而帮助组织实现发展的目的。通过本章的研究，可以得到以下主要结论：

（1）企业由投资者、经营管理者、员工以及供应商、消费者、规制者等利益相关者相互联系和相互作用组成关系网络，关系网络的限度与范围决定了企业关系边界的限度与范围。企业的关系边界是动态变化的、模糊的，具有渗透性和路径依赖性。

（2）企业利益相关主体的关系模式对企业关系边界有着重要影响。合作依赖关系模式易于引发员之间的过度依赖，导致个体"搭便车"，企业的关系边界呈现出不断缩小趋势；竞争对抗关系模式易于导致过度竞争，员工之间的合作不能深化，个体为了与他人竞争，往往会保留对自己有用的信息、知识等，不与他人共享，所以，企业的关系边界也不能快速增长；竞合互动关系模式有利于实现竞争和合作的动态平衡，促使企业向更好方向发展，一般会伴随着企业的关系边界的快速扩张。

（3）竞合互动关系模式下，竞争和合作关系并不是一成不变的。在企业成长的不同阶段，随着环境的改变，竞争与合作的动态平衡位置会发生变化。企业应该在促进合作深化的同时，推动竞争的强化，使竞争和合作迈向更高阶段。

本章小结

企业是受众多因素影响并与环境相互作用的适应性动态系统，企业边界作为企业整体层面上涌现出的行为现象，单一视角的研究难以获得令人信服的结论。企业边界是企业系统的重要表现形式，其研究需要从复杂性科学等现代科学发展成果中吸取新的"营养"，寻求新范式，并在新范式基础上发展新的理论和方法。因此，本章首先阐释了作为复杂适应系统的企业特征，以及企业的关系边界和特点，以复杂适应系统理论为基础，运用企业复杂性与环境复杂性关系研究成果，通过计算机仿真模拟，分析和验证在不同主体关系模式下，企业边界的变化趋势。研究结果显示，主体之间的竞争与合作关系对企业的关系边界有着重要影响：合作依赖模式下，企业关系边界有缩小的趋势；竞争对抗模式下，企业关系边界有增长的趋势，但是增速缓慢；竞合互动模式下，企业关系边界有快速扩张的趋势。

结论与展望

一　研究结论

本书以员工关系为主要研究对象，综合运用 CAS 理论，重点探讨不同关系模式对组织行为的影响。通过理论研究、实地调研、模型构建及动态仿真模拟，本书深入分析了员工间知识分享关系及知识共享机制构建问题，领导与员工互动与员工追随力问题，领导与员工之间的集权—分权关系与组织的权力配置模式选择问题，群体互动与组织学习动力机制问题；关系视角下组织边界的重新界定问题，以及组织用工制度的适应性效率问题；得到以下的主要研究结论：

（1）本书通过对员工关系及相关概念分析，对员工关系概念演变历程进行了概述，从而对员工关系与劳资关系的异同形成较清晰的认识；通过员工关系研究领域五大流派主要观点的梳理，凸显员工关系的重要性，并暴露出目前员工关系研究领域的不足；由于个体行为的外部性和个体信息的不对称性，因而需要对员工关系进行管理；分析多主体模型特点、优势所在，以及综述多主体模型在组织行为领域的应用，找到适合本书的研究方法，为构建员工关系对组织行为影响的多主体模型打下基础。

（2）本书采用计算机建模方法，动态模拟了知识共享机制对群体绩效的影响，通过分析可以得出以下主要结论：知识共享主要受个体预期的成本收益、个体所拥有知识的性质、高位势知识个体的共享动机和表达能力、低位知识个体的共享动机和吸收能力，以及环境因素的影响，特别是在动态开放系统中，知识共享有助于把组织做大做强，有利于群体绩效的提高，但是如果没有科学、合理的知识共享机制来维护高位势知识个体和低位势知识个体之间平衡，高位势知识个体就会离开组织，并对组织行为的结果产生非常不利的影响。通过知识共享机制可以实现高位势知识个体、低位势知识个体和组织环境三要素之间的耦合，但是不同的知识共享机制的耦合效果不同，知识共享机制的设计涉及很多方面，需要针对个体特征构建符合组织实际情况的知识共享机制，综合物质激励和非物质激励手段，最大限度促进知识共享行为的发生，提高知识共享的效果，实现群体绩效最大化。

（3）本书从对偶心理定位视角出发，揭示了领导—追随行为互动过程中下属追随力的形成路径，研究结果显示：①领导者和下属会依据"专业能力"和"信任关系"，对彼此进行心理定位，进而产生授权、防御、栽培、威权四种领导行为和学习、消极、模范、疏离四种追随行为；如果领导者采取授权行为而下属采取模范行为，或领导者采取栽培行为而下属采取学习行为，领导—追随行为互动就会强化双向认同，从而完成从被动适应到主动超越的转变，进而形成稳定的追随意愿。②领导者对下属产生了认同，就会通过心理赋能而激发下属的"内在任务动机"和对任务本身的内在承诺；当下属对领导者产生了认同，就会诱发下属的前瞻性行为，在"主动绩效导向"牵引下，实现从行为意向到能力塑造的转变，从而形成追随力。

（4）研究表明，组织学习是建立在个体学习基础上，在组织内部张力和外部环境影响下，通过群体间互动来实现。建立学习型组织，首先要立足于个体学习，在此基础上充分发挥群体互动对于组织学习的影响作用；并借助于组织内部张力拉动组织学习，发挥外部环境带动的作用。不能用孤立的观点来认识组织学习的动因，组织学习的动力学机制是多维的、密切相关的。任何一个动因只有与其他三个动因相互结合才能对组织学习产生作用。所以组织学习是个体、群体、内部张力和外部环境共同作用的结果，因此需要构建一个"四位一体"的动力学机制来促进组织学习。

（5）本书依据组织中权力的集中程度由强到弱，将从集权到分权划分为四个区间并针对每个区间提出四种集权—分权模式，在借助构建多主体模型和计算机仿真模拟后，研究结果表明：①集权程度对组织绩效有重要影响，不是集权度越高越好，也不是越低越好。过度集权或过度分权组织绩效是低的，适度集权与适度分权组织绩效是高的。因而，适度集权与分权有助于实现组织内部竞争与合作的动态平衡，充分发挥组织整体优势，促进组织绩效快速增长。②组织规模与组织绩效、组织稳定性紧密相关。

（6）本书研究了"双轨制"的组织适应性效率，结果表明：①对于双轨制组织而言，往往会根据员工的身份对其进行归类，员工被划分为三六九等，即形成所谓的"差序格局"。在此基础上，形成差序管理和行为模式．身份"差序格局"包括经济剥夺感、差序对待感和权力偏移感三个维度。身份"差序格局"对组织不公正、组织负向认同、伤感度和反生产行为的存在差异化效应。

②研究发现，身份"差序格局"通过影响劳务派遣员工的心理意义感、心理安全感、心理可获得性以及自我效能感影响其工作投入，而工作安全感、组织支持感、组织公平感以及归属感是影响劳务派遣员工工作投入的最重要组织因素。并且，员工个体特质和工作情境不是单独对工作投入的某一个结果变量产生影响，而是交叉的或者共同发生作用的。

③用工"双轨制"的适应性效率要明显低于用工"单轨制"。用工"双轨制"条件下的组织总产出水平、个体平均产出水平都明显低于用工"单轨制"，这充分表明用工"双轨制"会损害员工的工作积极性与创造性，导致国有企业竞争力不强、事业单位效率低下的主要原因之一；用工"双轨制"条件下组织的总效用水平和组织规模明显低于用工"单轨制"，用工"双轨制"不利于社会整体福利水平的提高、无益于扩大社会就业，与建设和谐社会的总体目标背道而驰。用工"双轨制"具有刚性特征，很难自行矫正；在并轨改革过程中，国家应发挥主导作用，出台相关的政策强制推行用工"单轨制"。

（7）在现实经济社会中，现代企业生存和发展越来越倚重于与企业活动有关的所有信息单元之间的互动及其组成的 n 维向量空间，因此，对于由投资者、经营管理者、员工以及供应商、消费者、规制者等利益相关者组成的关系网络——企业的关系边界及其变动规律展开研究具有十分重要的意义。复杂适应系统理论认为，投资者、经营管理者、员工以及供应商、消费者、规制者等利益相关者都是企业的活动主体，不同主体之间以及主体与它的环境之间的相互适应和互动行为而建立起适应系统，而关系网络的建立与维护又依赖主体之间的关系模式。因此，企业管理者必须选择与培育积极的关系模式，从而帮助组织实现发展的目的。通过研究，可以得到以下主要结论：

①企业是由投资者、经营管理者、员工以及供应商、消费者、规制者等利益相关者相互联系和相互作用所组成的关系网络，关系网络的限度与范围决定企业关系边界的限度与范围。企业的关系边界是动态变化的、模

糊的，具有渗透性和路径依赖性。

②企业的利益相关主体的关系模式对企业关系边界着重要影响。在合作依赖模式下，企业关系边界有缩小的趋势；竞争对抗模式下，企业关系边界有增长的趋势，但是增速缓慢；竞合互动模式下，企业关系边界有快速扩张的趋势，而且在竞合互动关系模式下，竞争和合作关系并不是一成不变的。

二 研究展望

本书主要从员工关系的三个层面出发，对不同层面的员工关系对组织行为的影响进行了探讨，然而研究中仍然存在许多不足和有待完善之处，更多的问题将留给作者进一步深化和完善。它们是：

（1）关系的内涵极其丰富，员工关系的种类巨大，我们只对个体层次、群体层次和组织层次中的知识分享关系、领导员工互动关系、集权—分权关系、群体互动关系、组织用工关系和竞合关系进行了研究，而忽略了其他的员工关系，大量的工作有待于进一步进行。

（2）本书在构建组织多主体模型时，重点论证物质激励手段与组织知识共享机制之间的关系，而忽略了非物质激励手段与知识共享之间的关系。另外，本书只是探讨知识共享机制对组织绩效的影响，没有具体说明如何构建知识共享机制，因此还有诸多方面值得研究。

（3）在研究领导与员工互动对追随力的影响时，对于该问题的研究只是进行了理论建构，尚停留在思辨水平，未来可以通过相关的实证研究对研究构想加以验证。此外，根据认知失调理论，领导者心理定位与领导行为，下属心理定位与追随行为之间，可能存在其他变量的干扰或中介历程，这也可作为后续研究方向。

（4）本书在研究集权—分权关系时，没有充分考虑外部因素对组织行为及其结果的影响，这方面研究有待日后进一步完善。

（5）本书在探讨劳务派遣引发的组织中"差序格局"对于组织中劳务派遣工工作投入的影响时，基本属于逻辑上的思辨，缺乏实证检验，以后将对这些问题继续追踪和深入研究。

参考文献

[1] 安体富：《当前世界减税趋势与中国税收政策取向》，《经济研究》2002 年第 2 期。

[2] 白少布、刘洪、陶厚永：《供应链融资意义下的企业收益》，《经济管理》2008 年第 20 期。

[3] 蔡昉：《城乡收入差距与制度变革的临界点》，《中国社会科学》2003 年第 5 期。

[4] 曹元、许晟：《部属追随力：概念界定与量表开发》，《当代财经》2013 年第 3 期。

[5] 曾楚宏、林丹明：《信息技术应用与企业边界的变动》，《中国工业经济》2004 年第 10 期。

[6] 查尔斯·汉斯：《空雨衣：变革时代的商务哲学》，华夏出版社 2000 年版。

[7] 陈传明：《企业战略调整的路径依赖特征及其超越》，《管理世界》2006 年第 6 期。

[8] 陈飞翔、张黎、胡靖：《知识扩散场的建立与实证分析》，《科学学研究》2005 年第 2 期。

[9] 陈国权：《组织与环境的关系及组织学习》，《管理科学学报》2001 年第 5 期。

[10] 陈国权、马萌：《组织学习——现状与展望》，《中国管理科学》2000 年第 1 期。

[11] 陈国权、郑红平：《组织学习影响因素、学习能力与绩效关系的实证研究》，《管理科学学报》2005 年第 1 期。

[12] 陈俊杰、陈震：《"差序格局"再思考》，《社会科学战线》1998 年第 1 期。

[13] 陈森发：《复杂系统建模理论与方法》，东南大学出版社 2005 年版。

［14］陈维政、李强、胡冬梅：《领导—成员交换关系对新员工社会化的影响》，《西南石油大学学报》（社会科学版）2012 年第 1 期。

［15］陈禹：《复杂适应系统（CAS）理论及其应用——由来、内容与启示》，《系统辩证学学报》2001 年第 4 期。

［16］陈禹：《复杂性研究的新动向：基于主体的建模方法及其启迪》，《系统辩证学学报》2003 年第 1 期。

［17］陈忠文：《论企业中问题员工的关系管理》，硕士学位论文，广西大学，2005 年。

［18］陈宗胜、周云波：《非法非正常收入对居民收入差别的影响及其经济学解释》，《经济研究》2001 年第 4 期。

［19］成思危：《深化改革需要处理好的四个关系》，《北京日报》2008 年 2 月 4 日。

［20］程延园：《员工关系管理》，复旦大学出版社 2004 年版。

［21］道格拉斯·C. 诺斯：《制度、制度变迁与经济绩效》，刘守英译，上海三联书店 1994 年版。

［22］道格拉斯·C. 诺斯：《理解经济变迁过程》，钟正生、刑华等译，中国人民大学出版社 2008 年版。

［23］道格拉斯·C. 诺斯、罗伯斯·托马斯：《西方世界的兴起》，厉以平、蔡磊译，华夏出版社 1999 年版。

［24］邓婷：《你和员工搞好关系了吗——中国企业员工关系调查报告》，《人力资源》2008 年第 8 期。

［25］杜静、魏江：《知识存量的增长机理分析》，《科学学与科学技术管理》2004 年第 1 期。

［26］樊景立：《我对“差序格局与华人组织行为”的一些看法》，《本土心理学研究》（台北）1996 年第 3 期。

［27］方妙英：《再议用工单位对劳务派遣的使用》，《中国人力资源开发》2010 年第 5 期。

［28］费孝通：《乡土中国》，生活·读书·新知三联书店 1985 年版。

［29］费孝通：《乡土中国·生育制度》，北京大学出版社 1998 年版。

［30］冯·贝塔朗菲：《一般系统论》，社会科学文献出版社 1987 年版。

［31］冯鹏志：《技术创新行动与社会环境变迁的考察》，《自然辩证法研究》1997 年第 12 期。

[32] 弗·卡普拉：《转折点：科学、社会、兴起中的新文化》，中国人民大学出版社 1989 年版。

[33] 弗雷德里克·泰勒：《科学管理原理》，马风才译，机械工业出版社 2007 年版。

[34] 高国军、段永强、张申生：《基于 CORBA 和多代理技术的可重构企业信息系统》，《计算机集成制造系统》2000 年第 3 期。

[35] 龚毅、谢恩：《中外企业战略联盟知识转移效率的实证分析》，《科学学研究》2005 年第 4 期。

[36] 郭金山、芮明杰：《论企业的心理边界》，《中国工业经济》2004 年第 3 期。

[37] 哈罗德·孔茨、海因茨·韦里克：《管理学》，郝国华等译，经济科学出版社 1993 年版。

[38] 哈耶克：《个人知识与经济秩序》，中国社会科学出版社 1988 年版。

[39] 海尔曼·哈肯：《协同学——自然成功的奥秘》，戴鸣钟译，上海科学普及出版社 1988 年版。

[40] 何欣恬：《真诚领导对前瞻性行为影响之研究：对主管认同与调节焦点一致性的调节式中介效果模式》，硕士学位论文，中国台湾东华大学，2011 年。

[41] 胡必亮：《关系共同体》，载张曙光、邓正来主编《中国社会科学评论》第 4 卷，法律出版社 2005 年版。

[42] 胡汉辉、潘安成：《组织知识转移与学习能力的系统研究》，《管理科学学报》2006 年第 6 期。

[43] 华新海、陶厚永、谢竹云：《金融危机下的企业人力资源管理策略》，《中国人力资源开发》2008 年第 12 期。

[44] 黄泰岩、牛飞亮：《西方企业网络理论述评》，《经济学动态》1999 年第 4 期。

[45] 黄章汶：《差序格局对员工工作态度影响之研究》，博士学位论文，台湾铭传大学，2006 年。

[46] 惠调艳：《组织分配制度对工作满意度与绩效相关性影响实证研究》，《商业经济与管理》2006 年第 4 期。

[47] 姜定宇：《华人部属与上管关系、主管忠诚及其后续结果：一项两阶段研究》，博士学位论文，台湾大学，2005 年。

［48］姜定宇、郑伯埙、任金刚、谢宜君：《主管忠诚：华人本土构念的美国验证》，《中华心理学刊》（台北）2005 年第 2 期。

［49］姜文：《知识共享的障碍因素分析》，《情报杂志》2006 年第 4 期。

［50］蒋翠清、幸龙潮、丁勇：《基于多 Agent 的知识管理系统模型研究》，《情报杂志》2007 年第 2 期。

［51］蒋学毛：《深化用工制度改革的战略及对策》，《科学·经济·社会》1992 年第 46 期。

［52］金碚：《企业竞争力测评的理论与方法》，《中国工业经济》2003 年第 3 期。

［53］李海舰、原磊：《论无边界企业》，《中国工业经济》2005 年第 4 期。

［54］李宏贵、刘福成：《基于 Multi – Agent 的企业决策支持系统构建》，《经济问题》2006 年第 11 期。

［55］李建伟：《劳动力过剩条件下的经济增长》，《经济研究》1998 年第 9 期．

［56］李君：《基于 Multi – Agent 的中小企业知识管理系统研究》，硕士学位论文，中国科学技术大学，2007 年。

［57］李维安：《网络组织：组织发展新趋势》，经济科学出版社 2003 年第 6 版。

［58］李卫东、刘洪、陶厚永：《企业研发人员工作激励研究述评》，《外国经济与管理》2008 年第 11 期。

［59］李卫东、刘洪、陶厚永：《中层危机：类型、成因与应对》，《中国人力资源开发》2008 年第 9 期。

［60］李祥全、王宁生、龙文、吴义生：《基于多 Agent 的人力资源再分配系统协商算法研究》，《控制与决策》2005 年第 11 期。

［61］廖强、周凯、张伯鹏：《基于现场总线的多 Agent 作业车间动态调度问题的研究》，《中国机械工程》2000 年第 7 期。

［62］林明村：《直属主管之差序格局对领导行为与领导效能影响之研究》，博士学位论文，中国台湾中山大学，2002 年。

［63］凌云、琚春华、许芸：《基于 Agent 的组织决策支持系统 SG – ODSS 的研究与应用》，《管理工程学报》2002 年第 3 期。

［64］刘洪：《涌现与组织管理》，《研究与发展管理》2002 年第 4 期。

[65] 刘洪：《组织变革的复杂性增长路径》，《管理评论》2003 年第 12 期。

[66] 刘洪：《经济研究范式的转换》，《南京社会科学》2004 年第 3 期。

[67] 刘洪：《未来的经济组织形态：多智能体组织》，《自然杂志》2004b 年第 4 期。

[68] 刘洪：《组织变革的复杂适应系统理论》，《经济管理》2006 年第 9 期。

[69] 刘洪：《组织复杂性：动因、控制与利用》，《经济管理》2007 年第 1 期。

[70] 刘洪、周健：《企业系统演化的一般规律》，《系统辩证学学报》2002 年第 1 期。

[71] 刘洪、周玲：《组织变革的复杂性增长路径》，《管理评论》2003 年第 12 期。

[72] 刘洪、周玲：《公司成长的复杂性》，《中国软科学》2004 年第 11 期。

[73] 刘华：《企业集权度及其影响因素的定量研究》，《技术经济》2007 年第 2 期。

[74] 刘贞妤：《差序气氛对部属工作态度与行为之影响》，博士学位论文，中国台湾东华大学，2003 年。

[75] 罗珉：《组织间关系理论研究的深度与解释力辨析》，《外国经济与管理》2008 年第 1 期。

[76] 罗天虎：《基于 Multi – Agent 的虚拟组织知识管理研究》，《情报杂志》2007 年第 2 期。

[77] 罗新兴、戚树诚：《组织成员的亲信原委知觉与亲信评价之关系：以国军军官为实证对象》，《人力资源管理学报》（台北）2004 年第 4 期。

[78] 吕鸿江、刘洪、陶厚永：《组织适应性驱动因素探析》，《外国经济与管理》2007 年第 10 期。

[79] 马庆国、徐青、廖振鹏、张彩江：《知识转移的影响因素分析》，《北京理工大学学报》（社会科学版）2006 年第 1 期。

[80] 马云泽：《规制经济学研究范式的动态演进》，《科技进步与对策》2009 年第 2 期。

［81］迈克尔·迪屈奇：《交易成本经济学——关于公司的新的经济意义》，经济科学出版社 1999 年版。

［82］迈克尔·L. 乔治、斯蒂芬·A. 威尔逊：《突破增长的极限：沃尔玛、丰田等顶级企业如何驾驭商场复杂性》，张磊、张巍译，当代中国出版社 2006 年版。

［83］毛道维、任佩瑜：《基于管理熵和管理耗散的企业制度再造的理论框架》，《管理世界》2005 年第 6 期。

［84］潘红梅：《重视员工关系管理提升员工满意度》，《江苏冶金》2006 年第 3 期。

［85］［美］皮埃尔·布迪厄、华康德：《实践与反思：反思社会学导引》，中央编译出版社 1998 年版。

［86］戚树诚、林行宜：《企业高阶主管亲信关系之研究》，《管理科学学报（台北）》1994 年第 2 期。

［87］乔恩·P. 豪威尔、丹·L. 科斯特利：《有效领导力》，付彦译，机械工业出版社 2003 年版。

［88］上海社会科学院知识与信息课题组：《组织学习与知识创新》，上海人民出版社 2001 年版。

［89］佘震宇：《复杂经济系统演化建模研究》，博士学位论文，天津大学，2000 年。

［90］佘正荣：《卡普拉生态世界观析要》，《自然辩证法研究》1992 年第 2 期。

［91］史江涛：《员工关系、沟通对其知识共享与知识整合作用的机制研究》，博士学位论文，浙江大学，2007 年。

［92］宋学锋：《复杂性、复杂系统与复杂性科学》，《中国科学基金》2003 年第 5 期。

［93］宋煜：《基于"差序格局"理论的家庭和社区信息化应用策略》，《学习与实践》2009 年第 9 期。

［94］谭杰、彭岩：《Agent 技术在人力资源管理上的应用》，《计算机工程与设计》2006 年第 5 期。

［95］陶洪、戴昌钧：《组织隐性知识共享的博弈分析》，《情报杂志》2006 年第 7 期。

［96］陶厚永、刘洪：《企业的关系边界及主体关系模式的影响》，《中国

工业经济》2007 年第 9 期。

[97] 陶厚永、刘洪：《知识共享机制对群体绩效的影响研究》，《科研管理》2008 年第 2 期。

[98] 陶厚永、刘洪：《组织发展研究的回顾与展望》，《生产力研究》2008 年第 17 期。

[99] 陶厚永、刘洪：《何种用工制度更具适应性效率？——用工"双轨制"与"单轨制"的比较研究》，《中国工业经济》2009 年第 1 期。

[100] 陶厚永、刘洪、吕鸿江：《组织管理的集权—分权模式与组织绩效的关系》，《中国工业经济》2008 年第 4 期。

[101] 汪纯孝、吴晓奕、章秀娟：《企业薪酬管理公平性对员工工作态度和行为的影响》，《南开管理评论》2006 年第 6 期。

[102] 汪丁丁、韦森、姚洋：《制度经济学三人谈》，北京大学出版社2005 年版。

[103] 王立志、韩福荣：《企业养生理论探讨》，《外国经济与管理》2002 年第 3 期。

[104] 王荣春、陈彰仪：《部属观点之领导互动论：部属对主管领导行为的知觉因素与互动内涵初探》，《应用心理研究》（台北）2003 年第 2 期。

[105] 王廷湘、孙祁祥：《论间接宏观控制体系中的国家、企业与市场》，《管理世界》1989 年第 4 期。

[106] 王效俐、吴东鹰：《组织的边界渗透与结构创新》，《山西财经大学学报》2000 年第 4 期。

[107] 王燕、龙立荣、周浩、祖伟：《分配不公正下的退缩行为：程序公正和互动公正的影响》，《心理学报》2007 年第 2 期。

[108] 韦文辉：《组织学习——培育图书馆核心竞争力的源泉》，《现代情报》2004 年第 7 期。

[109] 吴介明：《压榨人性空间：身份差序与中国式多重剥削》，《台湾社会研究季刊》2000 年第 39 期。

[110] 吴隆增、刘军、刘刚：《辱虐管理与员工表现：传统性与信任的作用》，《心理学报》2009 年第 6 期。

[111] 吴素文、成思危、孙东川、沈小平：《基于知识特性的组织学习研究》，《科学学与科学技术管理》2003 年第 5 期。

［112］吴维库、刘军、吴隆增：《辱虐管理：企业管理冷暴力》，《管理学家（实践版)》2011 年第 2 期。

［113］刑春冰：《不同所有制企业的工资决定机制考察》，《经济研究》2005 年第 6 期。

［114］徐晓珍：《基于员工关系的企业和谐管理研究：以 A 公司为例》，硕士学位论文，上海交通大学，2008 年。

［115］徐振宁、张维明、陈文伟：《基于 MAS 的群决策支持系统研究》，《管理科学学报》2002 年第 1 期。

［116］亚当·斯密：《国富论》，陕西人民出版社 2001 年版。

［117］严奇峰：《儒家意识形态对中国人性格的影响：命题系统及其在管理上的含义》，《第一届管理与哲学研讨会论文集》，台湾"中央"大学哲学研究所，1991 年。

［118］杨瑞龙、冯健：《企业间网络的效率边界：经济组织逻辑的重新审视》，《中国工业经济》2003 年第 1 期。

［119］杨洵、师萍：《员工个人隐性知识扩散条件与激励》，《中国海洋大学学报》(社会科学版) 2005 年第 4 期。

［120］杨云彦、陈金永：《转型劳动力市场的分层与竞争——结合武汉的实证分析》，《中国社会科学》2000 年第 5 期。

［121］姚先国：《劳动力的双轨价格及经济效应》，《经济研究》1992 年第 4 期。

［122］姚小涛、张田、席酉民：《强关系与弱关系：企业成长的社会关系依赖研究》，《管理科学学报》2008 年第 1 期。

［123］姚洋：《制度与效率：与诺斯对话》，四川人民出版社 2002 年版。

［124］伊迪丝·彭罗斯：《企业成长理论》，上海人民出版社 2007 年版。

［125］殷勇、蔡希尧：《协同设计和多 Agent》，《计算机科学》1997 年第 3 期。

［126］于海波、方俐洛、凌文轻：《组织学习整合理论模型》，《心理科学进展》2004 年第 2 期。

［127］于同奎：《基于主体的股市模型及其复杂动力行为研究：模拟实验和理论分析》，硕士学位论文，重庆大学，2005 年。

［128］余建桥：《基于 Agent 技术的智能资源计划》，《计算机科学》1998 年第 5 期。

[129] 约翰·霍根：《科学的终结》，孙雍君译，远方出版社 1997 年版。

[130] 约翰·H. 霍兰：《隐秩序——适应性造就复杂性》，周晓牧、韩晖译，上海科技教育出版社 2000 版。

[131] 约翰·H. 霍兰：《涌现：从混沌到有序》，陈禹等译，上海科学技术出版社 2006 年版。

[132] 詹伟、王兆红、邱菀华：《基于 Multi – Agent 的分布式项目管理决策支持系统研究》，《计算机应用研究》2007 年第 2 期。

[133] 张国义：《员工归类模式对甄选、晋升之影响：差序格局关系》，博士学位论文，中国台湾中山大学，2003 年。

[134] 张恒山：《法理要论》，北京大学出版社 2003 年版。

[135] 张丽梅：《基于员工关系管理的薪酬结构设计》，《国际商务研究》2006 年第 6 期。

[136] 张龙、刘洪：《组织内收入偏好分布及主体激励：模型构建与模拟》，《复杂系统与复杂性科学》2006 年第 1 期。

[137] 张维迎：《产权安排与企业内部的权力斗争》，《经济研究》2000 年第 6 期。

[138] 赵曙明、覃友茂：《试论国有企业发展与人力资本投资的关系》，《中国工业经济》1998 年第 1 期。

[139] 郑伯埙：《差序格局与华人组织行为》，《本土心理学研究（台湾）》1995 年第 3 期。

[140] 朱瑜、童静、黄丽君：《领导关系认同建构研究述评》，《外国经济与管理》2013 年第 9 期。

[141] 卓明德：《领导行为、追随行为与领导效能关系之研究：领导者与追随者对偶心理定位之观点》，博士学位论文，台湾中原大学企业管理研究所，2012 年。

[142] Akerlof, G. A. and Yellon, J. L., *Efficiency Wage Models of the Labor Market*, Cambridge University Press, 1987.

[143] Alchian, A. A., Demsetz, H., "Production, Information Costs and Economic Organization", *American Economic Review*, No. 62, 1972, pp. 777 – 795.

[144] Amabile, T. M., "A Model of Creativity and Innovation in Organizations", *Research in Organizational Behavior*, Vol. 10, No. 2, 1988.

[145] Amit, R., Schoemaker, P., "Strategic Assets and Organizational Rent", *Strategic Management Journal*, Vol. 14, No. 1, 1993, pp. 33 – 46.

[146] Anderson, P., Meyer, A., Eisenhardt, K. et al., "Introduction to the Special Issue: Applications of Complexity Theory to Organization Science", *Organization Science*, Vol. 10, No. 3, 1999, pp. 233 – 236.

[147] Anonymous, "The Failure of Participatory Management", *Facilities*, Vol. 14, No. 9, 1996, pp. 21 – 22.

[148] Ashforth, B. E., Mael, F., "Social Identity Theory and the Organization", *Academy of Management Review*, No. 14, 1989, pp. 20 – 39

[149] Averitt, R. T., *The Dual Economy: The Dynamics of American Industry Structure*, New York: Horton, 1968.

[150] Axtell, R., *Why Agents? On the Varied Motivation for Agent Computing in the Social Science*, Center on Social and Economic Dynamics, Brooking Institution. Working Paper, No. 17, November 2000.

[151] Axtell, Robert, *The Emergence of Firms in a Population of Agents: Local Increasing Returns, Unstable Nash Equilibria and Power Law Size Distribution*, Center on Social and Economic Dynamics, Brookings Institution, Working Paper No. 3, June 1999.

[152] Badaracco, J. L., *The Knowledge Link: How Firms Compete through Strategic Alliances*, Boston, MA: Harvard Business School Press, 1991.

[153] Baker, A., "A Survey of Factory Control Algorithms That Can be Implemented in a Multi – agent Heterarchy: Dispatching, Scheduling, and Pull", *Journal of Manufacturing Systems*, Vol. 17, No. 4, 1998, pp. 297 – 320.

[154] Bakker, A. B., Schaufeli, W. B., Leiter, M. P., Taris, T. W., "Work Engagement: An Emerging Concept in Occupational Health Psychology", *Work & Stress*, Vol. 22, No. 3, 2008, pp. 187 – 200.

[155] Bandura, A., "Self – efficacy Mechanism in Human Agency", *American Psychologist*, Vol. 37, No. 24, 1982.

[156] Barnard, C. I., *The Functions of the Executive*, Cambridge, MA: Harvard University Press, 1938, pp. 145 – 157.

[157] Becker, G. , "A Theory of Social Interaction", *The Journal of Political Economy*, Vol. 82, Issue 6, 1974, pp. 1063 – 1093.

[158] Becker, T. E. , "Foci and Bases of Commitment: Are They Distinctions Worth Making", *Academy of Management Journal*, Vol. 35, No. 1, 1992.

[159] Bennis, W. , "Leading in Unnerving Times", *Sloan Management Review*, Vol. 42, No. 2, 2001.

[160] Bjugstad, K. , Thach, E. , Thompson, K. J. , Morris, A. , "A Fresh Look at Followership: A Model for Matching Followership and Leadership Styles", *Journal of Behavioral and Applied Management*, Vol. 7, No. 3, 2006.

[161] Blanchard, K. H. , *Leading at a Higher Level*, New Jersey: Prentice – Hall, 2007.

[162] Blau, P. , *Exchange and Power in Social Life*, New York: Wiley, 1964.

[163] Blyton, P. , Turnbull, P. , *The Dynamics of Employee Relations*, Hampshire: Macmillan Business, 1998.

[164] Branch, A. , Ramsay, S. , Barker, M. , "Managers in the Firing line: Contributing Factors to Workplace Bullying by Staff – An Interview Study", *Journal of Management and Organization*, Vol. 13, No. 3, 2007.

[165] Brewster, C. , *Employee Relations*, London: Macmillan, 1989.

[166] Brickley, J. A. , Smith, C. W. Jr. , Zimmerma, J. L. , *Managerial Economics and Organizational Architecture*, Boston: McGraw – Hill Companies, Inc. , 2004.

[167] Bryson, G. , *Man and Society: The Scottish Inquiry of the Eighteenth Century*, Princeton, NJ: Princeton University Press, 1945.

[168] Bussmann, S. , "Agent – Oriented Programming of Manufacturing Control Tasks", In Proc. of the 3rd Int. Conf. on Multi – agent Systems, Paris, France, 1998, pp. 57 – 63.

[169] Butler, J. , Ohtsubo, H. , *ADDYMS: Architecture for Distributed Dynamic Manufacturing Scheduling*, Boston: MIT Press, 1992.

[170] Bobo, L. , "Race, Interests, and Beliefs about Affirmative Action",

The American Behavioral Scientist, Vol. 41, No. 7, 1998.

[171] Bouffard, T., Couture, N., "Motivational Profile and Academic A-chievement among Students Enrolled in Different Schooling Tracks", *Educational Studies*, Vol. 29, No. 1, 2003.

[172] Byrne, Z. S., "Fairness Reduces the Negative Effects of Organizational Politics on Turnover Intentions, Citizenship Behavior and Job Perform-ance", *Journal of Business and Psychology*, Vol. 20, No. 2, 2005, pp. 175 – 200.

[173] Carsten, M. K., Uhl – Bien, M., West, B. J., Patera, J. L., McGregor, R., "Exploring Social Constructions of Followership: A Qualitative Study", *The Leadership Quarterly*, Vol. 21, No. 3, 2010.

[174] C. Kuroda, M. Ishida, "A Proposal for Decentralized Cooperative De-cision – making in Chemical Batch Operation", *Engineering Application Artificial Intelligence*, Vol. 6, No. 5, 1993, pp. 399 – 407.

[175] Chaleff, I., *The Courageous Follower: Standing Up to & for Our Lead-ers*, Berrett – Koehler Publishers, 2009.

[176] Chatman, J., O'Reilly, C., "Asymmetric Reactions to Work Group Sex Diversity among Men and Women", *Academy of Management Jour-nal*, Vol. 47, No. 2, 2004.

[177] Cheng, B. S., Chou, L. F., Huang, M. P., Farh, J. L., Peng, S., "A Triad Model of Paternalistic Leadership: Evidence from Busi-ness Organizations in Mainland China", *Indigenous Psychological Re-search in Chinese Societies*, No. 20, 2003.

[178] Chen, H., Luh, P. B., "Scheduling and Coordination in Manufactur-ing Enterprise Automation", In: IEEE International Conference on Ro-botics and Automation. 2000, San Fransisco, CA. pp. 389 – 394.

[179] Chen, X. P., Eberly, M. B., Chiang, T. J., Farh, J. L., Cheng, B. S., "Affective Trust in Chinese Leaders: Linking Paternalistic Lead-ership to Employee Performance", *Journal of Management*, Vol. 40, No. 3, 2014.

[180] Churchill, G. A., "A Paradigm for Developing Better Measures of Mar-keting Constructs", *Journal of Marketing Research*, Vol. 16, No. 1,

1979, pp. 64 –73.

[181] Cilliers, P. , *Complexity and Postmodernism*: *Understanding Complex Systems*, London & New York: Routledge, 1998.

[182] Coleman, J. S. , *Foundations of Social Theory*, Cambridge, MA. : Belkanp Press of Harvard University Press, 1990.

[183] Collinson, D. , "Dialectics of Leadership", *Human Relations*, Vol. 8, No. 11, 2005.

[184] Collinson, D. , "Rethinking Followership: A Post – structuralist Analysis of Follower Identities", *The Leadership Quarterly*, Vol. 17, No. 2, 2006.

[185] Colquitt, J. A. , "On the Dimensionality of Organizational Justice: A Construct Validation of a Measure", *Journal of Applied Psychology*, Vol. 86, No. 3, 2001, pp. 386 –400.

[186] Conger, J. A. , Kanungo, R. , "The Empowerment Process: Integrating Theory and Practice", *Academy of Management Review*, Vol. 13, No. 3, 1988.

[187] Conger, J. A. , "Charismatic and Transformational Leadership in Organizations: An Insider's Perspective on the Developing Streams of Research", *The Leadership Quarterly*, Vol. 10, No. 2, 1999.

[188] Cook, S. , Yanow, D. , "Culture and Organizational Learning", *Journal of Management Inquiry*, Vol. 2, No. 4, 1993, pp. 373 –390.

[189] Crant, J. M. , "Proactive Behavior in Organizations", *Journal of management*, Vol. 26, No. 3, 2000.

[190] Daniel Drache, Harry Glasbeek, *Changing Workplace*: *Reshaping Canad's Industrial Relations System*, Toronto: Lorimer, 1992.

[191] Davenport, T. , Prusak, L. , *Working Knowledge*: *How Organization Manage What They Know*, Harvard Business School Press, 1998, pp. 23 –24.

[192] Deci, E. L. , Ryan, R. M. , "On Assimilating Identities to the Self: A Self – determination Theory Perspective on Internalization and Integrity within Cultures", In: M. R. Leary, J. P. Tangney (eds.), *Handbook of Self and Identity*, New York: Guilford Press, 2003.

[193] Dixon, G. , Westbrook, J. , "Followers Revealed", *Engineering Man-*

agement Journal, Vol. 15, No. 1, 2003.

[194] Doeringer, P. B., Piore, M. J., *Internal Labor Markets and Manpower Analysis*, Lexington, MA: D. C. Heath and Company, 1971.

[195] Duncan, R., Weiss, A., "Organizational Learning: Implications for Organizational Design", *Research in Organizational Behavior*, Vol. 1, 1979, pp. 75 - 123.

[196] Dutton, J. E. Dukerich, J. M., Harquail, C. V., "Organizational Images and Member Identification", *Administrative Science Quarterly*, Vol. 39, 1994, pp. 239 - 263.

[197] Dvir, T., Shamir, B., "Follower Developmental Characteristics as Predicting Transformational Leadership: A Longitudinal Field Study", Vol. 14, No. 3, *The Leadership Quarterly* 2003.

[198] Ehrhart, M. G., Klein, K. J., "Predicting Followers' Preferences for Charismatic Leadership: The Influence of Follower Values and Personality", *The Leadership Quarterly*, Vol. 12, No. 2, 2001.

[199] Eisenhardt, K. M., "Agency Theory: An Assessment and Review", *Academy of Management Journal*, Vol. 14, No. 1, 1989.

[200] Eric Bonabear, "Understanding and Managing Complexity Risk", *MIT Sloan Management Review*, Vol. 48, No. 4, 2007, pp. 62 - 68.

[201] Eric Kessler, Paul Bierly, "Internal Vs. External Learning in New Product Development: Effects on Speed, Costs and Competitive Advantage", *R & D Management*, Vol. 30, No. 3, 2000.

[202] Evered, R. D., Selman, J. C., "Coaching and the Art of Management", *Organizational Dynamics*, Vol. 18, No. 2, 1989.

[203] Feldman, D. C., Doerpinghaus, H. I., Turnley, W. H., "Managing Temporary Workers: A Permanent HRM Challenge", Organizational Dynamics, Vol. 3, No. 2, 1994, pp. 49 - 63.

[204] Folger, R., Corpanzano, R., *Organization Justice and Human Resource Management*, Thousand Oaks, CA: Sage, 1998.

[205] Foote, D. A., "Temporary Workers: Managing the Problem of Unscheduled Turnover", *Management Decision*, Vol. 42, No. 8, 2004, pp. 963 - 973.

[206] Frangos, S. , Bennett, S. , *Team zebra*, *Essex Junction*, VT: Oliver Wight Publications, 1993.

[207] Frese, M. , Kring, W. , "Personal Initiative at Work: Differences Between East and West Germany", *Academy of Management Journal*, Vol. 39, No. 1, 1996.

[208] Gemmill, G. , Oakley, J. , "Leadership: An Alienating Social Myth?" *Human Relations*, Vol. 4, No. 2, 1992.

[209] George J. Stigler, "The Theory of Economic Regulation", *Journal of Economics and Management Science*, Vol. 2, No. 1, 1998, pp. 217 –252.

[210] Gilbert, J. , Matviuk, S. , "The Symbiotic Nature of the Leader – follower Relationship and Its Impact on Organizational Effectiveness", *Academic Leadership Journal*, Vol. 6, No. 4, 2008.

[211] Gilley, J. W. , Eggland, S. A. , *Principles of Human Resource Development*, Cambridge MA: Perseus Books, 1989.

[212] Gouldner, Alvin W. , "The Norm of Reciprocity: A Preliminary Statement", *American Sociological Review*, Vol. 25, No. 2, 1960, pp. 161 – 178.

[213] Granovetter, Mark. , "Economic Action and Social Structure: The Problem of Embeddedness", *American Journal of Sociology*, Vol. 91, No. 3, 1985, pp. 481 – 510.

[214] Grant, A. M. , Ashford, S. J. , "The Dynamics of Proactivity at Work", *Research in Organizational Behavior*, Vol. 28, No. 1, 2008.

[215] Greenberg, J. , "Employee Theft as A Reaction Tounder Payment Inequity: The Hidden Cost of Pay Cuts", *Journal of Applied Psychology*, Vol. 75, No. 5, 1990, pp. 561 – 568.

[216] Hadavi, K. , Shahraray, M. S. and Voigt, K. , "ReDS: A Dynamic Planning, Scheduling, and Control System for Manufacturing", *Journal of Manufacturing Systems*, Vol. 9, No. 4, 1990, pp. 332 – 344.

[217] Hage, J. , Aiken, M. , "Relationship of Centralization to Other Structural Properties", *Administrative Science Quarterly*, Vol. 12, No. 1, 1967, pp. 72 – 92.

[218] Hage, J. , Aiken, M. , *Social Change in Complex Organizations*, New

York: Random House, Inc. 1970.

[219] Hakanen, J. J. , Schaufeli, W. B. , Ahola, K. , "The Job Demands - Resources Model: A Three - year Cross - lagged Study of Burnout, Depression, Commitment, and Work Engagement", *Work & Stress*, Vol. 22, No. 3, 2008, pp. 224 - 241.

[220] Hamel, G. , "Competition for Competence and Interparter Learning within International Alliance", *Strategic Management Journal*, No. 12, 1991, pp. 83 - 103.

[221] Hansen, M. T. , Nohria, N. , Tierney, T. , "What's Your Strategy for Managing Knowledge", *Harvard Business Review*, Vol. 77, No. 2, 1999, pp. 106 - 117.

[222] Harrison, J. R. , Carroll, G. R. , Carley, K. M. , "Simulation Modeling in Organization and Management Research", *Academy of management review*, Vol. 32, No. 4, 2007, pp. 1229 - 1245.

[223] Hausman, D. , McPherson, M. , *Economics Analysis and Moral Philosophy*, Cambridge University Press, 1996.

[224] Hayek, F. A. , *Individualism and Economic Order*, London: Routledge and Kegan Paul, 1948.

[225] Hersey, P. , Blanchard, K. H. , *Management of Organizational Behavior* (3rd Edition), Englewood Cliffs, N. J. : Prentice - Hall, Inc. , 1977.

[226] Hofstede, G. , "Motivation, Leadership and Organization: Do American Theories Apply Abroad?" Organization Dynamics, Vol. 8, No. 2, 1980, pp. 42 - 63.

[227] Howell, J. M. , Shamir, B. , "The Role of Followers in the Charismatic Leadership Process: Relationships and Their Consequences", *Academy of Management Review*, Vol. 30, No. 1, 2005.

[228] Hu Junling, Weliman, M. P. , "Learning about Other Agents in A Dynamic Multi - agent Aystem", *Journal of Cognitive Systems Research*, Vol. 2, 2001, pp. 67 - 79.

[229] Hudson, K. , "The New Labor Market Segmentation: Labor Market Dualism in the New Economy", *Social Science Research*, Vol. 36, No. 1,

2007, pp. 286 – 312.

[230] Inkpen, C. A. , "Learning and Knowledge Acquisition through International Strategic Alliances", *Academy of Management Executive*, Vol. 12, No. 4, 1998, pp. 69 – 80.

[231] James, K. , "The Social Context of Organizational Justice: Cultural, Intergroup, and Structural Effects on Justice Behaviors and Perceptions", In Cropanzano, R. (eds.), *Justice in the Workplace: Approaching Fairness in Human Resource Management.* 1993, pp. 21 – 50.

[232] Janssen, O. , "Fairness Perceptions as a Moderator in the Curvilinear Relationships between Job Demands, Job Performance and Job Satisfaction", *Academy of Management Review*, Vol. 44, No. 5, 2001, pp. 1039 – 1050.

[233] Jason P. Davis, Kathleen M. Elsenhardt, Christopher B. Bingham, "Development Theory through Simulation Methods", *Academy of Management Review*, Vol. 32, No. 2, 2007, pp. 480 – 499.

[234] Jeffrey B. Arthur and Lynda Aiman – Smith, "Gainsharing and Organizational Learning: An Analysis of Employee Suggestion over Time", *Academy of Management Journal*, Vol. 44, No. 4, 2001, pp. 737 – 754.

[235] Jensen, M. C. , Meckling, W. H. , "Knowledge, Control and Organizational Structure", edited by Werin, L. , Hijkander, H. , *Contract Economics*, Cambridge, MA: Basil Blackwell Publishing, 1992.

[236] Jehn, K. A. , Bezrukova, K. , "A Field Study of Group Diversity, Workgroup Context, and Performance", *Journal of Organizational Behavior*, Vol. 25, No. 6, 2003.

[237] John Godard, *Industrial Relations, the Economy, and Society* (2nd edition), North York: Captus Press Inc. , 2000.

[238] Jung, D. I. , Avolio, B. J. , "Effects of Leadership Style and Followers' Cultural Orientation on Performance in Group and Individual Task Conditions", *Academy of Management Journal*, Vol. 42, No. 2, 1999, pp. 208 – 218.

[239] Kale, P. , Singh, H. , Perlmutter, H. , "Learning and Protection of Proprietary Assets in Strategic Alliances: Building Relational Capital",

Strategic Management Journal, Vol. 21, No. 3, 2000, pp. 217 – 237.

[240] Kark, R. , Shamir, B. , Chen, G. , "The Two Faces of Transformational Leadership: Empowerment and Dependency", *Journal of Applied Psychology*, Vol. 88, No. 2, 2003.

[241] Kauffman, S. A. , *The Origins of Order: Self – organization and Selection in Evolution*, Oxford: Oxford University Press, 1993.

[242] Kellerman, B. , *Followership: How Followers are Creating Change and Changing Leaders*, Boston: Harvard Business Press, 2008.

[243] Kelley, R. E. , *The Power of Followership: How to Create Leaders People Want to Follow and Followers Who Lead Themselves.* New York: Currency Doubleday, 1992.

[244] Kelley, R. E. , "In Praise of Followers", *Harvard Business Review*, Vol. 66, No. 6, 1988.

[245] Kenny, D. A. , *Interpersonal Perception: A Social Relations Analysis*, New York: Guilford, 1994.

[246] Kets de Vries, Manfred F. R. , "Origins of Charisma: Ties that Bind the Leader and the Led", In J. A. Conger, R. N. Kanungo (eds.), *Charismatic Leadership: The Elusive Factor in Organizational Effectiveness*, San Francisco: Jossey – Bass, 1988.

[247] Kim, D. H. , "The Link between Individual and Organizational Learning", *Sloan Management Review*, 1993, pp. 37 – 50.

[248] Kim, H. J. , Shin, K. H. , Swanger, N. , "Burnout and Engagement: A Comparative Analysis Using the Big Five Personality Dimensions", *International Journal of Hospitality Management*, Vol. 28, No. 1, 2009, pp. 96 – 104.

[249] Kinney, M. , Tsatsoulis, C. , "Learning Communication Strategies in Multi – agent Systems", *Applied Intelligence*, No. 9, 1998, pp. 71 – 79.

[250] Küpers W. , Weibler, J. , "Inter – leadership: Why and How Should We Think of Leadership and Followership Integrally?" *Leadership*, Vol. 4, No. 4, 2008.

[251] Lawrence, P. R. , Lorsch, J. W. , *Organization and Environment: Managing Differentiation and Integration*, Boston: Harvard Business

School Press, 1976.

[252] Lin, G. Y. J., Solberg, J. J., "Integrated Shop Floor Control Using Autonomous Agents", *IIE Transactions*, Vol. 24, No. 3, 1992, pp. 57 – 71.

[253] Linderbeck, A., Snower, D. J., *The Insider – outsider Theory of Employment and Unemployment*, Cambridge, MA: The MIT Press, 1988.

[254] Luo, Y., "Guanxi: Principles, Philosophies, and Implications", *Human Systems Management*, Vol. 16, No. 1, 1997, pp. 43 – 51.

[255] Mael, F., Ashforth, B. E., "Alumni and Their Alma Matter: A Partial Test of the Reformulated Model of Organizational Identification", *Journal of Organizational Behavior*, Vol. 13, No. 2, 1992, pp. 103 – 123.

[256] Mauno, S., Kinnunen, U., Ruokolainen, M., "Job Demands and Resources as Antecedents of Work Engagement: A Longitudinal Study", *Journal of Vocational Behavior*, Vol. 70, 2007, pp. 149 – 171.

[257] May, D. R., Gilson, R. L., Harter, L. M., "The Psychological Conditions of Meaningfulness, Safety and Availability and the Engagement of the Human Spirit at Work", *Journal of Occupational and Organizational Psychology*, Vol. 77, No. 1, 2004, pp. 11 – 37.

[258] Mehra, A. and Nissen, M. E., "Case Study: Intelligent Software Supply Chain Agents Using ADE", Proceedings from the AAAI Workshop on Software Tools for Developing Agents, 1998, pp. 53 – 62.

[259] Miller, V. D., Allen, M., Casey, M. K., Johnson, J. R., "Reconsidering the Organizational Identification Questionnaire", *Management Communication Quarterly*, Vol. 13, No. 4, 2000, pp. 626 – 657.

[260] Mitchell, W., Muysken, J., Welters, R., *Search Behavior and the Casualties of the Dual Labor Market*, Working Paper No. 05 – 15, Centre of Full Employment and Equity, the University of Newcastle, Callaghan NSW 2308, Australia, 2005.

[261] Morrison, E. W., Phelps, C. C., "Taking Charge at Work: Extra – role Efforts to Initiate Workplace Change", *Academy of Management Journal*, Vol. 42, No. 4, 1999.

[262] Mushonga, S. M. , Torrance, C. G. , "Assessing the Relationship Between Followership and the Big Five Factor Model of Personality", *Review of Business Research*, Vol. 8, No. 6, 2008.

[263] N. M. Avouris, "Cooperating Knowledge – based Systems for Environmental Decision Support", *Knowledge – Based Systems*, Vol. 8, No. 1, 1995, pp. 39 – 54.

[264] Nonaka, I. , "A Dynamic Theory of Organizational Knowledge Creation", *Organization Science*, No. 5, 1994, pp. 14 – 37.

[265] Nonaka, I. , "The Knowledge – creating Company", *Harvard Business Review*, No. 11 – 12, 1991, pp. 96 – 104.

[266] North, D. C. , "Economic Performance Through Time", In Alston, L. J. , Eggertsson T. , North D. C. eds. , *Empirical Studies in Institutional Change*, Cambridge: Cambridge University Press, 1996.

[267] Oi – ling Siu, "Job Stress and Job Performance among Employees in Hong Kong: The Role of Chinese Work Values and Organizational Commitment", *International Journal of Psychology*, Vol. 38, No. 6, 2003, pp. 337 – 347.

[268] O'Reiuy, C. A, Chatman, J. , "Organizational Commitment and Psychological Attachment: The Effect of Compliance, Identification, and Internalization on Prosocial Behavior", *Journal of Applied Psychology*, Vol. 71, 1986, pp. 492 – 499

[269] Park, S. , Relationships among Managerial Coaching in Organizations and the Outcomes of Personal Learning, Organizational Commitment, and Turnover Intention, Available from ProQuest Dissertation and theses database, 2007.

[270] Parker, S. K. , Williams, H. M. , Turner, N. , "Modeling the Antecedents of Proactive Behavior at Work", *Journal of Applied Psychology*, Vol. 91, No. 3, 2006.

[271] Pan, J. Y. C. , Tenenbaum, J. M. , "An Intelligent Agent Framework for Enterprise Integration", IEEE Trans. Syst. Man, and Cybern, Vol. 21, No. 6, 1991, pp. 1391 – 1408.

[272] Pancerella, C. , Hazelton, A. , Frost, H. R. , "An Autonomous A-

gent for On – machine Acceptance of Machined Components", Proceedings of Modeling, Simulation, and Control Technologies for Manufacturing, SPIE's International Symposium on Intelligent Systems and Advanced Manufacturing, 1995.

[273] Papaioannou, T. , Edwards, J. , Mobile Agent Technology Enabling the Virtual Enterprise: A Pattern for Database Query, In: Working Notes of the Agent – Based Manufacturing Workshop, Minneapolis, 1998.

[274] Paul Cilliers, "What Can We Learn from a Theory of Complexity", E-mergence, Vol. 2, No. 1, 2000, pp. 23 – 33.

[275] Peter Cappelli, Laurie Bassi, Harry Katz et al. , *Change at Work*, Oxford: Oxford University Press, 1997.

[276] Peter Cappelli, *The New Deal at Work*, Boston: Harvard Business School Press, 1999.

[277] Pfeffer, Jeffrey and Gerald R. Salancik, *The External Control of Organizations: A Resource Dependence Perspective*, New York: Harper & Row, 1987.

[278] Pierre, L. , Louis, C. , Benoit, M. , "Agent – driven Approach to Design Factory Information Systems", *Computers in Industry*, Vol. 32, No. 2, 1996, pp. 197 – 217

[279] Podsakoff, P. M. , MacKenzie, S. B. , Lee, J. Y. , Podsakoff, N. P. , "Common Nethod Biases in Behavior Research: A Critical Review of the Literature and Recommended Remedies", *Journal of Applied Psychology*, Vol. 88, No. 5, 2003.

[280] Podsakoff, P. M. , MacKenzie, S. B. , Podsakoff, N. P. , "Sources of Method Bias in Social Science Research and Recommendations on How to Control It", *Annual Review of Psychology*, Vol. 63, No. 1, 2012.

[281] Polanyi, M. , *Personal Knowledge*, Chicago: University of Chicago Press, 1966.

[282] Prahalad, C. K. , Gary, Hamel, "The Core Competence of the Corporation", *Harvard Business Review*, Vol. 68, No. 3, 1990, pp. 79 – 90.

[283] Pratt, M. G. , "To be or not to be: Central Questions in Organizational

Identification", In D. A. Whetten & P. Godfrey (eds.), *Identity in Organizations: Developing Theory through Conversations*, Thousand Oaks, CA: Sage, 1998.

[284] Priesmeger, H. R. , Bail, K. , "Discovering the Patterns of Chaos – a Potential New Planning Tool", *Planning Review*, Vol. 17, No. 6, 1989, pp. 14 –21.

[285] Ramasamy, B. , Goh, K. W. , Yeung, C. H. , "Is Guanxi (relationship) a Bridge to Knowledge Transfer", *Journal of Business Research*, Vol. 59, 2006, pp. 130 –139.

[286] R. R. Yager, "Intelligent Agents for World Wide Web Advertising Decisions", *International Journal of Intelligent Systems*, Vol. 12, No. 2, 1997, pp. 379 –390.

[287] Redding, J. , "Hardwiring the Learning Organization", *Training and Development*, No. 8, 1997, pp. 61 –67.

[288] Rich, Engagement: Constructive Validation and Relationships with Job Satisfaction, Job Involvement and Intrinsic Motivation. PHD dissertation, University of Florida, 2006.

[289] Rollinson, D. , *Understanding Employee Relations: A Behavioral Approach*, Suffolk: Addisom – Wesley, 1993.

[290] Rowe, W. B. et al. , "An Intelligent Multiagent Approach for Selection of Grinding Conditions", *CIRP Annals – Manufacturing Technology*, Vol. 46, No. 1, 1997, pp. 233 –238.

[291] Saks, A. , Gruman, J. , Cooper – Thomas, H. , "The Neglected Role of Proactive behavior and Outcomes in Newcomer Socialization", *Journal of Vocational Behavior*, Vol. 79, No. 1, 2011.

[292] Saks, A. M. , "Antecedents and Consequences of Employee Engagement", *Journal of Managerial Psychology*, Vol. 21, No. 7, 2006, pp. 600 –619.

[293] Scott, K. D. , Motowidlo, S. J. , "Main and Interaction Effects of Task and Contextual Performance on Supervisory Reward Decisions", *Journal of Applied Psychology*, Vol. 84, No. 4, 1999.

[294] Scott, W. R. , *Institutions and Organizations*, Thousand Oaks, CA:

Sage, 1995.

[295] Senge, P. , Kleiner, A. , Roberts, C. , Ross, R. , Roth, G. , Smith, B. , *The Dance of Change: The Challenges to Sustaining Momentumin Learning Organizations*, New York: Currency Doubleday, 1999.

[296] Senge, P. M. , "The Fifth Discipline: The Art and Practice of the Learning Organization", New York: Doubleday, 1990.

[297] Sevier, R. A. , *Follow the Leader*, USA: Research and Marketing Stamatas Communications, Inc. , 1999.

[298] Schmid, A. A. , "Economy and State: An Institutional Theory of Process and Learning", in Samuels Warren (ed.), *Fundamentals of the Economic Role of Government*, Westport: Greenwood Press, 1989.

[299] Shamir, B. , House, R. J. , Arthur, M. B. , "The Motivational Effects of Charismatic Leadership: A Self – concept Based Theory", *Organization Science*, Vol. 44, No. 4, 1993.

[300] Shaw M. J. , "Dynamic Scheduling in Cellular Manufacturing Systems: A Framework for Networked Decision Making", *Journal of Manufacturing Systems*, Vol. 7, No. 2, 1998, pp. 83 – 94.

[301] Shen, W. , Norrie, D. H. , "Agent – based Systems for Intelligent Manufacturing: A State – of – the – art Survey", *Knowledge and Information Systems*, Vol. 1, No. 2, 1999, pp. 129 – 156.

[302] Skarlicki, D. P. , Folger, R. , "Retaliation in the Workplace: The Roles of Distributive, Procedural, and Interactional Justice", *Journal of Applied Psychology*, Vol. 82, No. 3, 1997, pp. 434 – 443.

[303] Skarlicki, D. P. , Folger, R. , Tesluk, P. , "Personality as a Moderator in the Relationship between Fairness and Retaliation", *Academy of Management Journal*, Vol. 42, No. 1, 1999, pp. 100 – 108.

[304] Sluss, D. , Ashforth, B. , "Relational Identity and Identification: Defining Ourselves through Work relationships", *Academy of Management Review*, Vol. 32, No. 1, 2007.

[305] Solomon, S. , Greenberg, J. , Pyszczynski, T. , "A Terror Management Theory of Social Behavior: The Psychological Functions of Self – Esteem and Cultural Worldviews", *Advances in Experimental Social Psy-*

chology, Vol. 24, No. 93, 1991, pp. 93 – 159.

[306] Sonnentag, S., "Recovery, Work Engagement, and Proactive Behavior: A New Look at the Interface between Nonwork and Work", *Journal of Applied Psychology*, Vol. 88, No. 3, 2003.

[307] Spector, P. E., Fox, S., Penney, L. M., Bruursema, K., Goh, A., Kessler, S., "The Dimensionality of Counter Productivity: Are all Counterproductive Behaviors Created Equal?" *Journal of Vocational Behavior*, Vol. 68, No. 3, 2006, pp. 446 – 460.

[308] Spreitzer, G. M., "Psychological Empowerment in the Workplace: Dimensions, Measurement and Validation", *Academy of Management Journal*, Vol. 38, No. 5, 1995.

[309] Strauss, A., Corbin, J., "Grounded Theory Methodology: An Overview", In Denzin N. K. & Lincoln Y. S. (Eds.), *Handbook of Qualitative Research*, Thousand Oaks, CA: Sage, 1994, pp. 273 – 285.

[310] Strauss, K., Griffin, M. A., Rafferty, A. E., "Proactivity Directed toward the Team and Organization: The Role of Leadership, Commitment, and Role – breadth Self – efficacy", *British Journal of Management*, Vol. 20, No. 3, 2009.

[311] Sveningsson, S. F., Alvesson, M., "Managing Managerial Identities: Organizational Fragmentation, Discourse and Identity Struggle", *Human Relations*, Vol. 56, No. 10, 2003.

[312] Swaminathan, J. M., Smith, S., Sadeh, N. M., *A Multi – Agent Framework for Modeling Supply Chain Dynamics*, Proceedings of NSF Research Planning Workshop on AI&Manufacturing, 1996.

[313] Tasaka, H., "Twenty – first – century Management and the Complexity Paradigm", *Emergence: A Journal of Complexity in Organization and Management*, Vol. 1, No. 4, 1999, pp. 115 – 123.

[314] Tsui, "Alternative Approaches to the Employee – organization Relationship: Does Inducement in Employees Pay off ?", *Academy of Management Journal*, Vol. 40, No. 5, 1997, pp. 1089 – 1121.

[315] Tsui et al., "Choice of Employee – organization Relationship: Influence of External and Internal Organizational Factors", *Research in Personal*

and Human Resource Management, Greenwich, CT: JAI Press, 1995, pp. 17 – 151.

[316] Uhl – Bien, M. , Marion, R. , McKelvey, B. , "Complexity Leadership Theory: Shifting Leadership from the Industrial Age to the Knowledge Era", *The Leadership Quarterly*, Vol. 18, No. 4, 2007.

[317] Ulrich Steger, Wolfgang Amann, Martha Maznevski. , *Managing Complexity in Global Organizations*, Hoboken, NJ: John Wiley & Sons, 2007.

[318] Van den Broeck, A. , Vansteenkiste, M. , De Witte, H. , Lens, W. , "Explaining the Relationships between Job Characteristics, Burnout, and Engagement: The Role of Basic Psychological Need Satisfaction", Work & Stress, Vol. 22, No. 3, 2008, pp. 277 – 294.

[319] Wang, L. , Balasubramanian, S. , Norrie, D. , *Agent – based Intelligent Control System Design for Real – time Distributed Manufacturing Environments*, In: Working Notes of the Agent – Based Manufacturing Workshop, Minneapolis, MN, 1998.

[320] Wiendah. H. P. (I), Ahrens V. , "Agent – based Control of Self – organized Production Systems", *Annals of the CIRP*, Vol. 46, No. 1, 1997.

[321] Wong, Y. T. , Ngo, H. Y. , Wong, C. S. , "Antecedents and Outcomes of Employee's Trust in Chinese Joint Ventures", *Asia Pacific Journal of management*, Vol. 20, No. 4, 2003, pp. 481 – 499.

[322] Wood, R. , Bandura, A. , "Social Cognitive Theory of Organizational Management", *Academy of Management Review*, Vol. 14, No. 3, 1989.

[323] Xin, K. R. , Pearce, J. L. , "Guanxi: Connections as Substitutes for Formal Institutional Support", *Academy of Management Journal*, Vol. 39, No. 6, 1996, pp. 1641 – 1658.

[324] Yang M. M. Gifts, *Favors and Banquets: The Art of Social Relationships in China*, Ithaca, NY: Cornell University Press, 1994.

[325] Zytowski, D. , Super Work Values Inventory – Revised: Technical manual (Version 1. 0) . Retrieved from www. Kuder. com/PublicWeb/ swv_ manual. aspx, 2006.